Teatro : Andria, Mandragola, Clizia

Niccolò Machiavelli, Guido Davico Bonino

Niccolò Machiavelli

Teatro

Andria Mandragola Clizia

A cura di Guido Davico Bonino
Nuova edizione

EINAUDI TASCABILI

Einaudi Tascabili. Letteratura
825

Teatro
Andria Mandragola Clizia

Dello stesso autore nel catalogo Einaudi

Il Principe
Discorso o dialogo intorno alla nostra lingua
Discorsi sopra la prima deca di Tito Livio
Opere

Niccolò Machiavelli
Teatro
Andria   Mandragola   Clizia

A cura di Guido Davico Bonino
Nuova edizione

Einaudi

Introduzione

La produzione teatrale di Niccolò Machiavelli com-
prende – allo stato delle attuali conoscenze – sei copioni,
di cui tre soltanto, sino ad oggi almeno, pervenutici[1]. Tre
sono commedie «originali» (nella particolare accezione
che quest'aggettivo aveva nella poetica e nella pratica
drammaturgica cinquecentesca), tre dipendono, in maniera piú o meno diretta e marcata, da celebri commedie
latine.

Di questa terna di testi, per cosí dire, di riporto, uno è
la semplice trascrizione dell'*Eunuchus* di Terenzio. L'hanno rinvenuta, alle soglie degli anni '60, due studiosi del
Segretario fiorentino, Sergio Bertelli e Franco Gaeta, in
un codice vaticano (il Rossiano 884, dal nome del pro-
prietario, Gian Francesco Rossi, scomparso a metà Otto-
cento) che contiene, anch'essa di pugno del nostro, la trascrizione del *De rerum natura* di Lucrezio. La commedia
terenziana, a giudicare dalla grafia, potrebbe essere stata
trascritta nei primi anni del Cinquecento, in base «a per-

---

[1] Occorre anche ricordare la trascrizione della cosiddetta *Commedia in versi* di Lorenzo di Filippo Strozzi. Dobbiamo al prezioso studio d'insieme di A
GAREFFI, *La scrittura e la festa Teatro, festa e letteratura nella Firenze del Rinascimento*, Bologna 1991 e alla sua edizione della produzione teatrale dell'autore (L di F STROZZI, *Commedie*, Ravenna 1980) molte utili precisazioni Delle
sue tre commedie, la cosiddetta *Commedia in versi*, *La Pisana* (o *La Nutrice*), *La
Violante*, Machiavelli trascrisse la prima nel codice magliabechiano «ora segnato
Banco Rari 29» Sino al 1892 tale copione fu stampato tra le opere minori del
Segretario fiorentino. La *Commedia in versi* e la *Mandragola* sono due delle fac-
ce della nascita della commedia fiorentina «l'una moralistica e l'altra immora-
listica, l'una frutto di un'immagine pubblica e l'altra di un'immagine privata »
(GAREFFI, *La scrittura e la festa* cit., p. 126, ma da vedere per lo Strozzi sono per
intero le pp 99-188)

sonali e assai diretti interessi» ma, altrettanto plausibil-
mente, potrebbe risultare un'esercitazione giovanile, in-
trapresa liberamente o su suggestione del maestro Marcello Virgilio di Adriano Berti[2].

Dobbiamo col Machiavelli abituarci a questa incertezza di datazione come ad una costante nell'ambito degli
studi sulla sua drammaturgia. Il secondo testo della terna, ad esempio, non solo non ci è giunto, ma potrebbe, al
limite, non essere mai stato scritto Si dovrebbe trattare,
ad ogni buon conto, di una sorta di riduzione dell'*Aulu-
laria* di Plauto, di cui abbiamo notizia indiretta attraverso tre passi delle *Rime* di Anton Francesco Grazzini detto il Lasca Nel primo, si accenna ad un tale «che fe' sí
gran furto al Machiavello», nel secondo, si taccia il letterato fiorentino Giovan Battista Gelli d'esser stato «in
poesia solenne ladro», nel terzo, viene messo a fuoco il legame tra le due allusioni. Benedetto Varchi, nello scrivere la sua commedia *La suocera*, pesantemente debitrice
dell'*Hecyra* di Terenzio, «in questa parte ha somigliato il
Gello – che fece anch'egli una commedia nuova – ch'avea
prima composto il Machiavello».

Cosa c'è di vero nelle pesanti allusioni del Lasca, poeta assai corrivo alla maldicenza e alla polemica, e col Gelli in particolare, da cui era diviso da accese diatribe d'accademia? E qual è, poi, l'oggetto del furto? Ce lo dice il
nipote del nostro, Giuliano de' Ricci, figlio dell'ultima figlia di Niccolò, Bartolomea o Baccina, nato nel 1543 e
morto nel 1606: lo zio ha composto, oltre a *Mandragola* e
Clizia, «. pigliando il concepto dall'*Aululania* di Plauto
un'altra commedia detta *La Sporta*, ma perché gli frag-
menti di essa restarono in mano di Bernardino di Giordano, essendo capitati alle mani di G. B. Gelli, aggiunto-
vi certe poche cose, la diede fuori per sua . » *La Sporta*
(una delle due commedie del Gelli, insieme all'*Errore*) sarebbe dunque pesantemente debitrice di una scomparsa

---

[2] S BERTELLI e F GAETA, *Noterelle machiavelliane Un codice di Lucrezio e di
Terenzio*, in «Rivista storica italiana», LXXXIII, 1961, pp 544-55 La citazione
è dall'intervento del Gaeta

commedia del Machiavelli, a sua volta adattata dall'*Au-
lularia* di Plauto'

L'ultima della terna (e qui il testo ci è pervenuto) è la
nota traduzione dell'*Andria* di Terenzio. Almeno in questo caso, con le date siamo un poco piú sul solido. Un suo
autorevole editore, Mario Martelli, nell'accostare i due
autografi della versione, che contengono «la prima stesura» e «la copia corretta» del lavoro, ha suggerito come data probabile della prima il 1517 o gli inizi del 1518, della
seconda il 1520: e gli è parso plausibile che la «prima stesura» corrisponda «ad un lavoro condotto in fretta e furia», forse «su ordinazione», ai fini «di una imminente
rappresentazione»; mentre la «bella copia corretta e va-
stamente modificata della medesima» sarebbe stata «re-
datta a qualche anno di distanza», coll'intento di dare al
proprio lavoro «finitezza»⁴.

Forse per un (comprensibile) rispetto per la grande statura del Machiavelli, questa sua traduzione è stata, in
qualche misura, sopravvalutata o non collocata nella giusta luce Si tratta, indubbiamente, di un lavoro di notevole dignità, che trova i suoi accenti piú suggestivi, come
ha mostrato il Blasucci, in quei rapidi assaggi di «valoriz-
zazione del dialogo latino in funzione di una sua resa vivace nel fiorentino parlato»⁵. Sono un mannello di battute che ritroveremo, briosamente riatteggiate, nell'in-
confondibile parlata di Nicia nella *Mandragola*. Altre se
ne possono aggiungere, felici di per sé, anche al di fuori

' A UGOLINI, *Le opere di Giambattista Gelli*, Pisa 1898, pp. 80 sgg , I SANE-
SI, *La commedia*, I, Milano 1954², pp 339-40 e 797 L'«incriminata» *La Sporta* si può leggere in G B. GELLI, *Opere*, a cura di I Sanesi, Torino 1952, nonché
in *Commedie del Cinquecento*, a cura di A. Borlenghi, I, Milano 1959. Per i rapporti Lasca-Gelli, si veda M PLAISANCE, *Culture et politique à Florence de 1542
à 1551. Lasca et les Humidi aux prises avec l'Académie Florentine*, in *Les écrivains
et le pouvoir en Italie à l'époque de la Renaissance*, Paris 1974, pp 149-242 Il
manoscritto di Giuliano de' Ricci, cui facciamo riferimento, è il cosiddetto *Prio-
rista*. La citazione è tratta da F NERI, *Sulle prime commedie fiorentine*, Prato
1915, p 18 (la titolazione in maiuscolo e in corsivo è nostra)
⁴ M MARTELLI, *La versione machiavelliana dell'Andria*, in «Rinascimento»,
XIX, 1968, pp 203-74
⁵ Citiamo, per quanto concerne gli scritti letterari, da N MACHIAVELLI, *Opere letterarie*, a cura di L Blasucci, Milano 1964, pp 329 e 326

dell'area municipale e popolaresca[6]. E c'è poi qualche «ampliamento» azzeccato per le occasioni sceniche che potrebbe suggerire ad un regista sensibile[7]. Ma, in compenso, non mancano le vere e proprie sviste, gli indebiti raccorciamenti, le inversioni – all'interno di un dialogo – di una battuta con la sua replica o viceversa.

Piuttosto, viene da chiedersi perché una traduzione-esercitazione da Terenzio, perché da quella commedia e non da altre, e sulla base di quale edizione a stampa. Domande, tutt'e tre, alle quali non si può che rispondere induttivamente. Alla prima si può trovar sfogo riflettendo sulle notevoli edizioni terenziane apparse dopo la principe di Strasburgo del 1470; sulla recita da parte degli allievi del filologo Giorgio Antonio Vespucci prevosto del Duomo di Firenze, nel 1476, prima a palazzo Medici in via Larga, e poi dinanzi alla Signoria, proprio dell'*Andria*; su un corso dedicato proprio a questa commedia dal Poliziano nello Studio fiorentino nel 1484-85[8] Col che si sarebbe, almeno intuitivamente, risposto anche alla seconda domanda: senza dire che in questa commedia s'accampa una figura di servo, Davo, di cosí ingegnosa duttilità nella macchinazione dell'intrigo, di cosí callida astuzia nella realizzazione del medesimo da non poter non pensare allo sviluppo che questo tipo di personaggio avrà nel regista-motore della *Mandragola*, il non piú servo, ma parassita, Ligurio. Quanto alla terza domanda, un filologo agguerrito quale Brian Richardson, circa una trentina d'anni or sono, oscillava tra il possibile utilizzo di varie edizioni – molte delle quali veneziane, tra il 1481 e il 1494 – dalle quali Machiavelli aveva, involontariamente, travasato nella sua versione varie lezioni corrotte. Piú di recente (1997) Edoardo Fumagalli ci sembra abbia, piutto-

---

[6] Cosí il «giugnere al sonno» di I, 2, assai piú aggressivo dell'«interoscitantis opprimi», o l'efficace «ne viene pensativo di qualche luogo solitario» di II, 4, o il geniale «Io sono in su la fune» per «crucior», in V, 2

[7] Tipica, in questa direzione, I, 5, ricca di effetti, soprattutto nel concitato resoconto di Panfilo a Miside delle angherie del padre

[8] A POLIZIANO, *La commedia antica e l'«Andria» di Terenzio*, a cura di R Lattanzi Roselli, Firenze 1973.

sto persuasivamente, ipotizzato che l'edizione utilizzata sia quella veneziana del 1515 di Lazzaro de' Soardi (il diffusore a Venezia delle opere del Savonarola), ricca del commento di Guido Juvenalis, cioè Guy Jouenneaux, francese del Maine, nato a metà del Quattrocento e morto nel 1507, monaco benedettino[9].

Ma veniamo ai tre cosiddetti «originali». Di uno ci è giunta la semplice citazione, e sono le *Maschere*, di cui discorre, ancora una volta, il già evocato nipote Giuliano de' Ricci: «et di più conpose ad instantia di M. Marcello Vergilio et ad imitatione delle *Nebule* et altre commedie di Aristofane un ragionamento a foggia di Commedia et in atto recitabile et lo intitolò le *Maschere* che l'originale si ritruovò appresso di me fragmentato et non perfetto et tanto mal concio che io non l'ho copiato sí come ho fatto molte altre cose sue discorsi et lettere non stampate et credo anche non lo volere copiare perché sotto nomi finti va lavorando et mal trattando molti di quei concittadini che nel 1504 vivevano». Non sappiamo, per la verità, se si tratta di una vera e propria commedia (o d'una satira in forma di dialogo, epperciò comunque «recitabile»); non sappiamo se quel 1504 (l'anno della delegazione presso Luigi XII a Lione e del *Decennale primo*, tanto per riferirci al lavoro politico e agli svaghi letterari) sia l'anno della composizione, o quello in cui la vicenda è fittiziamente ambientata; non possiamo neppure dedurre attraverso quali «mediazioni» Machiavelli potesse «imitare» Aristotele. Un successore del Poliziano sulla sua cattedra allo Studio, Eufrosino Bonini, valente umanista, aveva approntato nel 1515, per i Giunti, un'edizione eccellente di

---

[9] B. RICHARDSON, *Evoluzione stilistica e fortuna della tradizione machiavelliana dell'«Andria»*, in «Lettere Italiane», XXV (1973), pp. 319-38, E. FUMAGALLI, *Machiavelli traduttore di Terenzio*, in «Interpres», 16 (1997), s. 2, n. 1, pp. 204-39 il quale rinvia per il de' Soardi a D. E. RHODES, *Annali tipografici di Lazzaro de' Soardi*, Firenze 1978, e per lo Jouenneaux, il cui commento apparve per la prima volta a Parigi nel 1492, all'ottocentesca *Histoire littéraire du Maine* di Jean Barthélémy Hauréau.

Aristofane (e la sua *Comedia di Iustizia* s'ispirava al *Pluto*, con i Medici nei panni di medici al capezzale di Firenze, e con dedica a Jacopo Salviati, genero del Magnifico) e Jacopo del Bièntina sempre al *Pluto* s'ispirò per la sua *Fortuna*[10]. Allo stato attuale delle ricerche dobbiamo limitarci ad osservare che la testimonianza del de' Ricci è suggestiva, piú che per i dati che fornisce, per quell'accostamento, criticamente assai plausibile, tra Machiavelli e il creatore della commedia antica come tra due scrittori dell'aggressività e dello scherno. Il legame, o l'affinità elettiva, doveva essere evidente agli intellettuali piú lucidi del tempo se – come ha dimostrato il Raimondi, in una delle sue affascinanti *quêtes* tra il filologico e il culturale – già sul finire degli anni '20, a breve intervallo dalla scomparsa del Segretario, Paolo Giovio, nell'intento di celebrarne la memoria negli *Elogia virorum illustrium*, osserva a proposito della *Mandragola*: «sed comiter aestimemus ethruscos sales ad exemplar comoediae veteris Aristophanis, in "Nicia" praesertim comoedia...»[11].

Tramite le *Maschere*, siamo giunti alla *Mandragola*. Anche di questa commedia non disponiamo di una datazione inoppugnabile· ma la piú accreditata, tutto sommato, sembra continui ad essere quella proposta da un autorevole biografo del Machiavelli, Roberto Ridolfi. Sin dalla prima edizione della sua *Vita di Niccolò Machiavelli* (1954) il Ridolfi ritenne di cogliere nella battuta della bigotta a fra' Timoteo («Credete voi che 'l Turco passi questo anno in Italia», in III, 3) un richiamo di stringente attualità alla grande paura, che, sul principio del 1518, attanagliò molte città italiane: la paura, per l'appunto, che il bellicoso Selim («i cui pensieri», a quanto accenna il Guicciardini stesso nella *Storia d'Italia*, sembravano in quel

[10] La commedia del Bonini si può ora leggere in *Tre commedie fiorentine del primo 500*, a cura di L Stefani, Ferrara 1986, quella del Bièntina in *Le farse morali fiorentine*, a cura di M Cataudella, Salerno 1984

[11] E RAIMONDI, *Machiavelli, Giovio e Aristofane*, in *Politica e commedia*, Bologna 1972, pp 235-52 Il perspicuo giudizio del Giovio si può leggere in P IOVII, *Nicholaus Machiavellus*, in *Elogia virorum illustrium*, LXXXVII, ora in *Opere*, a cura di R Meregazzi, Roma 1972, VIII, p 111

frangente «volti tutti a Italia») si muovesse alla volta della cristianità. L'ammicco diretto, senza mezzi termini, del Machiavelli al suo pubblico collocherebbe dunque la commedia nel 1518[12]. Tornando otto anni dopo (1962) sulla questione in un suo contributo erudito[13], il Ridolfi credette opportuno circoscrivere ulteriormente la data di composizione della commedia tra la metà di gennaio e la metà di febbraio del 1518: e questo in base a particolari sia interni al testo (la sua ambientazione in inverno; il computo delle ore secondo l'antica usanza, molto ben dettagliato nel copione) che esterni (il fatto che proprio in quel periodo rincrudivano le notizie sulla minaccia del Turco; il fatto che, di norma, le «novità» teatrali venivano presentate di carnevale), e ne ha dedotto infine (correggendo in tal senso l'ipotesi di un altro studioso, Alessandro Parronchi)[14] che la commedia venisse rappresentata la prima volta poco prima della partenza del dedicatario del *Principe*, il cosidetto duca d'Urbino Lorenzo di Piero il Gottoso de' Medici (per via del padre, nipote di Lorenzo il Magnifico) per la Francia, dove il capitano generale e «padron piccolo» della città andava a prendere moglie nella persona di Maddalena de la Tour d'Auvergne, e di nuovo nel settembre dello stesso '18 al ritorno a Firenze degli sposi.

Le congetture del Ridolfi non sono parse a tutti interamente persuasive: alcuni studiosi si sono limitati a esprimere le loro perplessità, altri hanno avanzato altre proposte di datazione[15].

In anni recenti (1992) Giorgio Inglese – cui dobbiamo

[12] R RIDOLFI, *Vita di Niccolò Machiavelli*, Roma 1954, p 444
[13] ID , *Composizione, rappresentazione e prima edizione della «Mandragola»*, in «La Bibliofilia», LXIV, 1962, pp 258-300, poi in *Studi sulle commedie del Machiavelli*, Pisa 1968, pp 11-35
[14] A PARRONCHI, *La prima rappresentazione della «Mandragola» Il modello per l'apparato L'allegoria*, in «La Bibliofilia», LXVI, 1962, pp 37-86
[15] F CHIAPPELLI, *Sulla composizione della «Mandragola»*, in «L'Approdo letterario», 1965, pp 84-97, D DELLA TERZA, *L'immagine più recente di Machiavelli*, in «Italian Quarterly», XIV, 1970, pp 91-113 ed ora in *Forma e memoria*, Roma 1979, pp 93-114, S BERTELLI, *When did Machiavelli write the «Mandragola»?*, in «Renaissance Quarterly», autunno 1971, pp 317-28.

l'edizione criticamente accertata di questa commedia
(1997), da noi adottata nel presente volume – ha osservato che il terrore del Turco – testimoniato, ad esempio,
dal Cerretani nel suo *Dialogo della mutazione di Firenze*[16]
per il 1518 – può aver fornito «materia di battuta anche
in seguito». e cita, in appoggio a quest'ipotesi, una lettera di Filippo de' Nerli a Machiavelli in data 5 agosto 1520
e una nota da *I diarii* del veneziano Marin Sanudo riferi-
ta al 17 maggio 1520, ambedue relative allo stesso incubo. D'altro canto, prosegue l'Inglese, «la rubrica dell'unico manoscritto (della *Mandragola*), il Rediano 129 della
Biblioteca Mediceo-Laurenziana di Firenze, reca la data
1519, .. che in stile fiorentino corrisponde al periodo 25
marzo 1519-24 marzo 1520». e tale data è da considerar-
si «come dato cronistico che registra l'occasione sociale
del testo: forse una allusione al carnevale del 1519 (con-
clusosi martedí 21 febbraio 1520)» Non è allora – sempre secondo l'Inglese – del tutto da escludersi che la lettera di Battista della Palla a Machiavelli in data 26 aprile
1520, in cui si preannunciava all'autore una assai dilettosa messinscena del copione dinanzi a papa Leone X, pre-
luda davvero alla «seconda» replica romana del testo: cui
si riferisce anche il Giovio, nel seguito della citazione già
riportata («la commedia *Nicia*, già recitata a Firenze, per
la sua fama di straordinaria comicità papa Leone volle avere a Roma, con tutto l'apparato scenico e i medesimi attori, affinché, rinnovata la festa, di quel piacere parteci-
passe l'Urbe» – adottiamo la versione dell'Inglese). Lo
studioso non lo dice, ma lascia ben comprendere che un
papa non avrebbe aspettato due anni per concedersi un
cosí ludico privilegio[17]. L'ipotesi dell'Inglese è suggestiva

---

[16] B CERRETANI, *Dialogo della mutazione di Firenze*, a cura di R Mordenti,
Roma 1990, pp 123-24
[17] Per tutta la complessa (e forse non ancora del tutto risolta questione) si
legga G INGLESE, *«Mandragola» di Niccolo Machiavelli*, in *Letteratura Italiana Le
Opere* dir da A Asor Rosa, *I Dalle origini al Cinquecento*, Torino 1992, pp.
1009-31 Vorremmo qui osservare che uno studioso della statura di Carlo Dionisotti, in un suo affascinante «periplo» delle due commedie machiavelliane (C
DIONISOTTI, *Appunti sulla «Mandragola»*, in «Belfagor» XXIX, 1984, pp 621-44)

ma, per scrupolo di verità, preferiamo in questa sede lasciare aperta la questione: e, piú riposatamente, volgerci alla genesi «interna» della commedia, che – qualunque ne sia stata l'occasione esterna – è delle piú affascinanti.

A voler semplificare (come ci accadrà nel corso di queste pagine, che hanno la funzione di un'essenziale guida alla lettura), dovremmo dire che il Machiavelli della *Mandragola* porta a livelli di raffinatezza inconsueta il procedimento adottato (non senza qualche incertezza e discontinuità, e certo con minore eleganza) dai commediografi che l'hanno appena preceduto (un Ludovico Ariosto nelle sue due prime commedie in prosa, *La Cassaria* (1508) e *I Suppositi* (1509), un Bernardo Dovizi da Bibbiena nella sua prima e ultima commedia, *Calandra* (1515)) cioè la «contaminazione». Non solo egli dispone, rispetto a costoro, di materiali assai piú vari e ricchi di suggestione: ma li manipola con una volontà di travestimento ben altrimenti scaltra.

Lettore onnivoro (ora soprattutto, che è costretto all'inattività politica) e prodigo di rinvii, Machiavelli dispone di una gamma di «fonti» molto estesa, come ha dimostrato, ancora una volta, il Raimondi, che per primo ne ha ricostruito, a posteriori, la trama: alcuni Libri Veterotestamentari, come quello di Tobia; il prediletto Livio; Orazio, Catullo, l'Ovidio delle *Metamorfosi*, Lucrezio, Tibullo e gli elegiaci latini; il teatro plautino e terenziano (filtrato, quest'ultimo, attraverso la versione dell'*Andria*); il Boccaccio del *Decameron* (per almeno tre luoghi deputati: III, 7; VII, 7; VIII, 9); e lo stesso Bib-

ha ritenuto di precisare «E a questo punto osservo che doveva trattarsi della prima rappresentazione a Firenze, non a Roma, procurata dalla compagnia, che il Della Palla chiamava "nostra", ossia dalla appena ridesta e postulante Sacra Accademia, non dalla semidefunta e privata compagnia degli Orti Oricellari Perché di una commedia fiorentina, di Machiavelli per giunta, che fosse sul punto d'essere rappresentata a Roma, né Leone X né il Bibbiena avevano bisogno d'essere informati dal Della Palla, giunto di fresco da Firenze e buon informatore delle cose di là Insomma è probabile che la *Mandragola* fosse composta nel 1519 e rappresentata la prima volta a Firenze nel 1520»

biena della *Calandra*. E, di recente, si è parlato dello Svetonio del *De vita Caesarum* e di altro Boccaccio, quello del
De mulieribus claris nonché dell'anonima *Novella del Grasso legnaiuolo* e delle *Porrettane* di Sabadino degli Arienti

Ma l'infaticabile mimetismo del Segretario, la sua ca-
maleontica ironia, smaniosa di prestiti, di ben almanacca-
ti intarsi, si sfoga anche per «autocitazione», da scritti propri e dei sodali: uno, in particolare, quel Francesco Vettori, alla cui intimità e comprensione è legata la fase piú
dolente del suo esilio. In un gioco fittissimo di rinvii, come se stesse caparbiamente montando un vero e proprio
puzzle, Machiavelli si diverte a recuperare dalle sue lettere al Vettori e dalle responsive dell'amico stilemi, clausole retoriche, allusioni grassocce, motti di spirito, oltrag-
giose volgarità: e, con bizzosa indiscrezione, si spinge a
frugare (magari soltanto con l'arte della memoria) in
un'operetta del suo Francesco, il prediletto *Viaggio in Ale-
magna* (un curioso miscuglio di relazione di viaggio, gior-
nale privato e protoromanzo, scritto dopo il 1509), met-
tendo a profitto notazioni somatiche e caratteriali, o, addirittura, situazioni esistenziali tratte da casi di «cronaca erotica», squadernati con distaccato scetticismo dal Vettori
con la tecnica della novella e, in un caso, della commedia[18]

Di tutto questo schedario sempre aperto e disponibile,
di questo fondaco di scritti propri ed altrui, che via via
vengono riportati alla luce e rivivificati con opportuni interventi di una letteratissima «chirurgia estetica», le *Lettere* del Machiaveli sono certo il libro che piú ci parla, a
vari livelli, della commedia, anche se, in modo esplicati-
vo, vi fa cenno soltanto a messinscena avvenuta.

Sarà effetto degli andirivieni da scena a scena, da battuta a battuta, cui la *Mandragola* irresistibilmente costringe anche il lettore piú refrattario, ma capita, intanto, di
imbattersi in queste *Lettere*, in personaggi colti dal vivo,
che rimandano a personaggi ricreati nella finzione scenica. Cosí quell'Antonio Della Valle, zimbello dei colleghi

---

[18] R RAIMONDI, *il segretario a teatro*, in *Politica e commedia* cit , in part le
pp 173-97

di cancelleria – con una moglie, Costanza, che «è pregna
e quelli sua figliuoli dicono non esser suo, e lui se ne dispera», sinché non rimette la questione «ne' frati di S.to
Felice», e il solito abate «li ha voluto toccare il corpo» –
fa pensare a un Nicia *post factum*[19]. E quel «frate di S
Francesco», «calamita di tutti i ciurmatori del mondo»,
che predica «*multa magna et mirabilia*» in Santa Croce,
sembra un prototipo, alla lontana, di Timoteo[20]. E il ridi-
colo travestimento notturno di un amico – nella fattispe-
cie, Giuliano Brancacci, detto il Brancaccio, spinto fuori
casa, in una Firenze tutta scrosci e lampi, dalle proprie
smanie omosessuali – rinvia alla grottesca «mascherata»
di un altro smanioso, Callimaco[21]

Ma quand'anche suggestioni del genere fossero troppo
vaghe o labili, le *Lettere* introducono comunque alla *Mandragola* perché è qui che, in prima istanza, si dispiega –
con altra snellezza di trapassi che nella non tutta risolta
versione dell'*Andria* – il talento di commediografo del Machiavelli Basterebbero a dimostrarlo tre lettere, scritte,
in varie date, nell'arco di cinque anni, come quella dell'avventura veronese con l'orribile vecchia (che il Machiavelli spedisce dalla cittadina veneta al Vettori l'8 dicembre
1509), quella degli amori di Filippo Casavecchia e del

---

[19] «Ser Antonio della Valle è impacciato perché madonna Gostanza sua è
pregna et quelli sua figlioli dicono non esser suo, et lui se ne dispera, et han-
nola rimessa ne' frati di S to Felice et hanno sodo amendua le parti di starne
al indicato, et l'abate li ha voluto toccare il corpo, et infino ad ora le cose vanno assai bene intenderete il successo» (cito da una lettera di Biagio Buonaccorsi a Niccolò, del 21 dicembre 1502, compresa in N MACHIAVELLI, *Opere*, II,
a cura di C Vivanti, Torino 1999, p 77)

[20] «E' si trova in questa nostra città, calamita di tutti i ciurmatori del mondo, un frate di s Francesco, che è mezzo romito, el quale, per aver più credi-
to nel predicare, fa professione di profeta, et ier mattina in Santa Croce, dove
lui predica, disse *multa magna et mirabilia*» (*ibid* , p 299, da una lettera di Niccolò al Vettori, in data 19 dicembre 1513)

[21] «Giuliano Brancacci, verbigrazia, vago di andare alla macchia, una sera
infra l'altre ne' passati giorni, sonata l'*Ave Maria* della sera, veggendo il tempo
tinto, trarre vento, et piovegginare un poco (tutti segni da credere che ogni uc-
cello aspetti), tornato a casa, si cacciò in piedi un paio di scarpette grosse, cin-
sesi un carnaiuolo, tolse un frugnuolo, una campanella al braccio, e una buona
ramata   » (*ibid* , da una lettera di Niccolò al Vettori, in data 25 febbraio 1514,
p. 314)

Brancacci (sempre del Segretario all'amico, da Firenze,
vergata il 4 febbraio 1514) e quella, appena ricordata, dei
turbamenti del Brancacci omosessuale (25 febbraio 1514).
Sono tre relazioni epistolari, d'accordo, e la seconda è,
addirittura, in chiave di «ripresa» di un racconto del Vettori. ma il loro trattamento è squisitamente drammaturgico. L'avventura veronese – se ubbidisce ad una precisa
tradizione nella descrizione della donna di rara bruttez-
za, del «mostro»: una descrizione dettagliata allo spasimo, con intenti di deliberato ribrezzo[22] – è, in effetti, uno
sketch teatrale a tre personaggi una «vecchia ribalda» in
veste di mezzana, l'orribile prostituta di cui si è detto, e
il Machiavelli stesso, un protagonista a metà tra il timido
e il minchione, il «peritoso» e il «tutto cazzo», investito
dal pesante sarcasmo del Machiavelli autore Colpisce,
nello sketch, l'icasticità delle poche battute (lo stupore, ad
esempio, della laida femmina nel vedersi rimirata: «Che
avete voi, messere ?»), la rapidità delle soluzioni comiche
(«Omè! Fu' per cadere in terra morto, tanta era brutta
quella femina»)[23].

Machiavelli, insomma, si rivela già per quello che sarà,
uno stratega teatrale minuzioso, e assai calcolato negli effetti. La lettera sugli ardori incrociati del Casavecchia e
del Brancacci (innamorati il secondo d'una giovinetta, il
primo di un garzoncello, ambedue figli della stessa ospite
del Vettori) ce ne offre conferma. È una perfetta panto-
mima, costruita come tale con piena consapevolezza (quasi fosse «così degna di recitarla ad un principe»). Rotta

---

[22] M MARTELLI, La semantica di Poliziano e la «Centuria secunda» dei «Mi-
scellanea», in «Rinascimento», 1973, pp 21-84
[23] «Io, come peritoso che io sono, mi sbigottì tutto, pure, rimasto solo con
colei e al buio (perché la vecchia si uscí subito di casa e serrò l'uscio), per ab-
breviare, la fotte' un colpo, et benché io le trovassi le cosce vize e la fica umi-
da e che le putissi un poco el fiato, nondimeno, tanta era la disperata foia che
io avevo, che la n'andò Et fatto che io l'ebbi, venendomi pure voglia di vedere questa mercatanzia, tolsi un tizone di fuoco d'un focolare che v'era et accesi una lucerna che vi era sopra, né prima el lume fu apreso, che 'l lume fu per
cascarmi di mano Omè! Fu' per cadere in terra morto, tanta era brutta quella femina» (da Opere cit , p 205) Sui vari modelli del topos, oltre al saggio del
Martelli, B BASILE, Grotteschi machiavelliani, in «Convivium», XXXIV, 1966,
n 6, pp 576-83

da una sola, nuda battuta del Vettori, che – si badi – è l'autore ad affidare al personaggio recitante («Sedete, state saldi, non vi movete, seguite i vostri ragionamenti...»), la partitura gestuale è, in compenso, scandita in tutti i suoi particolari, riaccostati poi, dopo quella serrata parcellizzazione, e ricomposti in una filata, unitaria sequenza[24]. La stessa economia di parola, la stessa frequenza scenica del gesto sono alla base della terza «lettera in commedia», quella della caccia notturna del Brancacci omosessuale· dove, in piú, si fa largo, sul piano dell'ambientazione, il gusto della precisa toponomastica fiorentina e, su quello stilistico, un corposo metaforismo gergale, allusivo all'atto sessuale: due elementi, questi, che acquisteranno precisa funzione nella drammaturgia della *Mandragola*[25].

E intanto – per testimoniare di come il talento teatra-

---

[24] «E' mi pare vedere il Brancaccio raccolto in su una seggiola a seder basso per considerar meglio il viso della Gostanza, et con parole e con cenni, e con atti e con risi, e dimenamento di bocca e di occhi e di spurghi, tutto stillarsi, tutto consumarsi, e tutto pendere dalle parole, dallo anelito, dallo sguardo, e dallo odore, et da' soavi modi et donnesche accoglienze della Gostanza "Volsimi da man destra, e viddi il Casa | Che a quel garzone era piú presso al segno | In gote un poco, e con la zucca rasa" Io lo veggo gestire, et ora recarsi in su un fianco e ora in su l'altro, veggolo qualche volta scuotere il capo in su le mozze e vergognose risposte del giovane, veggolo, parlando seco, ora fare l'uffizio dl padre, ora del preceptore, ora dello innamorato, e quel povero giovinetto stare ambiguo del fine a che lui lo voglia condurre et ora dubita dell'onore suo, ora confida nella gravità dell'uomo, ora ha in reverenzia la venusta e matura presenzia sua Veggo voi, signor oratore, essere alle mani con quella vedova e quel suo fratello e avere uno occhio a quel garzone, il ritto però, e l'altro a quella fanciulla, e uno orecchio alle parole della vedova e l'altro al Casa e al Brancaccio, veggovi rispondere generalmente loro, e all'ultime parole, come Eco, e infine tagliare e ragionamenti, e correre al fuoco con certi passolini presti e lunghi un dito, un poco chinato in su le reni Veggo, alla giunta vostra, Filippo, il Brancaccio, il garzone, la fanciulla rizzarsi, et voi dite "Sedete, state saldi, non vi movete, seguite i vostri ragionamenti" » (da *Opere* cit , p 309)

[25] Nella prima direzione, per cui si pensa all'accenno, in bocca a Ligurio, al vagabondare inquieto di Callimaco (in IV, 2), «Passò il ponte alla Carraia, e per la via del Canto de' Mozzi ne venne a Santa Trinità, et entrato in Borgo Santo Appostolo, andò un pezzo serpeggiando per quei chiasci che lo mettono in mezzo », nella seconda, che della commedia diventa, come mostreremo, elemento costitutivo «. trovò un tordellino, il quale con la ramata, con il lume, e con la campanella fu fermo da lui, e con arte fu condotto da lui nel fondo del burrone sotto la spelonca dove alloggiava il Panzano, e quello intrattenendo e trovatogli la vena larga e piú volte baciatogliene, gli risquittí dua penne della coda e infine, secondo che gli piú dicono, se lo messe nel carnaiuolo di drieto » (da *Opere* cit., p 314)

le del Machiavelli si eserciti, in prima istanza, nelle forme improprie di un epistolario – abbiamo citato tre lettere d'amore. Anche in questa precisa scelta tematica, in questa polemica predilezione, le lettere machiavelliane fanno da premessa all'*exploit* della *Mandragola*.

Si discorre molto d'amore nelle *Lettere*, con varia intensità e vari modi di approccio Nelle missive giovanili degli anni del cancellierato, se ne disquisisce con un'aggressività beffarda, che rasenta di continuo il turpiloquio: «L'asse si comincia a ritrovare per ser Antonio e ogni dí lo stomaco lo molesta, credo sia per non aver Mª Agostanza sua qui da riscaldarlo o farlo esercitare all'altalena»[26]. Una fitta trama di allusioni oscene – con abbondanti citazioni da Pulci o da Burchiello[27] o con richiami a cifrario – lega l'uno all'altro questi giovani, accomunati da una simpatia squisitamente letteraria per la comicità lubrica, all'insegna della profanazione. L'Eros basso, profano è , per loro, l'occasione di irridere, degradando, ciò che altri vagheggiano al piú alto grado di sacralità e stilizzazione «.. dubitando ser Antonio della Valle che alla terza io mi smarrissi, e' mi dette una ricetta di uno argomento che mi menò sí bene che madonna Lessandra mia se ne sta di buona voglia e madonna Gostanza se ne dispera che ser Antonio publichi le sue ricette; pure credo consolarla, perché, avendosi a mandare a Livorno uno maestro a rimpennare passatoi, l'ò messa innanzi e detto che la rimpenna sí bene che la gittò un tratto ser Antonio dal letto con una rimpennatura...»[28]

Molti anni dopo, nella solitudine dell'esilio, con un'altra esperienza alle spalle, Machiavelli discorre dell'esistenza, degli ideali sconfitti, delle passioni vanamente sofferte con una ben diversa serietà, da smagato anatomista

---

[26] *Ibid* , p 24, in data 23 agosto 1500
[27] M PUPPO, *Machiavelli e gli scrittori italiani*, in «Cultura e scuola», gennaio-giugno 1970, n 33-34, pp 148-59
[28] La lettera, come quella sopra citata, è una «responsiva» del Buonaccorsi al Machiavelli ma la reciprocità stilistica, in questa come molte altre missive del periodo, tra il coadiutore e il Segretario, è fuori discussione (da *Opere* cit , pp 49-50 in data 15-18 ottobre 1502)

del cuore umano. È il divario che balza evidente, tra lui
e i suoi pur autorevoli colleghi a distanza, tra lui e gli altri due illustri «iniziatori» del teatro comico in volgare
(l'uno, in prima persona, a Ferrara, l'altro, per delega, a
Urbino) alla rabbrividente lettura del profondamente tra-
gico prologo della *Mandragola*[29].

Non troveremo piú, sino al *Candelaio* del Bruno, una
confessione cosí angosciosa d'una condizione esistenziale al limite della disperazione piú atroce e del pessimismo
piú nero. L'uomo, che ha concluso il piú rivoluzionario
trattato politico italiano, e non solo del suo tempo, sa perfettamente d'affrontare – nelle otto stanze d'apertura della commedia – un argomento indegno, nella sua bassezza,
della severità sapienziale della trascorsa riflessione ideo-
logica: ma proprio rispetto alla superficialità della vicenda, alla tensione dello sforzo immaginativo che intorno a
essa s'appresta a compiere, rappresenta per lui un esplicito tentativo d'evasione dall'infelice situazione di vita in
cui è costretto. Ad altra occupazione, ad altro investi-
mento non ha modo di volgersi: giacché gli è stato vieta-

[29] «Quando Machiavelli si accinse a comporre la *Mandragola*, poteva scegliere per quel genere di composizione la poesia o la prosa La scelta della prosa, che egli certo fece per una sua intima inclinazione, anche gli era proposta
da recenti esemplari domestici e forestieri non per omaggio gli era proposta,
ma per sfida, cosí dalle commedie senza sali del ferrarese Ariosto, come da quella troppo salata del segretariuzzo da Bibbiena, rivestito di panni cardinalizi,
quasi fosse un Pucci, un Ridolfi, un Salviati Avendo scelto la prosa, Machiavelli poteva concedersi la licenza di un prologo in versi, ma licenza era, vistosa, intesa a dare maggior risalto, come di fatto diede, al prologo Cosí facendo,
Machiavelli poteva scegliere fra i due metri normali allora nella poesia dram-
matica la terza e l'ottava rima Poteva anche, trattandosi di un prologo di commedia, servirsi della rimalmezzo Scelse invece, con la sola spiegabile omissione del commiato, il metro lirico per eccellenza della canzone, raro allora anche
nella poesia lirica, rimesso ultimamente in onore, nella sua misura petrarche-
sca, dai maestri del nuovo stile, Sannazaro e Bembo, e dai loro seguaci E scelse, con una variante minima (un settenario al posto dell'endecasillabo nel v 8),
il metro d'una delle piú famose canzoni petrarchesche, la prima in morte di
Laura, *Che debb'io far? che mi consigli, Amore?* È difficile provare, ma piú difficile escludere una intenzione parodica nella scelta eccezionale di un tal metro
per un prologo di commedia, e per un tale prologo, equamente diviso in una
parte di stile narrativo, umile, e in altra di stile satirico e polemico, aspro, en-
trambe in aperto contrasto collo stile del modello petrarchesco» (DIONISOTTI,
Appunti sulla «Mandragola» cit , p 641)

to di mostrare altrimenti (con altra disposizione intellettuale, ma soprattutto con altra scelta di campo, quella
dell'operosa prassi politica d'un tempo) il proprio valore
(altezza d'ingegno e rigore morale), rinnovando cosí i me-
ritati riconoscimenti ottenuti in passato per la propria de-
dizione civile Non riusciamo, ogni volta, a rileggere senza una stretta al cuore quel «che gli è stato interciso»· ci
sembra, ad ogni ripresa, che la voce della *Mandragola* pro-
venga da dietro il muro, grigio, spesso, impenetrabile, del
divieto: e ciò ne denoti il particolarissimo timbro, come
strozzato e roco, che cerca a stento di farsi udire attraverso il concitato vocío dei personaggi all'intorno: è la voce di un intellettuale «definitivamente emarginato dalla
vita pubblica, di cui avverte lucidamente la profonda de-
cadenza», e che s'appresta a scrivere il capolavoro della
commedia italiana proprio «quando gli si fa' sempre piú
chiara la coscienza di non poter piú in alcun modo agire
sulla realtà effettuale, sul corso ormai ruinoso degli eventi», per citare dalle tarde note di letture (1981) di un Lan-
franco Caretti.

Occorre di continuo riflettere a codesto «sfondo di do-
lorose frustrazioni, di amara chiaroveggenza, di irrepara-
bili scacchi»[30] per comprendere come la *Mandragola* si fon-
di su un'accettazione quasi forzosamente subìta e, in ogni
caso, pagata a caro prezzo sulla propria pelle. quella secondo cui non esiste un alto e un basso nelle cose umane·
l'universo delle passioni umane, e del sentimento amoroso al loro interno, è altrettanto degradato che quello del-
l'ethos e dell'impegno politico. i comportamenti profani,
le basse voglie dell'uomo sono altrettanto vituperose che
le corrotte idealità civili Amanti infelici, borghesi stoli-
di, pastori d'anime viziosi e turpi animano ormai, come
orribili larve, la distorta fantasia dell'autore. Alcuni anni
prima, spinto forse da sfortunate circostanze affettive, che
lo avevano indotto a sgradevoli verifiche empiriche, Ma-

[30] L CARETTI, *Appunti sulla «Mandragola»*, in «Esperienze letterarie», I,
(1981), pp 11-27, poi in *Antichi e moderni Studi di letteratura italiana Seconda
serie*, Roma 1996

chiavelli aveva elaborato, in uno scambio di lettere, tra il gennaio del '14 e lo stesso mese del '15, col prediletto Vettori, una sua disincantata, benché sommaria, visione del rapporto tra Eros ed esistenza. In ideale contesa col suo Francesco, che ostentava il consueto cinismo dell'antico clan dei colleghi di cancelleria[31], Niccolò, proprio per dare al proprio assunto il massimo di incidenza, si era provocatoriamente professato ormai incapace di provar diletto nel «leggere le cose antiche, né ragionare delle moderne»[32], e aveva a bella posta fatto sfoggio di un capzioso puntiglio nel dimostrare che, nell'universo erotico, individuo e Fortuna sono a confronto diretto come nell'universo della socialità. Anche nei conflitti d'Amore, come nello scontro con la Fortuna, giova all'uomo mostrarsi disponibile, se vuol sottrarsi alle sue «frecce» e ben «governarsi seco» «In effetto io l'ho lasciato fare e seguítolo per valli, boschi, balze e campagne, e ho trovato che mi ha fatto piú vezzi che se io lo avessi straziato...»[33] Come Fortuna, Eros è capriccioso e imprevedibile perciò con lui conviene variamente atteggiarsi, volta a volta, a seconda dei suoi scarti bizzosi. con lui conviene, insomma, mutare di continuo strategia « . io vi ricordo che quelli sono straziati dallo Amore, che quando e' vola loro in grembo, lo vogliono o tarpare o legare. A costoro, perché egli è fanciullo e instabile, e' cava gli occhi, le fegate e il cuore. Ma quelli che quando e' viene godano seco e lo vezzeggiano, e quando se ne va lo lasciano ire, e quando e' torna lo accettono volentieri, e sempre sono da lui onorati e carezzati, e sotto il suo imperio trionfano»[34].

Ma ormai il divertimento tutto cerebrale della pretestuosa tenzone con l'amico è esperienza trascorsa e con-

---

[31] « e di necessità bisogna ridursi a pensare a cose piacevole, né so cosa che diletti piú a pensarvi e a farlo che il fottere » (dalla lettera del 16 gennaio 1515, in *Opere* cit , p 348)

[32] «Ho lasciato dunque i pensieri delle cose grandi e gravi, non mi diletta piú leggere le cose antiche, né ragionare delle moderne, tutte si sono converse in ragionamenti dolci, di che ringrazio Venere e tutta Cipri» (*ibidem*, p 329)

[33] È la già citata lettera in data 4 febbraio 1514, sul duplice corteggiamento del Casavecchia e del Brancacci (*ibidem*, p 309)

[34] Lettera del 10 giugno 1514, *ibidem*, a p 326

clusa Le sboccate variazioni giovanili sulla «foia», come
il dandismo lievemente sportivo della contesa d'Amore
delle epistole piú tarde sono variamente superati. Se
d'Amore nella *Mandragola* occorre trattare, il neodram-
maturgo saprà farlo con un'autonomia inventiva del tutto particolare.

È questa l'originalità che informa la struttura «prima»
della *Mandragola*, la struttura d'amore (dentro la quale si
sviluppa la struttura «seconda», quella della beffa). Sif-
fatta struttura era – com'è a tutti noto – componente architetturale primaria della commedia latina e, in quanto
tale, era stata rispettosamente mutuata dai primi ridutto-
ri e volgarizzatori tra Quattro e Cinquecento. Nel suo di-
panarsi con calcolata lentezza, tra una ben congegnata serie di ostacoli che ne rinviavano, di scena in scena, l'esito, la struttura d'amore garantiva alla commedia un suo
decoro «medio», affidata com'era ai modi e alle cadenze
dell'elegia
   Il Machiavelli della *Mandragola* decide di forzare la me-
dietà della struttura erotica e di portarla a livelli di inconsueta tensione passionale; e, d'altro canto, vi innesta,
in un continuo contrappunto dal «basso», tutta una serie
di inserzioni oscene, che coesistono, senza interferire, al
vagheggiamento di un amore «alto», sublime.
   Riandiamo, ma piú da vicino stavolta, a *Cassaria* e *Suppositi*, come al primo termine di confronto con un drammaturgo indubbiamente dotato alle prese con l'innegabile, e
certo impressiva, «auctoritas» dei maestri latini. Il rinvio
non ci sembra improprio, giacché – priorità a parte – Machiavelli, pur avendo vissuto altre, e ben diversamente
traumatiche, esperienze, non dovette essere indifferente
agli esperimenti drammaturgici del ferrarese, di cui aveva
sinceramente ammirato il *Furioso*, rammaricandosi solo di
non esservi stato menzionato tra i letterati del tempo[15].

---

[15] La delusione doveva essere stata cocente, a giudicare da questa missiva
del 17 dicembre 1517 a Lodovico Alamanni. «Io ho letto a questi di *Orlando*

Se rileggiamo dunque *Cassaria* e *Suppositi* badando particolarmente alla struttura d'amore, e ai personaggi che ne sono «portatori», se prestiamo attenzione agli Erofilo, ai Caridoro, agli Erostrato, dobbiamo prendere atto, nonostante il meritorio sforzo innovativo ariostesco, dell'alto grado di convenzione del loro comportamento Sotto il sole di Metellino o nella piú domestica Ferrara, questi giovani si limitano a recitare, con malinconica eleganza, la loro impotenza ad agire, modulano, variamente declinata, la loro «sensibile» frustrazione Immobili come Tantalo nel suo specchio d'acqua (la similitudine è ariostesca), non fanno che iterare, con voce querula, la melopea della loro inazione: «Ch'io non li dimostri l'amore ch'io li porto? Ch'io patisca che stia piú in servitú? Non bisogna che vadi piú in lungo questa trama... Quando non possa venire secretamente al mio disegno, ci verrò alla scoperta.. Sarei bene a peggior termini che Tantalo, se in mezzo a l'acqua mi lassassi struggere di sete...»[36]. C'è qualcosa di altamente formalizzato, s'intende, in questo radicale immobilismo, che si esprime, essenzialmente, nel riflettere sulla propria passività È questo il codice che il pubblico dei primi del secolo vuole che i giovani amorosi esprimano, è questa la struttura d'amore di cui li vuole «portatori»[37]

Anche Machiavelli, nei disagiati panni di traduttore dell'*Andria*, aveva prestato ossequio ad un personaggio-struttura vicino a quello ariostesco. Lo «sgraziato» e «infelice» Panfilo, di continuo «stupefatto» d'essere «scher-

---

Furioso dello Ariosto, e veramente il poema è bello tutto, e in di molti luoghi è mirabile Se si truova costí, raccomandatemi a lui, e ditegli che io mi dolgo solo che, avendo ricordato tanti poeti, che m'habbi lasciato indreto come un cazo » (*ibidem*, p 357)

[36] Citiamo dalla *Cassaria* prima (I, 5), in L ARIOSTO, *Commedie*, a cura di A Casella, G Ronchi ed E Varasi, Milano 1974, pp 11-12

[37] «Gli innamorati sin dal loro primo apparire in scena (e lungo l'intero arco della commedia) restano materia quasi completamente inerte, mera occasione per innescare l'azione che intorno a loro si svolge» (A DE LUCA, *La prima redazione della «Cassaria»*, in «La Rassegna della Letteratura Italiana», gennaio-agosto 1975, pp 218-19) Nello stesso numero, a pp 85-128, leggemmo allora un profilo d'insieme, vivace e ricco di spunti, dell'Ariosto drammaturgo di G FERRONI, *Per una storia del teatro dell'Ariosto*

nito» e «vilipeso» dalla sorte, è uno di codesti modelli di
amante «maninconoso». La sua cifra è «l'incertitudine»:
vorrebbe abbandonarsi a «confidenza», sfogare il proprio
«ardire»: e non fa altro che fremere d'incertezza, «rinvolto» com'è in tanti mali, dinnanzi ad una sventura che
di continuo «si rinnuova»

Con Callimaco – il personaggio cui è affidata, nella
Mandragola, la struttura d'amore – siamo ben distanti da
questo figurino inerme e passivo, che la ventata d'amore
basta a rendere «stracco nei pensieri», «stupido» Egli è
davvero l'eroe d'amore vagheggiato nelle lettere più pen-
sose e mature dell'esilio, in cui l'agire e il patire si me-
scolano in una sconcertante alternanza. E dalle lettere
viene spontaneo risalire a certi protagonisti della più ac-
cesa poesia erotica latina: più che ai trepidi innamorati di
Tibullo, ai tormentati amanti ovidiani, divisi tra speranza e timore, temerarietà e calcolo, prudenza e sprezzo del
pericolo· «Partitomi dal bosco, io me ne vo a una fonte,
e di quivi in un mio uccellare. Ho un libro sotto – leggiamo in un passo del drammatico bilancio esistenziale in forma d'epistola, indirizzata al Vettori il 10 dicembre 1513
– o Dante, o Petrarca, o un di questi poeti minori, come
Tibullo, Ovvidio e simili: leggo quelle loro amorose passioni e quelli loro amori, ricordomi de' mia, godomi un
pezzo in questo pensiero .»[38].

Personaggio-struttura radicalmente nuovo, Callimaco
contrappone allo sgomento degli eroi arioschi una diversa perentorietà e determinazione: «E' non è mai alcuna cosa sí disperata che non vi sia qualche via da potere
sperare; e benché la fussi debole e vana, e la voglia e 'l desiderio che l'uomo ha di condurre la cosa non la fa parer
cosí» (I, 1) Siamo appena all'antefatto. alla ripresa, da
parte di Machiavelli, in chiave di corposo realismo, tutto
precisione e concretezza di riferimenti, del tema dell'innamoramento per fama, cosí finemente declinato dalla lirica provenzale e dalla novellistica volgare, tra Jaufré Ru-
del e Boccaccio. Nelle scene in cui si mette in moto la mac-

---

[38] Da MACHIAVELLI, *Opere* cit , p 295

china, le scene del resoconto (I, 1, con Siro) e della progettazione (I, 3, con Ligurio), Callimaco è tutto in questo fremente desiderio d'azione nella smania di entrare «per qualche altra via», di «pigliare qualche partito» né gli importa che sia «crudele, bestiale e nefando».

Poi, quando Machiavelli delega l'azione ad altri[39] (nel senso che altri la guidano o la realizzano, certo col suo consenso e la sua collaborazione) il personaggio pare mutare gradualmente registro Anche se implicato in prima persona nella vicenda, che lui stesso ha innescato, Callimaco sembra, in qualche misura, straniarsene, assecondare l'intrigo con un certo distacco, un poco in disparte da gli altri, che pure s'affaccendano per lui e con lui perché «l'inganno» si conduca «al fin... inmaginato e caro». Al vagheggiamento dell'azione subentra in lui l'esaltazione di un Eros di alta, nobile passionalità, tra gli estremi di un esaltato vitalismo e, all'opposto, dell'annientamento nella morte[40].

Un'esaltazione del corpo come tempio del demone amoroso, che qui si fisicizza e sublima («. . E così mi fo di buon cuore Ma io ci sto poco su, perché da ogni parte mi assalta tanto desio d'essere una volta con costei, che io mi sento, dalle piante de' pié al capo tutto alterare: le gambe triemano, le viscere si commuovano, il cuore mi si sbarba del petto, le braccia s'abandonono, la lingua diventa muta, gli occhi abarbagliano, el cervello mi gira...», in IV, 1) si alterna, nelle sue perorazioni, nei tormentati soliloqui, ad un desiderio di annullarlo, quel corpo, di svellerlo dalle radici. «Meglio è morire che vivere così Se io po-

---

[39] G FERRONI («Mutazione» e «riscontro» nel teatro di Machiavelli, Roma 1972, p 45) parlò per questo di Callimaco come del «protagonista mancato» della commedia, soggetto ad una «svalutazione totale» ma ci parve, e ancora ci pare, una lettura troppo cogente, che non tiene conto della funzione «strutturale» del personaggio

[40] Molto fini le osservazioni formulate a suo tempo da L Vanossi (Situazione e sviluppo del teatro machiavelliano, in AA VV , Lingua e strutture del teatro italiano del Rinascimento, Padova 1970) sulla lingua «altamente artificiata» di Callimaco (alle pp 24-26) Ora sono da leggere le pagine sul «pluristilismo funzionale» del Nostro dovute a P TRIFONE, L'italiano a teatro, in AA VV , Storia della lingua italiana, dir da A Asor Rosa, II, Scritto e parlato, Torino 1994, pp 101-5

tessi dormire la notte, se io potessi mangiare, se io potessi conversare, se io potessi pigliare piacere di cosa veruna, io sarei piú paziente ad aspettare el tempo. Ma qui non ci è rimedio. E se io non sono tenuto in speranza da qualche partito, i' mi morrò in ogni modo ...» (I, 3).

Questa inquietudine viscerale, che ora lo fa «morire per l'alegrezza», ora lo fa sentir «spacciato», non lo abbandona neppure quando la trappola sta per scattare ed ogni esitazione dovrebbe essere bandita· «Io scemo ad ogni ora dieci libre, pensando dove io sono ora, dove potrei essere di qui a due ore, temendo che non nasca qualche caso, che interrompa el mio disegno· che se fussi, e' fia l'ultima notte della vita mia, perché o io mi gitterò in Arno, o io m'impiccherò, o io mi gitterò da quelle finestre, o io mi darò d'un coltello in sull'uscio suo» (IV, 4). Ma persino nel riepilogo della tanto vagheggiata conquista Callimaco insinua una vena d'angoscia· «Io fui, udendo queste parole, per morirmi per la dolcezza. Non potetti rispondere a la minima parte di quello che io arei desiderato. Tanto che io mi truovo el piú felice e contento uomo che fussi mai nel mondo; e se questa felicità non mi mancassi, o per morte o per tempo, io sarei piú beato che' beati, piú santo che' santi» (V, 4). Tra uno smarrimento che ha qualcosa di mortale e l'incubo di un lontano trapasso la sagoma di Lucrezia sembra svanire nel nulla: mentre si è tentati di dire che s'accampa in primo piano la fondamentale solitudine del suo amante[41].

Callimaco è solo, del resto, come ogni personaggio «funzionale», che – al di là della partecipazione alla *fabula* – si risolve tutto nella struttura. Ma nel suo caso, questa impressione di estraneità è accresciuta dal fatto

---

[41] Solo in un punto, secondo il Dionisotti (*Appunti sulla «Mandragola»* cit , pp 635-36), Callimaco «rientra» nel vivo della tematica, piú nobilmente autobiografica, della commedia «Per contro, il punto moralmente e artisticamente piú alto della commedia, vera e propria morale della favola, è la dove Callimaco parla della notte appena trascorsa con Lucrezia "io stetti di mala voglia infino alle nove ore, e benché io avessi gran piacere, e' non mi parve buono" La bontà, ossia la vera e intiera felicità è raggiunta solo nel momento in cui al piacere fornito dalla donna ignara, che pure è stato piacere grande, quanto era stato grande il desiderio, succede, affatto diverso, l'amore della donna consapevo-

che, come abbiamo detto, Machiavelli, con calcolata con-
traddittorietà, mescola, alla celebrazione liricheggiante
dell'Eros «alto» che egli incarna, tutta una trama compatta di immagini, similitudini, metafore – congegnate
con sbalorditiva minuzia le une nelle altre ed affidate non
piú ad un solo personaggio, ma alla coralità dei personaggi – le quali, invece, celebrano, in modo allusivo, il «basso» erotismo, l'amore carnale, prosaicamente evidenzia-
to nella sessualità piú scoperta e volgare

Si comincia con la scena dell'incontro-consulto tra
Nicia e Callimaco (II, 2), attraversata dal *pastiche* macaronico sulle cause della sterilità, quasi un prontuario da
scuola medica salernitana ridicolizzato («Nam causae sterilitatis sunt aut in semine ..») e punteggiata dal sarcasmo
sulla impotenza di Nicia («Oh voi mi fare ridere! Io non
credo che sia el piú ferrigno ed il piú rubizzo uomo, in Firenze, di me...»). Compaiono termini diagnostici («il segno»), oggetti sanitari poco eleganti (l'orinale), che fanno da ponte ad una scena speculare (II, 6), quella sull'urina di Lucrezia, dove il latino macaronico («Nam mulieris
urinae sunt   ») e le pesanti allusività sulla impotenza del
dottore («Io ho paura che costei non sia la notte mal coperta   ») ci vengono furbescamente riproposti, secondo
una lineare tattica di interne rispondenze.

A rendere fosca, vagamente repellente, la trama delle
pulsioni erotiche che attraversano il testo, provvede lo
stesso Nicia là dove innesta una diversione per narrare a
ritroso a Ligurio (III, 2) il tentativo di stupro commesso,
ai danni della «dolce» e «facile» Lucrezia, da parte di «un
di quei fratacchioni», facili «ad dare datorno» alle devo-
te. E, visto che si sparla di frati e si compiangono le pie

le e consenziente Tutti gli interpreti ormai consentono, qualcuno a denti stret-
ti, che Ligurio, artefice della beffa, provvisto di un tradizionale e irrilevante travestimento classico di parassita, in realtà s'identifica collo stesso Machiavelli,
autore della commedia Ma da ultimo, imprevedibilmente, qualcosa di sé, di tutto suo, il sugo della storia, Machiavelli anche ha dato al giovane Callimaco qualcosa della sua esperienza di uomo cinquantenne, ormai vecchio, deluso e ferito,
ma non rassegnato, ancora mordace, ancora avido e capace di vivere, e tanto piú
esperto di quanto fosse il giovane e fortunato Callimaco della "mala voglia" che
può accompagnarsi al piacere, della differenza fra il piacere e l'amore»

donne, eccoci, secondo un altro perfetto incastro, a quell'apparente «siparietto» che è l'incontro della beghina e di Timoteo (III, 3) Apparente, dico, perché, al di sotto della trama delle pesanti allusività, l'incontro è sostanziale nel dare continuità al contrappunto dell'amor «basso»: da quell'accenno allo sfogarsi «ritta ritta» (alla lettera, ma anche per metafora, cara ai burleschi) al rimpianto delle imperiose attenzioni del marito («Ed ancora che fussi un omaccio, pure le carni tirono»), dalla confessione, decisamente compiaciuta, della sodomia accettata per un formale ossequio agli obblighi matrimoniali («Io me ne discostavo quanto io potevo, ma egli era sí importuno. .») al rinvio ad altri, piú perversi, strazianti, atti di sodomia collettiva: «Dio ci aiuti, con queste diavolerie! Io ho una gran paura di quello impalare. »[42].

La celebrazione, lievemente sacrilega, dell'atto contro natura sulle porte di una chiesa prelude – ancora una rispondenza perfettamente calcolata – alla finzione (chiamiamola, di secondo grado) dell'aborto, sulle porte della stessa chiesa (III, 4) tra Ligurio, Nicia e Timoteo. manovra «funzionale» fin che si vuole, ai fini della vicenda, ma non per questo meno violenta e turpe con quelle monache «straccurate» e quella fanciulla «cervellina» sullo sfondo e, in primo piano, quel «pezzo di carne non nata, senza senso», di cui sembra inevitabile far «sconciare» la ragazza «gravida di 4 mesi» (notiamo, per inciso, che, con un ammicco beffardo, ma da scrittore di classe, Machiavelli decide che sia figlia di «Cammillo Calfucci», il fio-

---

[42] È sempre il Dionisotti, straordinariamente ricco di precisazioni e di analisi interpretative, che dobbiamo in merito ascoltare «Che l'anonima donna non sia una popolana, men che mai una fantesca, che non sia una donnicciuola ma una gran donna, risulta chiaro da due inoppugnabili argomenti oggettivi di galateo cinquecentesco l'uno, dal titolo che il frate le da' di Madonna, economico, l'altro, dall'elemosina, che solo una gran donna poteva permettersi, di un fiorino. A un centinaio di fiorini l'anno ammontava lo stipendio annuo di Machiavelli segretario» Quanto alla scena, al suo «significato proprio», alla sua «ragion d'essere nella struttura compatta della Mandragola», essa sta «evidentemente, nella contrapposizione, in un fulmineo scorcio, del coito o stupro innaturale e sterile all'accoppiamento naturale e fecondo che avvia e suggella l'azione della commedia» (*Appunti sulla «Mandragola»* cit , pp 632-33)

rentino che, in tutt'altro clima, in clima casto e cortese, aveva disputato a Parigi, presente Callimaco, sulla bellezza delle donne)

Ma non andiamo verso un aborto· andiamo, invece (ancora una rispondenza *e contrario*), verso una nascita per interposto genitore Lasciato solo, come è inevitabile, mentre quella nascita viene, alla lontana, propiziata (e si sente, guarda caso, in base ad una nota metafora sessuale, «come un zugo, a piuolo», in III, 7), è proprio Nicia a voler verificare che tutto vada per il meglio. Ed ecco, dopo la sospirosa attesa che «la Pasquina» entri «in Arezzo» e che Mona Ghinga possa vedere e toccare con mano (una metafora e una storia salace, in sboccata accozzaglia, in IV, 8), dopo che Timoteo ha preparato gli spettatori, in dialogo diretto, a quella lunga notte vissuta dagli amanti allo spasimo («Callimaco e madonna Lucrezia non dormiranno: perché io so, se io fussi lui e se voi fussi lei, che noi non dormiremo...», in IV, 10; e «Ben si sono indugiati alla sgocciolatura...», in V, 1), eccoci alla gran sequenza (V, 2) della ispezione corporale di Callimaco nudo da parte di un Nicia puntigliosissimo («Io lo feci spogliare; e'nicchiava   Ma tu non vedesti mai le più belle carne bianco, morbido, pastoso   e dell'altre cose non ne domandare...»), alla verifica manuale della virilità («.. ed innanzi che io mi partissi, volli toccare con mano come la cosa andava   »); alla costatazione, in cui vibra un'ombra di patetica complicità involontaria, del «piacer dell'unto»: «Che direte voi, che io non potevo fare levare quel ribaldone ?».

Ed, a questo punto, la partitura a contrappunto dell'Eros profano si chiude su se stessa, in cupa circolarità, in quel finale senza lieto fine (V, 6), in cui ancora campeggiano sparse allusività erotiche, desolanti ormai, tanto sono elementari: «Lucrezia, costui è quello che sarà cagione che noi aremo uno bastone che sostenga la nostra vecchiezza...»; «E voi, madonna Sostrata, avete, secondo che mi pare, messo un tallo in sul vecchio» Mentre s'accampa su quell'unione, che due maschi hanno, con ben diversi fini, ostinatamente voluto e che una femmina ha sino all'ultimo respinto, ed ora esige con tutta nuova caparbietà, l'ombra del sacrilegio⁴³.

Se ci siamo dilungati a ricostruire, con un eccesso forse di puntiglio, la compresenza di una serie di riferimenti all'amor «basso» all'interno di una fondamentale struttura dell'amore «alto», qual è quella vagheggiata e impersonata da Callimaco, è perché riteniamo che questo sia il primo, netto segno di originalità della *Mandragola* rispetto all'uniforme trattamento che la stessa struttura subisce da parte dei commediografi coevi, primo, in tutti i sensi, come s'è visto, l'Ariosto.

Qualunque fossero le sue intenzioni, è indubbio che già al livello di questa prima componente architetturale della commedia, Machiavelli innova Lo stesso accade con la struttura della beffa: e qui il personaggio-struttura si chiama Nicia, ruolo inventato non senza tener d'occhio, con ogni probabilità, da un lato il Cleandro dei *Suppositi* ariosteschi, dall'altro il Calandro del Bibbiena.

Il dottore, cioè l'avvocato (come Nicia, del resto, stando almeno al diploma di laurea), che l'Ariosto introduce nella sua seconda commedia, riservandogli nell'insieme tre scene (I, 2, II, 3; V, 5), è una figurina «ingenuamente» trattegiata. ha sí l'ossessione dell'età (sessantaseienne, dichiara dieci anni di meno: «Ne dice dieci manco!»), ma esibisce i propri guadagni con un'ostentazione plateale. «leggendo, avocando e consigliando, in spazio di venti anni ho acquistato il valore di quindicimilia ducati o piú...» Basterebbe questa esibizione vistosa da *nouveau riche* a discostarlo dall'ambiguità «fiscale» di Nicia, che

---

⁴³ «Il comparatico stabiliva, secondo le consuetudini e le credenze del Medioevo, un legame molto stretto, quasi un vincolo di sangue sposare o avere rapporti con una comare era stimato un incesto» Così Vittore Branca, postillando la novella 3 della Giornata VII del *Decameron* (G BOCCACCIO, *Decameron*, a cura di V. Branca, Torino 1980, p 808, n 8). Ci riferiamo (e varii studiosi lo hanno fatto) alla battuta di Lucrezia « e' vuolsi che sia nostro compare», in V, 6, già anticipata dalla donna a Callimaco, nelle ore di notturna intimità «Fara'ti adunque suo compare », in V, 4

ci lascia capire (ma con qualche nostro sforzo) d'essere un
ignavo *rentier·* uno che vive di rendita sul patrimonio degli avi, perché – se proprio dovesse esercitare l'avvocatu-
ra – non troverebbe clienti[44].

Ma accennavamo anche al protagonista della *Calandra*.
Dovizi aveva saputo per primo tradurre per intero le po-
tenzialità del tradizionale rapporto beffatore-beffato (con-
segnatogli dal maestro della tradizione novellistica, dal
Boccaccio, al piú alto livello di sapienza letteraria) in puro, astratto divertimento teatrale Era nata cosí, all'interno di una commedia singolarmente espansa, debordan-
te addirittura (cinquantanove scene nei consueti cinque
atti), una sorta di commedia autonoma, molto contratta
nell'ideazione e, all'opposto, assai feconda di occasioni lu-
diche: dieci scene in tutto, le scene di Calandro

Sollecitato da una «spalla» d'eccezione, il febbrile Fes-
senio, Calandro era, senza saperlo, attore di se stesso, della propria sublime imbecillità «Gentile innamorato» che
subito equivoca tra l'identità di Santilla e le sue attratti-
ve fisiche (I, 4); «babuasso» sino a persuadersi che la se-
duzione erotica sia una questione di mangiare e di bere (I,
7);«bufolaccio» al punto di imparare a «scommettersi»,
come uno snodato contorsionista (II, 6), cosí «gocciolo-
ne» da credere che si possa morire «di fora eccellente-
mente» per subito «rinvivere» di dentro e «vedere l'altro
mondo» (II, 9), Calandro faceva, imperterrito, spettacolo a sé, protagonista solitario di un «teatro nel teatro», in
cui il mimetismo gestuale, ai confini del surreale, dell'appena ricordata sequenza del forziere si sposava al meta-
morfismo della parola. come, per limitarci ad un solo
esempio, nella profferta d'amore incerta tra Lidio maschio
e Lidio femmina (III, 23)[45]

---

[44] L ARIOSTO, *Suppositi*, I, 2, in *Commedie* cit , pp. 202-3 La commedia fu
edita (con buona probabilità) a Firenze presso Bernardo Zucchetta nel 1509
contro la volontà dell'autore e forse su commissione dei suoi commedianti (*ibidem*, p 806) e Machiavelli poteva averla letta
[45] B DOVIZI DA BIBBIENA, *Calandra*, a cura di G Padoan, Padova 1985 (si
vedano anche P D STEWART, *Retorica e mimica nel «Decameron» e nella commedia del Cinquecento*, Firenze 1986, pp 103-40, L BOTTONI, *Una commedia*

Anche Nicia esibisce e fa teatro della propria «semplicità», «sciocchezza», «pazzia», per citare i tre sinonimi con cui è marchiato dagli ingannatori. Ma, al contrario di Calandro, Nicia non recita un copione «secondo», avulso da quello principale e scritto apposta per lui· la fissazione che lo attanaglia, la «briga» d'aver figli, lo coinvolge, insieme ai suoi coagonisti, in un'unica, compatta vicenda: «Che so io? Vo cercando duo cose ch'un altro per avventura fuggirebbe. questo è di dare briga a me e ad altri. Io non ho figliuoli e vorre'ne, e per avere questa briga vengo a dare impaccio a voi» (è la sua presentazione a Callimaco, in II, 2, ed è, a un tempo, un'indicazione di strategia teatrale di Machiavelli).

A differenza di Calandro, poi, tratteggiato da Dovizi secondo il modulo dell'ingenuo credulo, Nicia impersona una più raffinata variante della sciocchezza, quella dello stolido borioso (se il primo discende da Calandrino, il secondo si apparenta semmai, com'è stato osservato, ad un'altra creatura boccacciana, maestro Simone da Villa)[46]. Il che comporta una notevole diversità nel gioco scenico dei due personaggi: la comicità di Calandro è di riporto, o, per dir meglio, passiva, nel senso che recepisce trovate che altri le porgono, quella di Nicia è attiva, giacché elabora da se stessa le occasioni facete o schernevoli, e, talvolta, le propone, come straniandosi, al riso del pubblico: si pensi, per fare un solo esempio, al commento sul proprio ridicoloso travestimento, in IV, 8: «Chi mi conoscerebbe? Io paio maggiore, più giovane, più scarzo e' non sarebbe donna che mi togliessi danari di letto» (battuta nella quale ritorna l'ossessione della giovinezza, riflesso «per positivo» dell'ombra negativa dell'impotenza, o comunque della sterilità).

Infine – ed è questo il divario di fondo – la «pazzia» di Nicia non è fine a se stessa, è il riverbero di una «pazzia»

per il mistaggio parodico, in AA VV, Tra storia e simbolo Studi dedicati a E Raimondi, Firenze 1994, pp 53-80) La commedia era (con ogni probabilità) nota al Machiavelli prima della princeps senese del 1521

[46] VANOSSI, Situazione e sviluppo cit, pp 35-37

collettiva. Da puro supporto al gioco scenico, com'era nel Dovizi, la struttura della beffa include ora un'appassionata denuncia etica e civile

Nel tradurre questa denuncia in termini di pura spettacolarità, senza che mai possa allentare le maglie o in alcun modo nuocere alla finzione teatrale, Machiavelli recupera e porta a piena maturazione quella «scrittura maledica» sperimentata, con esiti non del tutto felici, nell'*Asino d'oro*[47]. Ci sono nella *Mandragola* molte eco curiose del poemetto autobiografico-allegorico, avviato con impeto dopo il 1512 e rimasto poi incompiuto all'ottavo capitolo. Il padre del «giovanetto» smanioso di correre a perdifiato (di cui si racconta in I, 31-87) sembra il «doppio» di Nicia per quella fissazione di «intender molte opinioni/di molti savi» e ritrarne «molti rimedi di nulle ragioni»: e l'asino, nel suo sfinimento d'amore, ricorda Callimaco dopo la desiata notte. «.. intorno al cor sentii tante alleggrezze | con tanto dolce, ch'io mi venni meno .» (IV, 139-40)

Ma, al di là di queste e altre consonanze, il nesso stringente tra poemetto e commedia è nella stessa irosa disposizione verso una Firenze spoglia di spiriti magni («Ben son le piagge tue fatte deserte | e prive d'ogni gloriosa fronda, | che le facea men sassose e meno erte...», in IV, 58-60), mentre vi si affollano, seduti «alto ne' piú alti scranni», tanti «Fabi e Catoni» miseramente riusciti in «pecore e montoni» (V, 100-5). Si pensa subito al pessimismo del prologo della *Mandragola* («Di qui depende sanza dubbio alcuno | che per tutto traligna | da l'antica virtú el secol presente ..»). e, tutt'altro che a caso, nella stessa occasione, Machiavelli fa esplicito riferimento ai suoi tentativi di polemista «Pur se credessi alcun dicendo male, | tenerlo pe' capegli | . . sbigottirlo o ritirarlo in parte, | io l'ammonisco e dico a questo tale | che sa dir male anch'egli | e come questa fu la suo prim'arte . »

Ma c'è una sproporzione assai evidente tra la maldicenza dell'*Asino* e il moralismo, asciutto e fattuale, della *Man-*

.

[47] *Dell'Asino d'oro*, in MACHIAVELLI, *Opere letterarie* cit , pp. 263-300

dragola. Nel poemetto la rabbia e la delusione si addensano in figurazioni per lo piú astratte Lo stile è risentito, ma non immune da qualche lentezza: l'*indignatio*, la furia «di morder» il proprio «tempo dispettoso e tristo», non vi si libera mai, anzi fa groppo di continuo[48]. Nella *Mandragola* l'irrisione di Machiavelli si concreta, con corposo realismo, nella figura di Nicia. e trova nella sua parlata (che tutto intesse, idiotismi beceri e squisite raffinatezze formali, il latino delle Pandette e il piú trito gergo rionale) un tramite di irresistibile presa per lo spettatore coevo. Nel *perpetuum mobile* della parlata di Nicia, che assume, a tratti, le apparenze di un vaniloquio sublime e demente, «passa», per accenni furtivi, per allusioni schermate, la polemica, risentita e lucida, di Machiavelli verso i contemporanei[49].

C'è, dunque, una struttura di superficie della beffa, e è il noto raggiro di cui Nicia farà le spese· e c'è una struttura «profonda» della beffa, di cui Nicia è il mezzo, Machiavelli il risoluto mandante e il pubblico la vittima inconsapevole Chiuso nella cerchia dei propri angusti interessi (il triangolo Prato-Pisa-Livorno di una lontana giovinezza molto «randagia», in I, 2), Nicia è il borghese inerte, quasi bloccato da una segreta inibizione ad agire (l'incubo del «travasare», dello «sgominare tutta la casa», nella stessa scena) Disprezza la propria classe (quegli «uccellacci» dei medici, ad esempio, che «non sanno quello che si pescano», ancora in I, 2). Vive appartato in gelosa solitudine («...io non ho bisogno di persona: cosí stessi chi sta peggio di me», in II, 3), infatuato del proprio prestigio (lui, che «ha cacato la curatella per imparare dua *hac*», come sottolinea, gonfio di presunzione, nella stes-

---

[48] N BORSELLINO, *L'esperienza comica in Rozzi e Intronati*, Roma 1976², pp 129-34
[49] «La società fiorentina ritratta nella commedia è la società borghese, una società che ha rinunciato a reggere, com'era suo diritto e dovere, la città Ha accolto come suo legittimo spazio vitale il fatto privato e, nel caso della *Mandragola*, l'adulterio da parte dei due amanti - protagonisti attivi -, dietro l'iniziativa dell'uno, e dietro il conseguente consenso dell'altra, mentre, tanto piú ridevolmente quanto piú è aggressiva la petulanza saccente della vittima, si emargina dentro la sua nicchia di cuor contento, messer Nicia» Cosí, persuasivamente, Ettore Mazzali, nella sua intr a N MACHIAVELLI, *Mandragola-Clizia*, Milano 1995, p 47

sa scena). Ha, in compenso, un terrore fisiologico del Potere, che identifica nelle sue istituzioni punitive («Ma non vorrei però ch'elle fussino mia parole, che io arei di fatto qualche balzello o qualche porro di drieto che mi fare' sudare», in II, 3; e «Ma sopr'a tutto che non si sappia, per amor degli Otto!», in II, 6). E la sua pavidità, se non interpretiamo male alcuni suggerimenti «cifrati» del Machiavelli (il «se io ne avessi vivere, io starei fresco, ti so dire!», a proposito dei modesti guadagni della professione, in II, 3; e il «io farò masserizia altrove» di III, 2), lascia intravedere una certa consuetudine ai loschi traffici: in una parola, un'immoralità di grosso conio

Ma provincialismo, inerzia, grettezza, spocchia, codardia sono, nelle «malediche» intenzioni di Machiavelli, i vizi di Nicia come di chi sta ridendo di lui. Ed ecco – in una scena che ha, da parte di Machiavelli, tutta l'aria di un'aperta provocazione, quasi un cartello di sfida – ecco il «dottore» abbattere la parete della finzione, riversare sul pubblico la sua stessa mediocrità, accomunarlo nella sua degradazione· « . in questa terra non ci è se non cacastecchi, non ci si apprezza virtú alcuna... E questo è che, chi non ha lo stato in questa terra, de' nostri pari, non truova can che gli abbai; e non siàn buoni ad altro che andare a' mortori o alle ragunate d'un mogliazzo, o a starci tuttodí in sulla panca del Proconsolo a donzellarci...»

È l'invettiva di II, 3, di cui solo ai nostri tempi si è cominciato ad apprezzare la sostanziale drammaticità[50]. I tratti negativi di un singolo diventano qui i limiti di una collettività figlia della crisi: figlia – a tentare, cosí di fretta, di storicizzare la polemica machiavelliana (a rischio, forse, di soffocarne il respiro) – di quei «grandi spaventi», di quelle «subite fughe», di quelle «miracolose perdite» successive alla memorabile «passata del re Carlo», come leggiamo nell'*Arte della guerra*[51]: a quello stesso 1494, insomma, cui fa riferimento, con tanto cronologico puntiglio, Callimaco nella scena d'apertura.

---

[50] F FIDO, *Le metamorfosi del Centauro*, Roma 1977, pp 106-8
[51] M BARATTO, *La commedia del Cinquecento*, Venezia 1975, p 66

Ruolo antico di commedia modernamente rivisitato, l'«uccellaccio» Nicia è il «portatore» della struttura della beffa in quanto è lo schermo di una corruzione, etica e civile, che è la corruzione del suo pubblico. Il gusto della profanazione, sperimentato da Machiavelli sulla struttura d'amore come su un codice meramente letterario, qui si esercita, con una crudeltà mista ad uno strazio sottilmente intellettuale, sul materiale umano. Attraverso Nicia Machiavelli profana e dissacra, nel suo sdegno di grande solitario deluso, la società del suo tempo. Per questo crediamo abbia ragione, ancora una volta, il Dionisotti a cedere, dinnanzi alla calcolata bassezza del personaggio, ad un sovrappiú di gobettiano sdegno morale. «Emana da lui il tanfo della bestialità, ma anche della tana condegna, di una lunga vita inerte e chiusa. La sconfitta di messer Nicia nella *Mandragola* non è soltanto di un individuo· è anche di un modo di vivere statico, sterile, iniquo, indegnamente privilegiato, degno di essere messo alla berlina di una città come Firenze, da uomini dello stampo di lui, Machiavelli»[52].

Tuttavia non è solo a Callimaco, non è soltanto a Nicia, ai due personaggi-struttura, insomma, pur cosí suggestivi e rilevanti, che Machiavelli affida, per intero, il proprio messaggio. Per coglierlo a fondo, in tutta la sua travolgente ricchezza, ed anche nella sua chiaroscurata complessità, occorre guardare – insieme all'amante e al beffato – ai tre personaggi-tema: a Ligurio, Timoteo, Lucrezia.

Demiurgo, stratega dell'azione, direttore di scena, coreografo queste alcune delle formule con cui Ligurio è venuto acquistando, nell'attenzione dei critici, tutto il rilievo che merita, non solo nell'economia teatrale della *Mandragola*, ma nella gamma della sua tematica[53]. Si tratta di formule senza dubbio persuasive. Ma forse sarebbe

---

[52] DIONISOTTI, *Appunti sulla «Mandragola»* cit, p 644
[53] RAIMONDI, *Il segretario a teatro* cit, pp 210-12, che ha sottolineato lo «spirito secco e nervoso, tutto di testa» del personaggio

meglio dire, piú esplicitamente, che attraverso Ligurio Machiavelli modula un tema centrale nella sua visione dell'esistenza: quella febbre della prassi, con cui l'uomo non solo esprime il meglio di sé, ma costruisce con le proprie mani il suo destino, in tacito, accanito confronto con la Natura, la Fortuna, la Storia

Che l'azione della *Mandragola* nasca dalla mente fervidamente progettuale di Ligurio, lo comprendiamo quando è ancora fuori scena: è lui, secondo il puntuale resoconto di Callimaco (I, 1), che «ha promesso di persuadere a messer Nicia che vada con la sua donna al bagno in questo maggio» Sarà lui, di lí a poco (è, nel frattempo, entrato in scena, in I, 3) a decidere di «pigliare qualche altro partito piú corto, piú certo, piú riuscibile che 'l bagno». ed è quello della pozione. Ed è ancora lui, s'intende, «a pensare el remedio», quando anche questo secondo progetto rischia di incepparsi, disponendo i due corruttori ad entrare nel raggiro, «el confessoro» da una parte e quella «buona compagna» di Sostrata dall'altra.

Quando poi il progetto definitivo entra nella sua attuazione e i diretti interessati diffidano (Nicia) od oscillano tra speranza e timore (Callimaco), Ligurio lo guida, all'opposto, con una pacatezza ed un equilibrio ammirevoli. Basterebbe a mostrarlo il nitido tempismo con cui gradua la strategia dei travestimenti Dopo avere imposto a Callimaco di abbandonare il ruolo dell'amante per assumere quello del falso medico («Io voglio che tu faccia a mio modo, e questo e' tu dica di avere studiato in medicina e che abbi fatto a Parigi qualche sperienzia...», in I, 3), gli ordina – proprio quando l'altro, in uno dei consueti cedimenti passionali, si abbandona allo sconforto («Ohimè, ohimè, i' sono spacciato...») – di calarsi nei panni del giovane scioperato· «Fo conto che tu ti metta un pitocchino in dosso, e con u' liuto in mano te ne venga costí, dal canto della sua casa, cantando un canzoncino» (IV, 2) Intanto ha già suggerito a Nicia di «travestirsi» da sordo, per meglio reggere al primo confronto con Timoteo· «Io gli dirò che voi sète assordato, e voi non risponderete e non direte mai cosa alcuna, se noi non parliamo for-

te» (III, 2). E, piú tardi, persuaderà il frate ad un travestimento di secondo grado, quello del finto medico, sotto cui dovrebbe celarsi Callimaco: «Io farò travestire el
frate: contraffarà la voce, el viso, l'abito; e dirò al dottore che tu sia quello; e' se 'l crederrà» (IV, 2).

Ma è poi nei minuti particolari, nelle pieghe sottili
dell'azione che rifulgono la limpidezza del suo sguardo e
la tempestività dell'intervento, come quando supplisce a
una improvvisa carenza altrui («Sí, sarà! Io vi risponderò
io. Callimaco è tanto respettivo che è troppo», in II, 2), o
impartisce, con secchezza, ordini a questo o a quello: «Di
là, di qua, per questa via, per quell'altra. E' gli è sí grande Firenze!» (cosí suona la perentoria espulsione di scena
del «cotto» Callimaco, in chiusura del secondo atto)[54].

Quale impulso nutre l'invidiabile sicurezza di sé di Ligurio? Cosa lo spinge a montare, pezzo su pezzo, la vicenda, a governarla con geloso esclusivismo («Tu el saprai, quando e' fia tempo: per ora non occorre che io te 'l
dica, perché el tempo ci mancherà a fare, nonché dire»,
in I, 3) e, persino, con una punta d'orgoglio per la propria
superiorità, come potrebbe suggerire il brusco risentimento di II, 2: «Se voi volete che io stia qui con voi, voi
parlerete in modo che io v'intenda altrimenti noi faren
duo fuochi»? Una ben nota battuta (I, 3) sembra spie-
garcelo: «Non dubitare della fede mia, che, *quando e' non
ci fussi l'utile che io sento e che io spero*, e' c'è che 'l tuo
sangue si confà col mio, e desidero che tu adempia questo tuo desiderio presso a quanto tu» (il corsivo è nostro).

C'è, dunque, a muovere il regista Ligurio, la sete di guadagno. Lungo tutta la *Mandragola*, del resto, come ha osservato il Gibellini, «la legge della finzione, insieme a

---

[54] Sara Mamone, in un contributo attento all'allestimento originario della
Mandragola, ha sottolineato il numero di indicazioni scenografiche che Ligurio,
di continuo, con puntigliosa solerzia, «dissemina» «Sta in questa piazza, in
quello uscio che voi vedete al dirimpetto a noi» (II, 1), «Aspettian che gli spunti questo canto e subito gli saren addosso» (IV, 9), «Io sento toccare l'uscio
suo Le sono esse, che escono fuora, ed hanno il dottore drieto» (V,4) (s MA-
MONE, *La «Mandragola» e la scena di città*, in «Il castello di Elsinore», XIV, 38,
2001, in corso di stampa)

quella dell'utile, domina incontrastata la scena» Anzi l'un
movente è subordinato all'altro: «La dissimulazione è fi-
nalizzata   al guadagno, vero motore dell'azione: cosí Callimaco mira alla mercede amorosa, su cui è imperniato il
plot (anche se con i suoi tratti signorili impersona l'ideale continuità fra civiltà cortese e umanistica); quando pro-
spetta all'amico la relazione con Lucrezia, Ligurio gioca
col suo cognome («Che tu te la *guadagni* in questa notte»),
Guadagni, *omen* ma anche *nomen* vivo in Firenze, mentre Calfucci era estinto da tempo, Ligurio è «pappatore»
per etimo, anche se leale con l'amico cui presta i propri
servigi (come obietta Callimaco alle riserve del suo servo
Siro); la vera vocazione di fra' Timoteo è quella di un geniale procacciatore di elemosine (persino quando com-
prende d'esser stato raggirato da Ligurio con la falsa proposta dell'aborto, egli lo giustifica e si allea con lui in nome del comune credo utilitario); anche il modesto Siro esige, tramite Ligurio, la sua ricompensa»[55]. Eppure, per pa-
radossale che possa sembrare, tra tutti costoro Ligurio
sembra il piú «nobilmente» disinteressato. Si direbbe, per
tornare a quella confessione a mezza voce a Callimaco,
che sia piuttosto una smania dell'azione per l'azione che
gli rampolla dentro, che lo costringe ad instaurare imperiose affinità elettive col suo mandante e quasi gli detta
di sostituirsi a lui nella struggente attesa che l'intrigo si
compia.

Si pensa subito a certe taglienti massime delle *Lettere*
sulla necessità dell'azione come pulsione primaria dell'individuo («Priegovi seguitate la vostra stella, e non ne lasciate andare un iota per cosa del mondo, perché io credo, credetti, e crederò sempre che sia vero quello che dice il Boccaccio che egli è meglio fare e pentirsi, che non
fare e pentirsi . »)[56]: ed alla costante messa in luce degli
attributi positivi dell'attivismo operante (la «prestezza»,
la «destrezza» dell'operare) che emergono nel *Principe*,

[55] P GIBELLINI, Prefazione a N MACHIAVELII, *Mandragola*, Milano 1997, p
XXXI
[56] È la lettera al Vettori da Firenze del 25 febbraio 1514 (in *Opere* cit , p 316)

giú giú sino a certi scritti minori, successivi anche alla *Mandragola*, come l'emblematica *Vita di Castruccio Castracani*: «Niuno fu mai piú audace a entrare ne' pericoli, né piú cauto ad uscirne; e usava di dire che gli uomini debbono tentare ogni cosa, né di alcuna sbigottire, e che Dio è amatore degli uomini forti, perché si vede che sempre gastiga gli impotenti con i potenti...»[57].

Coerente alla tematica del personaggio, che si risolve tutto nella sua operatività, in un'azione perfettamente paga di se stessa, Machiavelli non elogia mai Ligurio. Addirittura, nella scena conclusiva della commedia, che pure deve tutto alla sua intraprendenza, Ligurio quasi non parla, apre bocca – come s'è appena detto – solo per ricordare che c'è un povero servo da compensare: «Di Siro non è uomo che si ricordi?» Ma non si rischiano le secche dell'autobiografismo né i gorghi della psicologia del profondo se si dice che nella fervida tensione al progetto e all'azione di Ligurio Machiavelli «compensa» la propria alacrità smaniosa, frustrata dall'isolamento coatto: «Quanto a me, io sono diventato inutile a me, a' parenti et alli amici, perché ha voluto cosí la mia dolorosa sorte. E non ho o, a dire meglio, non mi è rimasto altro di buono se non la sanità a me et a tutti e' mia. Vo temporeggiando per essere a tempo a potere pigliare la buona fortuna, quando la venissi, e quando la non venga, avere pazienza...» Ed è innegabile che da questa rifrazione tra lo scrittore, quasi stordito nella sua abulia («Ma sendomi io ridutto a stare in villa per le avversità che io ho aute et ho, sto qualche volta uno mese che io non mi ricordo di me...»)[58] e il personaggio, sempre lucido e scattante, il tema che Ligurio impersona trae una sua strana, dolorosa risonanza.

Nella sua brama di agire con lucidità e speditezza, Ligurio si concede poche pause riflessive. Dopo averci fat-

[57] N. MACHIAVELLI, *La vita di Castruccio Castracani da Lucca*, in *Tutte le opere*, a cura di M. Martelli, Firenze 1971, p. 626.
[58] In *Opere* cit., pp. 353 e 354, da due lettere a Giovanni Vernacci, in data 15 febbraio 1516 e 8 giugno 1517.

to costatare la sciocchezza di Nicia, medita sullo squilibrio di tanti matrimoni infelici: «E parmi che rare volte si verifichi quel proverbio ne' matrimoni che dice: "Dio fa gli uomini, e' s'appaiono". Perché spesso si vede uno uomo ben qualificato avere una bestia, e per avverso una prudente donna avere un pazzo...» (I, 3). A Callimaco che, nel suo trasporto di amante «cortese», protesta di dover «morire per l'allegrezza», ribatte con ironia molto pragmatica «Che gente è questa? Ora per l'allegrezza, ora per el dolore, costui vuole morire in ogni modo ..» (IV, 2) E poco prima, ha rilasciato alcune massime piuttosto pungenti sulla malizia dei frati: «Questi frati sono trincati, astuti; ed è ragionevole, perché sanno e peccati nostri e' loro ..» (III, 2)· non senza precisare che Dio è più astuto, in ogni caso, dei medesimi: «Come se Idio facessi le grazie del male come del bene!» (IV, 2).

Sono, nella loro pregnanza, i pochi indugi meditativi di un personaggio affiso alla perfetta funzionalità del raggiro. Una ben più ricca riflessività, una ben altrimenti fluente espansività di parola è nell'altro personaggio-tema, quello di fra' Timoteo, in cui Machiavelli sembra incarnare quelle astuzie della ragione, che sono spesso al centro della sua elaborazione di pensatore

La riflessività di Timoteo si espande, in prima istanza, sul piano drammaturgico. A differenza degli altri personaggi che non calano mai la maschera, Timoteo tende di continuo ad uscire dalla finzione per instaurare un dialogo diretto col pubblico Un primo tentativo di approccio è già in quei *topoi* misogini, che Machiavelli provocatoriamente gli affida· «Le più caritative persone che sieno, sono le donne, e le più fastidiose. Chi le scaccia, fugge e fastidi e l'utile, chi le intrattiene, ha l'utile et e fastidi insieme. Ed è 'l vero, che non è mele sanza mosche» (III, 4)[59]. Ma una più stretta complicità la instaura la sua tattica di precedere le attese degli spettatori, quando la *su-*

[59] Eccone un altro (III, 9) «E tutte le donne hanno alla fine poco cervello, e, come ne è una che sappi dire dua parole, e' se ne predica, perché in terra di ciechi chi vi ha un occhio è signore»

spense è piú alta («Io non ho potuto questa notte chiudere occhio, tanto è el desiderio che io ho d'intendere come Callimaco e gli altri l'abino fatta. », in V, 1)· e, soprattutto, le sue «chiamate in correo» del pubblico, furbescamente coinvolto nel lubrico finale, come per una immaginaria sostituzione di persona· «E voi spettatori non ci appuntate perché in questa notte non ci dormirà persona.. Callimaco e madonna Lucrezia non dormiranno: perché io so, se io fussi lui e se voi fussi lei, che noi non dormiremo...» (IV, 10)

In ogni caso la sua riflessività si esprime, poi, al di là di questa strategia scenica, nel continuo rimettere in discussione i moventi propri e degli altri, nel calcolare – preventivamente o a posteriori – le mosse che gli avversari compiranno o hanno compiuto, nel vagliare le iniziative che, di conseguenza, gli conviene prendere. Cosciente d'«essere nel gagno», d'essere cioè immesso in una gara d'inganno senza esclusione di colpi, Timoteo è altrettanto fermamente deliberato ad ingannare piú degli altri, a fare «meglio di loro». Il monologo di III, 9, che si potrebbe definire il monologo del «giunto», dell'inganno, è esemplare di questa implacabile attitudine riflessiva, per quella disanima, di una calcolata lentezza, di un eventuale scontro tra sé e Ligurio e delle possibilità che si aprirebbero per «giuntatore» e «giuntato»[60].

La stessa corruzione di Lucrezia (III, 11) è un *tour de force* strettamente specialistico, tutto e soltanto retorico. Le capacità suasorie del frate non si traducono, infatti, in un'analisi di responsabilità o colpe, non nella mozione degli affetti, ma in una fredda impostura «formale». Con un paio di citazioni bibliche ad effetto, e soprattutto con quel suo fitto altalenare di distinzioni ed antitesi (il «discosto» e l'«appresso», gli «spaventi» e i «mali», il «bene certo» e il «male incerto», l'«atto» e il «fine»), Timoteo giugne

---

[60] La stessa forte carica di riflessività è nel celebre monologo d'apertura del quinto atto (V, 1) sui frati «di poco cervello», che è speculare alla tirata di Nicia sui concittadini «cacastecchi», di cui abbiamo parlato E già il fatto di disporre di cinque monologhi (III, 9, IV, 6 e 10, V, 1 e 3) è indicativo del personaggio

«sulla bontà» Lucrezia perché traveste la casistica morale, rende menzognero un insieme di rigide norme codifi-
cate da secoli[61].

C'è una indubbia sproporzione, c'è uno stridente contrasto tra la vertiginosa finezza dell'*a solo* con Lucrezia e
la monotonia martellante con cui il frate reclama, lungo
tutta la commedia, senza nessun infingimento e senza
troppa varietà di clausole, le «limosine» o la «limosina»,
i «danari», «codesti danari», «questa parte de' denari»,
sino alla richiesta finale (V, 6) avanzata grossolanamente
a palcoscenico gremito. «Io ho' avere e danari per la limosina» (e si pensa subito a Ligurio, lí presente, che ha
governato tutto e nulla pretende).

Ma lo squallore delle pretese del frate non deve indur-
ci a pensare che ci troviamo dinnanzi ad una ragione che
abbia abdicato alla parte migliore di sé Come ha, con
grande rigore, colto uno studioso machiavelliano della statura di Gennaro Sasso (1980), Timoteo «è una figura im-
ponente... e guai a rappresentarla, nella propria mente o
sulla scena, con tratti caricaturali. Vi è, in essa, qualcosa
di cosí grandiosamente abietto da sfiorare l'innocenza. E
il personaggio è, in effetti, di un cinismo assoluto, tra-
scendentale, verrebbe voglia di dire, e cioè di tale qualità
che, costituendo la condizione di manifestarsi di ogni altra realtà, tutte le colora di sé, e le riduce a sé, nel suo ambito insuperabile»[62].

Non meno grandioso – vorremmo aggiungerlo a chiare
lettere – ci sembra, ad ogni ritorno al testo, il terzo personaggio-tema, quello di Lucrezia.

Il fascino di Lucrezia è, per oltre due atti, quello di un

---

[61] L. HUOVINEN, *Der Einfluss des theologischen Denkens der Renaissancezeit
auf Machiavelli «Mandragola», die Scholastiker und Savonarola*, Extrait du «Bul-
letin de la Société Néophilologique de Helsinki», LVII, 1956, n. 1-2.

[62] L'ampio saggio introduttivo dello specialista da cui citiamo (N MACHIA-
VELLI, *La Mandragola*, intr e note di G Sasso, note e app di G Inglese, Milano 1980) e a cui siamo grati d'aver corretto alcune sviste della nostra introduzione del 1979, ha il limite di ritenere inadeguati tutti (o quasi) gli approcci
al capolavoro dei restanti critici

personaggio assente, di cui si parla, tuttavia, a varie riprese e con accenti tali da sottolinearne, di continuo, l'indiscussa superiorità morale e la separatezza dal civile consorzio. Il resoconto di Callimaco in I, 1 – oltre a precisare che le «tanta laude» di «bellezza» tributate, a distanza, dal Calfucci risultano, da vicino, inadeguate – evidenzia queste due componenti del ritratto dell'amata: Lucrezia è «onestissima ed al tutto aliena dalle cose d'amore»; rifugge da svaghi mondani («non avere parenti o vicini, con chi ella convenga' alcuna vegghia o festa, o ad alcun altro piacere di che si sogliono dilettare le giovane») ed è tutta intenta ad esercitare, con autorità, il proprio ruolo nel chiuso delle mura di casa («non ha fante né famiglio, che non triemi di lei»).

Anche Ligurio, nell'indugio che si concede in I, 3, sottolinea, tra l'ammirato e lo stupito, il divario tra la goffaggine di Nicia e la superiorità della donna, che meriterebbe altre responsabilità che quelle domestiche· «Io non credo che sia nel mondo el più sciocco uomo di costui; e quanto la fortuna lo ha favorito! Lui ricco, lei bella donna, savia, costumata ed atta al governare un regno». Ma è poi lo stesso Nicia a completarlo, quel ritratto, per piccoli tocchi aggiuntivi, che la comicità dei suoi interventi riesce a rendere ancora più severi· la ponderatezza («Io credo che e tua consigli sien buoni e parla'ne iersera alla donna· disse che mi risponderebbe oggi·», in I, 2), la ritrosia («Perché io non vorrei quel disagio, e la donna uscirebbe di Firenze malvolentieri», in II, 2), la diffidenza («E non è dire che la non abbi caro di fare figliuoli, che la ne ha più pensiero di me. Ma, come io le vo' far fare nulla, e' gli è una storia», in II, 5).

Ancora Nicia ci riporterà alla radice di quel carattere così schivo ed umbratile· C'è, in Lucrezia, un fondo di rigorismo devozionale («Ella tien pure a dosso un buon coltrone; ma la sta quattro ore ginocchioni ad infilzar paternostri, innanzi che la se venghi al letto: ed è una bestia, a patir freddo», in II, 6), che neppure le sacrileghe attenzioni di un «fratacchione» riescono ad intaccare· Siamo allo scandalo della «prima messa de' Servi», che, invece di scalfire la religiosità della donna, ne acuisce semmai la sospettosità, come di un animale offeso dall'uomo: «Da quel tempo in qua, ella sta in orecchi come la lepre, e come se le dice nulla, ella vi fa dentro mille difficultà» (III, 2).

Una religiosità vissuta con asprezza traspare, del resto, dall'ingresso in scena della giovane e dal suo diverbio, che cogliamo in atto, con la madre: «Ma di tutte le cose che si son trattate, questa mi pare la piú strana, di avere a sottomettere el corpo mio a questo vituperio, ad esser cagione che uno muoia per vituperarmi. Perché io non crederrei, se io fussi sola rimasa nel mondo e da me avessi a resurgere l'umana natura, che mi fussi simile partito concesso» (III, 10). La tutela del corpo come sacrario dell'anima, la responsabilità della propria salute spirituale connessa alla salvezza fisica di un proprio simile, lo stesso sentirsi una seconda Eva ad un passo da un nuovo peccato originale infondono a Lucrezia un tono di singolare elevatezza, la stagliano sotto un altro cielo[61] Ed è sotto

---

[61] Con molta determinazione Roberto Alonge ha di recente sottolineato la religiosità del personaggio «In Lucrezia c'è una percezione nitida del vizio, del male antagonista del bene, e c'è il coraggio eroico di contrapporsi in solitudine al mondo, di far valere il diritto della propria coscienza di contro all'interesse anche dell'intero universo («se io fussi sola rimasa nel mondo», ecc) D'altra parte, di questa forza di carattere, di questo *coraggio della solitudine*, Lucrezia ha già dato prova nella sua esistenza È la figlia di una madre che «è stata buona compagna», e che forse sarebbe ancora oggi «buona compagna», se non fosse che l'età avanzata la rende fatalmente meno appetibile allo sguardo dei maschi fiorentini Lucrezia è riuscita a crescere in un suo profilo di dura religiosità, pur avendo sotto gli occhi il modello di una madre assai poco virtuosa Qualche sua battuta si carica di una risonanza scritturale che non è stata sufficientemente valorizzata dagli interpreti La scena III, 10 (la scena in cui la madre tentatrice prepara la figlia al dialogo risolutivo con il frate) si chiude su una sintetica e disperata cadenza («Io sudo per la passione») che rinvia al *Vangelo* di Luca, 22, 44 che – unico evangelista, ma perché Luca era medico, e dunque piú attento al dato eziologico – riporta l'informazione che Cristo, nella solitudine del Getsèmani, suda sangue per la passione che incombe su di lui e che pure vorrebbe stornare dal proprio capo Anche Lucrezia vuole che il calice sia allontanato da lei L'angoscia di Lucrezia per ciò che deve accadere è la stessa angoscia del Cristo alla vigilia del Calvario La posta in gioco è la violenza che deve essere perpetrata sul corpo La violenza sessuale è sempre, comunque, una forma di violenza fisica E la violenza dello stupro uccide come la violenza della crocifissione» (R ALONGE, La «Mandragola», in AA VV , *Storia del teatro moderno e contemporaneo*, diretta da R Alonge e G Davico Bonino, I, *La nascita del teatro moderno, Cinque-Seicento*, Torino 2000, p 56)

questo cielo che le si fa incontro Timoteo (III,11), in un
clima da elevata disputa teologica, tra il capzioso richiamo ad un incesto biblico («Dice la Bibia che le figliuole
di Lotto, credendosi essere rimase sole nel mondo, usorono con el padre. e, perché la loro intenzione fu buona,
non peccorono») e quello al casto connubio di Sara e Tobia, adombrato nell'accenno all'«orazione dell'Angiolo
Raffaello». Dinnanzi al sillogizzare inarrestabile del frate, Lucrezia oscilla tra lo sgomento («Che cosa mi persuadete voi?») ed un presagio di morte, che è ancora
dell'anima e non del corpo «Io sono contenta, ma io non
credo mai essere viva domattina».

Poi c'è l'*altra* Lucrezia, quale la vediamo stagliarsi, come per un effetto prospettico, nel centro focale del racconto dell'estasiato Callimaco C'è la Lucrezia di quella
battuta su cui si sono logorati per anni detrattori e avvo-
cati d'ufficio, sdegnati gli uni per l'immoralità della donna, propensi gli altri a riconoscerla come «onorevolmente cattiva», ad assolverla, insomma, machiavellicamente:
«Poi che l'astuzia tua, la sciocchezza del mio marito, la
semplicità di mia madre e la tristizia del mio confessoro
mi hanno condutto a fare quello che mai per me medesima arei fatto, io voglio giudicare ch'e' venga da una celeste disposizione, che abbi voluto cosí, e non sono sufficiente a recusare quello che 'l cielo vuole che io accetti»
(V, 4) C'è, invece, qualcosa di profondamente machiavelliano (non, si badi, di *machiavellico*) nella scelta di Lucrezia, cosí netta, lucida, risoluta. Lucrezia passa dal ri-
fiuto (il «recusare» di sopra, un verbo assai frequente nel
lessico politico di Machiavelli) all'accettazione della Fortuna come di una forza troppo impetuosa perché ci si possa opporre La sua è la scelta della duttilità come suprema
forma di saggezza (questo è il tema di cui è «portatrice»).

Che la sua nuova scelta obbedisca ad una determinazione intransigente ed assoluta, lo dice la formula di accettazione di Callimaco, che ha qualcosa di ieratico, ancora
una volta. «Però io ti prendo per signore, padrone, guida;
tu mio padre, tu mio defensore, e tu voglio che sia ogni mio
bene E quel che mio marito ha voluto per una sera, voglio

gli abbia sempre». La *Mandragola* finisce, in fondo, qui. non in quell'altro livido finale sul sagrato, tra le ultime allusioni lubriche, il magro compenso al corruttore, la gioia sinistra del beffato. Qui, in questa nuova assunzione di responsabilità, in questo attivo confronto con l'esistenza.

Passano vari anni (sette, se ci si affida alla datazione Ridolfi, cinque, se ci si riferisce a quella Inglese) tra la *Mandragola* e l'altra commedia di Machiavelli in volgare e in prosa, cioè la *Clizia*.

Sono anni – innanzitutto – di edizioni multiple della *Mandragola*, e in varie città Fiorentina era stata la *princeps*, intitolata *Comedia di Callimaco et di Lucretia*, senza indicazione d'editore, stampata forse da un modesto tipografo. A Venezia uscí la seconda, nel 1522, presso Alessandro Bindoni, con lo stesso titolo della prima. A Roma vide la luce la terza, nel 1524, presso i Calvo· ora il titolo suonava *Comedia facetissima intitolata Mandragola et recitata in Firenze*· e tale riapparve sul frontespizio della quarta (e ultima in vita dell'autore), a Cesena, presso Girolamo Soncino nel 1526 Il Ruscelli la includerà nelle *Commedie elette* affidate al Pietrasanta nel 1554: Giunti che l'aveva già edita nel '50, la reimprimerà nel 1556, Venezia vedrà ancora nascere due stampe, senza indicazione d'editore, nel 1587 e '88; Roma ne ospiterà una del 1588. Poi le «nuove moralità» della Controriforma la condanneranno al silenzio. Carlo Goldoni, a diciassette anni, la rilesse dieci volte, postillandola, non senza scandalo del padre medico. Siamo al 1724: la lettura ha qualcosa del «legato», poi cala la tela[64].

[64] C. GOLDONI, *Tutte le opere*, a cura di G Ortolani, I, Milano 1935, p. 44 «Il m'apporta, quelques jours aprés, une vieille comédie reliée en parchemin [ ] C'etoit la *Mandragore* de Machiavelli Je ne la connossois pas, mais j'en avois entendu parler, et je savois bien que ce n'etoit pas une piece tres-chaste Je la dévorai à la première lecture, et je l'ai relue dix fois Ma mere ne faisoit pas attention au livre que je lisois, car c'etoit un Ecclésiastique qui me l'avoit donné, mais mon pere me surprit un jour dans ma chambre, pendant que je faisoit des notes et des remarques sur la *Mandragore* Il la connossoit il savoit combien cette piece étoit dangereuse pour un jeune homme de dix-sept ans, il vou-

A compensare l'autore erano venute molte, e belle, messinscena. Della romana, alla corte di Leone X, abbiamo letto le avvisaglie nella lettera di Battista della Palla. Nel convento dei Crosechieri (Crociferi, ora Campo dei Gesuiti, alle Fondamenta Nuove) il 13 febbraio 1522 la *Mandragola* fu recitata, teste quel prezioso diarista di Marin Sanudo. «In questa sera ali Crosechieri fo recitata una altra comedia improsa per Cherea luchese e compagni, di uno certo vechio dotor fiorentino che havea una moglie non potea far fioli etc. Vi fu assaissima zente, con intermedii di Zan Pollo e altri buffoni, e la scena era sí piena di zente che non fu fato il quinto atto perché non si poté farlo, tanto era il gran numero di le persone»; tre giorni dopo, il 16, «fu di novo ali Crosechieri recitata la comedia dil fiorentino non compita l'altro zorno. Io non vi fui per esser stato». Un esperto di cultura veneta quale Giorgio Padoan aveva precisato sin dal 1969 che il successo, se ci fu, non fu dovuto alla rinomanza dell'autore, ignoto per allora al pubblico veneziano, ma al prestigio dei due principali interpreti: degli intermezzi Zuan Polo, «da anni il piú famoso attor comico in Venezia»; della commedia, il lucchese Francesco de' Nobili detto Cherea, un intellettuale cui furono anche affidati incarichi diplomatici. Il Padoan propende tuttavia per un esito temperato: e ciò per le venature antifrancesi, di cui il testo era tramato[65].

Ma, tra Ferrara e Venezia, la *Mandragola* s'era fatta sen-

lut savoir de qui je la tenois, je le lui dis, il me grounda amerement, et se brouilla avec ce pauvre Chanoine qui n'avoit peché que par nonchalance. J'avois des raisons tres-justes et tres-solides pour m'excuser vis-à-vis de mon pere, mais il ne voulut pas m'écouter. Ce n'étoit pas le style libre ni l'intrigue scandaleuse de la piece qui me la faisoient trouver bonne, au contraire, sa lubricité me révoltoit, et je voyois par moi-même que l'abus de confession étoit un crime affreux devant Dieu et devant les hommes, mais c'étoit la premiere piece de caractere qui m'étoit tombé sous les yeux, et j'en étois enchanté. J'aurois désiré que les Auteurs Italiens eussent continué, d'aprés cette Comédie, à en donner d'honnêtes et décentes, et que les caracteres puisés dans la Nature eussent remplacé les intrigues romanesque»

[65] «In effetti nella *Mandragola* si afferma pari pari – e sia pure (naturalmente) in chiave comica, in modo da tingere di assurdo le proposizioni – che anche il re di Francia per aver figli era ricorso al rimedio della mandragola (impotente e cornuto, dunque) e con lui numerosissimi altri principi francesi. "e se non era

tire anche sui drammaturghi colleghi. e per via del personaggio piú «forte», fra Timoteo. Ariosto ne aveva tradi-
ta l'eco in un frate della sua commedia in versi *I Studenti*
da lui composta fra il 1520-24, anche se in una stesura in-
completa (era priva del prologo e s'arrestava alla quarta
scena del quarto atto). In III, 6, ai vv. 1125-1233, faceva la sua comparsa un Frate predicatore, che si vantava
col *pater familias* Bartolo di possedere una certa qual bolla: «Voi potete veder la bolla, e leggere – le facultàdi mie
che sono amplissime, – e come, senza che pigliate, Bartolo, – questo peregrinaggio, io possa assolvere – e commu-
tar gli voti...» (vv. 1126-1130), sino a concludere con apo-
dittica sentenziosità: «Non si trova al mondo sí fort'obligo – che non si possa sciôr con l'elemosina» (vv. 1231-
1232)[66] Dal canto suo, a Roma, ai primi del 1525, un tren-
taduenne Pietro Aretino stende la prima, e piú mordace,
versione della *Cortigiana* (la cosidetta «romana»), sua prima commedia La ruffiana Aloigia, in III, 16, si reca a far
una pia visita d'ossequio al Guardiano d'Araceli, la chiesa nei pressi del Campidoglio; lo trova «piú bel che mai e
piú grasso», e vuole da lui chiarimenti su un ricorrente
terror popolare: «Il Turco dove si truova?» Anche lei, come la nobildonna fiorentina, ha lo stesso incubo «Una
mala cosa saria e una gran ribalderia, che 'nsin quello impalare non mi va per la fantasia in niun modo Impalare,
ah? ma verrà egli, padre?» Il Guardiano la rassicura e se

per questo, la reina di Francia sarebbe sterile, e infinite altre principesse di
quello Stato" (si osservi come sia *ad hoc* la precisazione "di quello Stato", e non
– poniamo – "di molti Stati"), e ciò viene poi ribadito nel rimprovero rivolto
a Nicia "Sí che voi dubitate di fare quello che ha fatto il re di Francia e tanti
signori quanti sono là?" (II 6). Come non bastasse, la medesima ironia ritorna
a proposito di "san Cucú", il santo dei cornuti "È el piú onorato santo che sia
in Francia" (IV 9), e non è devozione che ai francesi risultasse proprio ad onore Nella Firenze medicea del 1518-19 e nella Roma leonina del 1520, entram-
be volte all'Impero, quelle battute non dovevano spiacere ai governanti, non
cosí nella Venezia del 1522, alleata della Francia in una guerra riapertasi da poco e divenuta subitamente grave per la pronta occupazione ispano-pontificia
del ducato di Milano» (G PADOAN, *La «Mandragola» del Machiavelli nella Venezia cinquecentesca*, in «Lettere italiane», XXII, 1970, pp 161-86 (le citazioni
dal Sanudo a p 164, dallo studioso a p 169)
   [66] ARIOSTO, *Commedie* cit , pp 684-85 e 688

ne andrà contenta, «perché il pane mi piace in palato e non essere impalata dal Turco»[67].

Per tornare alle rappresentazioni, la commedia di Callimaco e Lucrezia trionfa daccapo, e sempre a Venezia, l'anno dopo l'*exploit* provocatorio (rimasto per allora manoscritto) dell'Aretino. Un amico dell'autore, Giovanni Manetti, lo informa in data 28 febbraio 1526 che il 5 febbraio, in casa Morosini, era stata allestita in volgare i *Menecmi* di Plauto, in contemporanea con un allestimento della *Comedia di Callimaco* da parte della «nazione fiorentina», la comunità cioè commerciale e diplomatica dei suoi concittadini: «Per adempire el desiderio di V.S. de l'intendere del recitare de la sua *Comedia de Calimaco*, fo intendere a V.S. quella eser stata recitata con tanto ordine e buon modo, che un'altra compagnia di gentilomeni che a concorrenzia de la vostra in quella sera medesima etiam con spesa grande ferno recitar li *Menecmi* di Plauto vulgari, la qual, per comedia antica, è bella e fu recitata da asai boni recitanti, niente di meno fu tenuta una cosa morta rispetto alla vostra; di modo che, visto comendarsi tanto questa piú che quella, da vergogna spronati, con istanzia grandissima richiesero la compagnia di questa che di grazia gliela volesino recitar in casa loro dove era recitata la loro. E cosí come persone gentilissime un'altra sera poi fu di nuovo con l'intermedi propri de la prima volta recitata e con grandissima satisfazione di tutti si finí, donde che abondantemente furon date le benedizioni primamente al compositore e sucesive al resto, che se n'erono impaciati, de le quali ne dovea participar anche io per causa di aver tenuta la comedia in mano drieto a li casamenti del proscenio, perché la andasse piú a ordine e per soccorere, se fusse acaduto, alcuno de' recitanti, il che non bisognò. E questo sia a consolazion de la S.V.. È sta-

---

[67] P ARETINO, *Cortigiana Opera Nova Pronostico Testamento dell'Elefante Farza*, a cura di A Romano, intr di G Aquelecchia, Milano 1999, p 123 Su questa «ripresa» ha scritto pagine assai puntuali A. GUIDOTTI, *Riscrittura aretiniana di una scena della «Mandragola»*, in AA VV , *Studi offerti a Luigi Blasucci dai colleghi e dagli allievi pisani*, a cura di L Lugnani, M Santagata, A Stussi, Lucca 1996, pp 299-308

ta tanto acetta che questi nostri mercanti de la nazione se
ànno dato la fede, posendo però aver qualcosa di vostro e
non d'altri, recitare, se posibil fusse de averlo a tempo,
questo primo magio avenire; sí che sete pregato per parte di tutti, posibil essendo che V.S si degni o qual cosa
fatta, o vero che ne la mente l'aveste fabricata, tal che la
si possi avere: e non pensate che le composizioni d'altri
avesino questa richiesta, perché in efetto elle ànno dolce-
za e sapore, de le quali se ne può cavare dilettevol con-
strutto e onesto satisfamento»[68]. Un doppio trionfo, insomma. la *Mandragola* che «sbianca» i *Menecmi*, e Machiavelli che viene richiesto, addirittura per il 1° maggio
veniente, d'un nuovo copione, scritto o da scrivere.

Per la verità, sin dall'estate dell'anno prima, s'era fatto sentire presso di lui un impresario ben piú illustre dei
ricchi mercanti, Francesco Guicciardini, il presidente della Romagna per il Pontefice. Letta la *Mandragola*, aveva
deciso di allestirla a Faenza per il carnevale del '26. Co-
municatolo all'autore, con cui era in affettuosa corri-
spondenza, ne aveva ricevuto da Firenze, in data 16-20
ottobre 1525, una lettera assai gustosa, dove, oltre a chia-
rire alcuni passi oscuri del copione, Machiavelli lo assicu-
rava di aver già provveduto a scrivere le canzoni per la
nuova messinscena e di aver già pensato a un'interprete:
«Mentre che voi sollecitate costí, et noi qui non dormia-
mo; perché Lodovico Alamanni et io cenamo a queste sere con la Barbera et ragionamo della commedia, in modo
che lei si offerse con li suoi cantori a venire a fare il coro
in fra li atti; et io mi offersi a fare le canzonette a proposito delli atti, et Lodovico si offerse a darli costí alloggia-
mento, in casa i Buosi, a lei et a' cantori suoi; sí che vedete se noi attendiamo a menare, perché questa festa hab-
bia tutti i suoi compimenti...»[69]. Quello delle canzoni non
era la sola integrazione, o il solo restauro, per il nuovo allestimento. Da Faenza, il 26 dicembre '25 il Guicciardini, di sua iniziativa, ne chiedeva all'autore un altro, piú

[68] MACHIAVELLI, *Opere* cit , p 417
[69] *Ibid.*, p. 408.

delicato· la ristesura del prologo, riscritto provvisoria-
mente dagli attori, non convinti che gli spettatori faenti-
ni sarebbero riusciti a ben comprendere (nel viluppo delle angosce e delle frustrazioni) quello originario «. e perché non si accordano allo argumento, quale non intende-
rebbono, ne hanno fatto un altro, quale non ho visto, ma
lo vedrò presto; e perché desidero non sia con l'acqua fredda, non credo possiate errare a ordinarne uno altro confor-
me al poco ingegno delli auditori, e nel quale siano piú
presto dipinti loro che voi .»[70]

All'epoca dei preparativi per la recita faentina o (che è
lo stesso, quanto alle date) dell'allestimento veneziano,
Machiavelli aveva però già scritto un'altra commedia, la
Clizia. tant'è vero che due delle canzoni che Machiavelli
aveva detto al Guicciardini di aver scritto *ex novo* per la
vagheggiata serata faentina le aveva, invece, già composte
per l'altra commedia. La testimonianza di uno storico del-
l'arte e dello spettacolo come un Vasari[71] e altri dati desun-
ti da lettere del Machiavelli hanno permesso, ancora una
volta, al Ridolfi di datare la stesura e l'allestimento della
commedia: scritta (forse di fretta e su ordinazione) ai primi
del gennaio 1525 e messa in scena in casa di Jacopo di Fi-

___

[70] *Ibid* , p 413

[71] La testimonianza del Vasari è nella *Vita* del pittore e architetto Bastiano
da Sangallo, detto per la sua maestria l'Aristotile. «Intanto avendo fatto Aristotile grande amicizia con Andrea del Sarto suo vicino, dal quale imparò a fare molte cose perfettamente, attendendo con molto studio alla prospettiva, onde poi fu adoperato in molte feste che si fecero da alcune Compagnie di gentiluomini, che in quella tranquillità di vivere erano allora in Firenze onde avendosi a fare recitare dalla Compagnia della Cazzuola, in casa di Bernardino di
Giordano, al canto a Monteloro, la *Mandragola* piacevolissima comedia, fecero
la prospettiva, che fu bellissima, Andrea del Sarto ed Aristotile, e non molto
dopo, alla porta San Friano, fece Aristotile un'altra prospettiva in casa Jacopo
Fornaciaio, per un'altra comedia del medesimo autore Nelle quali prospettive
e scene, che molto piacquero all'universale, ed in particolare al signor Alessandro ed Ippolito de' Medici, che allora erano in Fiorenza sotto la cura di Silvio Passerini cardinale di Cortona, acquistò di maniera nome Aristotile, che
quella fu poi sempre la sua principale professione, anzi, come vogliono alcuni,
gli fu posto quel soprannome, parendo che veramente nella prospettiva fusse
quello che Aristotile nella filosofia» (da *Le Vite*, a cura di G Milanesi, VI, Firenze 1906, pp 437-38). Allo spettacolo hanno dunque assistito Ippolito di
Giuliano de' Medici, Alessandro di Lorenzo e il cardinal Silvio Passerini, «governatore» di Firenze per papa Clemente VIII

lippo Falconetti detto il Fornaciaio, il 13 di quel mese. Nel
'20 il Fornaciaio era stato bandito da Firenze per cinque
anni: ma gli era stato concesso di risiedere nella sua casa a
Santa Maria in Verzaia fuori porta a San Frediano, arric-
chita di una fornace, un vasto podere e un orto (giardino),
apprezzato luogo di raduno di borghesi fiorentini. Il 13
gennaio 1525 scadeva appunto il bando per festeggiare la
revoca, il Falconetti ebbe l'idea di far rappresentare nel-
l'«orto rappianato» una commedia e di chiederla all'amico Machiavelli, di cui di recente era stata replicata (in casa di Bernardino di Giordano al canto a Monteloro) la *Mandragola*, con scene di Andrea del Sarto e Bastiano da Sangallo. Lo stesso Sangallo (per la sua maestria di decorato-
re teatrale soprannominato l'Aristotile) sarà lo scenografo
della *Clizia* Con lui e col Machiavelli collaboreranno per
la parte musicale il madrigalista Philippe Verdelot ed una
ammirata cantatrice, Barbara Raffacani Salutati

Il nome della Barbara (o Barbera) Raffacani Salutati,
meglio nota tra i melomani dell'epoca come Barbara Fiorentina, ci trasporta d'un tratto dall'ambito della rico-
struzione erudita ai preliminari dell'interpretazione della commedia[72]. Giacché, come le *Lettere*, ancora una vol-

---

[72] Non possediamo molte notizie sulla bella Barbara Fiorentina, la «mera-
vigliosa cantatrice», molto attiva e celebrata nella Firenze del primo trenten-
nio del Cinquecento In occasione della mostra (1975) su *Il luogo teatrale a Firenze (Brunelleschi, Vasari, Buontalenti, Parigi)* svoltasi a Palazzo Medici-Ric-
cardi, i curatori dell'esposizione hanno esibito il ritratto della *Barbara* di mano
di Domenico Puligo (1492-1527), dipinto a olio su tavola Eccone il commento di Anna Maria Petrioli Tofani, che trascriviamo dal catalogo della mostra
(con intr di L Zorzi, Milano 1975, pp 75-76) «Scrive Giorgio Vasari nella
Vita di Domenico Puligo - in un brano in cui pone in rilievo le doti ritrattisti-
che di questo pittore - che costui ritrasse anco in un quadro la Barbara Fiorentina in quel tempo famosa, bellissima cortigiana, e molto amata da molti,
non meno che per la bellezza, per le sue buone creanze, e particolarmente per
essere bonissima musica e cantare divinamente» (*Le Vite* cit , IV, Firenze 1879,
p 4) Che questo dipinto rappresenti il ritratto di una musicista è cosa certa,
come pure sicuro è il fatto che esso appartenga alla mano di un buon artista fiorentino di estrazione sartesca L'ipotesi quindi che possa qui identificarsi il ritratto della famosa cantante Barbara Fiorentina citato dal Vasari, risulta ap-
pieno confermata sul piano iconografico e attributivo»

ta, copiosamente testimoniano, la bella cantante non era
solo la sensibile interprete degli intermezzi, ma una donna affascinante, di cui il Segretario (ormai quasi cin-
quantaseienne, coniugato da ventiquattro anni, padre di
molta prole) si confessava, contro ogni decoro, innamorato. Il Guicciardini avrà un bel rimproverargli, sotto le
mentite spoglie della «Madonna Possessione di Finoc-
chieto» (in una lettera del 7 agosto '25 da Faenza, che è
un capolavoro di *understatement*), questa passione per una
donna «allevata con costumi inonesti», che «si sforza piacere a tutti e cerca piuttosto di apparire che di essere»[73]
Machiavelli non sa evidentemente distaccarsi da quella
«conversazione meretricia»: e anche se è costretto ad
ammettere tra i denti (come gli accadrà il 3 gennaio '26,
in una missiva da Firenze al Guicciardini) che la giovane
«l'ha certi innamorati, che potrebbono impedire» la sua
venuta a Faenza (il che equivale a dire che non è soltanto sua)[74], le sue missive si chiudono spesso con trepidan-
ti richieste di protezione per la donna: «La Barbera si
truova cosí· dove voi gli possiate far piacere, io ve la raccomando, perché la mi dà molto piú da pensare che lo imperadore» (cosí, in una lettera al Guicciardini da Firenze il 15 marzo 1526)[75].

Quella con Barbara è qualcosa di piú di un'avventura
galante: è un legame che impegna Machiavelli, anche perché allo scoperto, a conoscenza di amici e parenti (tra questi, il cognato Francesco del Nero)[76]. Ma soprattutto c'è
il divario d'età a farlo sentire, a tratti, estraneo alla donna. Questa estraneità, questa lacerazione di un vecchio
acceso d'una giovane, il Machiavelli intellettuale e scrittore poteva rimirarla (quasi «straniandosi») come un *to-*

---

[73] MACHIAVELLI, *Opere* cit , pp. 398-400

[74] *Ibid* , pp 415

[75] *Ibid* , pp 421-22

[76] Chi volesse approfondire il «romanzo d'amore» machiavelliano, potrà leggere la lettera di Filippo Strozzi a Machiavelli, da Roma, il 31 marzo 1526 (*Opere* cit , pp 422-24), quella di Jacopo Falconetti allo stesso, «in campo de la Lega», da Firenze il 5 agosto 1526 (*ibidem*, pp 434-35), e quella, assai pettegola
ma rivelativa, di Filippo de' Nerli appunto a Francesco del Nero, del 1 marzo
1525 (*ibidem*, p. 1618)

pos letterario antico di secoli; ma era pur qualcosa che gli viveva dentro, una passione non superficiale, che stentava, in ogni caso, ad attenuarsi.

La *Clizia* nasce *anche* (non voglio dire, soltanto) da questa condizione di feconda ambiguità del Machiavelli dinnanzi ad una situazione – quella del vecchio innamorato fuori tempo e contro ragione – ad un tempo autobiografica e letteraria, privata e topica, specialmente nell'alveo della tradizione drammaturgica.

Parlo di «ambiguità» in senso, ovviamente, positivo, per definire quello svariare di toni, dall'ironico all'elegiaco, con cui Machiavelli, tra malizia e melanconia, modula il tema dell'amor senile, sin dalla prima scena della commedia da quel paragone in bocca a Palamede sulle tre specie di fastidiosi («vecchi, cantori ed innamorati») che agli spettatori della prima dovette riuscire carico d'allusioni all'autore e all'oggetto dei suoi ardori. È su questo duplice registro, dell'irrisione che si smorza in una tenerezza in qualche modo disperata, che il *topos* viene ripreso piú avanti: dal monologo di Cleandro (I, 2), tutto scandito sul raffronto tra innamorati e soldati («Brutta cosa vedere un vecchio soldato bruttissima è vederlo innamorato .»)[77] alla canzona di chiusa del secondo atto («Quanto in cor giovinile è bello amore – tanto si disconviene – in chi degli anni suoi passato ha il fiore   »).

Del resto Machiavelli è felicemente «ambiguo» anche nel rapporto con il modello latino. Il testo autorizzato cui questa volta si rifà non è terenziano, ma plautino: ed è quello della *Casina* Allestita molte volte sin dai primi del secolo – una rappresentazione ferrarese del 1502, particolarmente fastosa, aveva fatto scalpore – la *Casina* è una delle commedie plautine piú tradotte nel primo Cinquecento[78] Ma Machiavelli non intende realizzare né una versione né un adattamento. La sua *Clizia* è «liberamente

[77] Nella sua polemica «inchiesta» sul *Dialogo della lingua, Una giarda fiorentina* (Roma 1978), M Martelli scoprí che questa celebre similitudine è tradotta da OVIDIO, *Amores*, I, 9, vv 1-30 (alle pp 180-81, nota 5)
[78] A D'ANCONA, *Le origini del teatro italiano*, Torino 1891, II, *passim*.

ispirata» (come si usa dire oggi, nel gergo degli sceneggiatori di professione) al modello. La libertà è tanta che tutta la prima parte della commedia, salvo qualche eco smorzata, è originale, sino (se vogliamo essere precisi) alla terza scena dell'atto terzo[79]. Ed è diversa, fin dall'inizio, la distribuzione dei ruoli e il loro reciproco impiego, giacché in Plauto il conflitto è duplice (un marito contro una moglie, e i due servi l'uno contro l'altro), mentre in Machiavelli è unico (un padre contro un figlio, arbitra la moglie-madre, restando sullo sfondo la rivalità tra il servo e il fattore) Ma anche la ventina di scene in cui Machiavelli fruisce del testo plautino sono, a loro volta, ripensate e riatteggiate per intero Machiavelli decodifica Plauto spogliandolo di tutte le sue peculiarità stilistiche (il gusto dell'iperbole, la frenesia parodistica, la trivialità spinta sino all'astrazione): e lo riconduce ad una misura di realismo nutrito di concretezza e di quotidianità, lo «educa» ad un parlar domestico e moderno. e, sul piano drammaturgico, tende a rendere piú incalzante la parola teatrale, badando a comprimere due sequenze in una o a dare maggiore concisione al dialogo o a eliminare, all'interno di una battuta, amplificazioni meramente decorative o, addirittura, divaganti.

Pochi anni dopo l'*Andria* seconda (ancora insoddisfacente, tutto sommato) Machiavelli «tradisce» davvero il suo modello e dal punto di vista del discorso scenico (nell'ottica di un regista che guardasse piú all'efficacia del copione che al suo «messaggio»), la *Clizia* è un risultato molto notevole. commedia non minore (né maggiore, certo) della *Mandragola*, e, in ogni caso, con una sua resa teatrale molto intensa.
Purtroppo è il messaggio della commedia non dico a de-

[79] «La sola scena che trova riscontro in Plauto è il contrasto tra i due servi, che nella *Casina* inaugura la commedia e nella *Clizia* occupa il finale del secondo atto (ma quasi interamente diversa ne è l'esecuzione)» cosí FERRONI, *«Mutazione» e «riscontro»*, p 62 (ma molte pagine, assai precise, sono in quel sempre solido contributo dedicato al particolare rapporto con la fonte)

ludere, ma a lasciarci, almeno sulle prime, sconcertati Per
intenderlo chiaramente, sin dalle premesse, conviene leggere attentamente il prologo. È intanto in prosa e non in
versi, come il prologo della *Mandragola*: già questa scelta
suggerisce una piú distesa volontà ragionativa, che trova
riscontro nell'ampiezza del brano. Ma siamo agli antipodi
di della *Mandragola* soprattutto a livello dei contenuti. Là,
in otto strofe di mirabile pregnanza, Machiavelli delinea-
va lo spazio scenico, caratterizzava la tipologia dei perso-
naggi· e accampava, con aspro polemismo, le proprie angosce esistenziali. l'esercizio del comico come labile risarcimento, in un «tristo tempo», della forzosa inattività
politica; la consapevolezza dell'inutilità d'ogni creazione
letteraria dinnanzi ad una società neghittosa, maledica e
corrotta; la rivendicazione del furor satirico e del di-
sprezzo verso i propri simili, appena mascherato dal rispetto delle convenienze sociali. Era, quello della *Mandragola*, un prologo aggressivo nei confronti del pubblico
e spietato verso se stesso: un prologo che lasciava presa-
gire che il «badalucco» sarebbe stato poco leggiadro e di-
straente.

Qua, nella *Clizia*, il tono del discorso è riposato e ac-
cattivante. assente o quasi il personaggio-autore[80], il commediografo si esprime per pure ragioni teoriche, osten-
tando un fermo distacco dalla materia narrata. La premessa, benché enunciata quasi di sfuggita, illumina l'intero discorso «Se nel mondo tornassino i medesimi uomini, come tornano i medesimi casi, non passerebbono
mai cento anni che noi non ci trovassimo un'altra volta
insieme, a fare le medesime cose che ora...» È una battuta, in apparenza, funzionale a ciò che segue (un caso accaduto nell'antica Atene è identico ad altro svoltosi nella
Firenze contemporanea). Ma intanto vi traspare (al di là
dello sfoggio di una citazione plutarchea)[81] tutta una vi-

[80] Il solo accenno polemico verso il pubblico è in III, 5 «In questa terra,
chi ha bella moglie non può essere povero e del fuoco e della moglie si può essere liberale con ognuno, perché quanto piú ne dài, piú te ne rimane»
[81] È una citazione dalla *Vita di Sertorio* di Plutarco, come ebbe a osservare
E RAIMONDI, *Il segretario a teatro* cit , p 216

sione dell'esistere («tanto che mi pare che tutti li tempi tornino, e che noi siamo sempre quelli medesimi...», leggiamo in una lettera dell'ottobre '25)· una visione scettica e disincantata, di chi sa che nulla (tantomeno il teatro) vale a modificare l'eternamente circolare destino degli uomini Colui che sta per esibirsi è dunque un Machiavelli che sembra aver conquistato il privilegio dell'atarassia, non l'esule iroso e esacerbato della *Mandragola*. Forse per questo *ora* può finalmente aderire all'ideale (caro a «gli amici di meriggio», agli ospiti esclusivi degli Orti Oricellari)[82] di una letteratura dilettosa e moraleggiante.

Su una trama di riferimenti che vanno da Terenzio a Cicerone a Donato, si dispiega infatti nel prologo un'idea di teatro fatto per «giovare» e «dilettare». Dell'autore è proposta un'immagine di «uomo molto costumato», alieno da qualunque maldicenza («... lo autore, per fuggire carico, ha convertito i nomi veri in nomi fitti...»)· l'opposto, *expressis verbis*, di quello della *Mandragola·* «Volendo adunque questo nostro autore dilettare e fare in qualche parte gli spettatori ridere, non inducendo in questa sua commedia persone sciocche ed essendosi rimasto di dire male, è stato necessitato ricorrere alle persone innamorate e alli accidenti che nello amore nascano». Un'onesta e istruttiva commedia d'amore sta per essere recitata: e i personaggi stessi sono chiamati in scena ad una presentazione a metà affettuosa, a metà ironica («Uscite qua fuora tutti, che 'l popolo vi vegga. – Eccogli. Vedete come e' ne vengono suavi! Ponetevi costí in fila, l'uno propinquo all'altro...») Col pubblico della *Clizia* Machiavelli instaura tutt'altro rapporto che con quello della *Mandragola*: là un altalenante gioco di perorazione e scherno, di complicità e dileggio, qua una comunanza di intenti e affetti, davanti ad una favola esemplare, da consumarsi nel volgere di qualche ora, nel bel giardino di una casa amica: tra spettatori che consentono e comprendono al volo persino il

---

[82] Lo stesso Raimondi (*ibid*, p 217) aveva notato una precisa affinità tra il prologo della *Clizia* e quello della *Commedia in versi* di Lorenzo Strozzi, ricordata in apertura di questo nostro scritto

frizzo di un'allusione autoironica alle proprie pene d'amore «Non aspettate di vederla [la fanciulla Clizia], perché
Sofronia, che l'ha allevata, non vuole per onestà che la
venga fuora. Pertanto, se ci fussi alcuno che la vagheggiassi, arà pazienza . »

Diversa dunque, anzi opposta a quella del prologo della favola di Nicia, la temperie del prologo della *Clizia*: e
diverse anche la tematica e la struttura.
   A differenza della *Mandragola*, che poggia saldamente
sopra due strutture antitetiche, quella d'amore e quella di
beffa, affidate a due personaggi distinti, Callimaco e Nicia, il personaggio-struttura della *Clizia* è uno solo: è, calcolatamente, un amante beffato, che assolve e assomma
in sé, a partire addirittura dal nome, Nicomaco, le due
«funzioni». L'idea di affidare ad un vecchio settantenne,
per di piú ripugnante (è il figlio, Cleandro, ad accennare
alla «fetida bocca», alle «tremanti mani», alle «grinze e
puzzolente membra» del genitore, in IV, 1) il ruolo dell'innamorato, non è, ovviamente, di Machiavelli, ma dei co-
mici latini. La novità, nel trattamento del personaggio, è
che Nicomaco ha davvero la risolutezza dell'amante giovane: ma questa risolutezza deve fare di continuo i conti
con la fiacchezza senile È il contrasto, delineato con mirabile economia drammaturgica, nel monologo (II, 1) che
segna l'ingresso in scena del personaggio: «Che domine
ho io stamani intorno agli occhi? E' mi pare avere e bagliori, che non mi lasciono vedere lume, e iersera io arei
veduto el pelo nell'uovo. Are' io beuto troppo? Forse che
sí. O Dio, questa vecchiaia ne viene con ogni mal mendo!
Ma io non sono ancora sí vecchio, ch'io non rompessi una
lancia con Clizia. È egli però possibile che io mi sia innamorato a questo modo?» Lungo tutto il secondo atto (e il
personaggio ha una forte presenza nel copione, venti su
trentatre scene lo vedono impegnato) Nicomaco oscilla
(con effetti di una comicità intrisa di malinconia) tra fiacchezza e vigoría, prudenza ed audacia «E' bisogna anche

far le cose in modo che la casa non vada sotto sopra. Tu
vedi mógliama non se ne contenta, Eustachıo la vuole anch'eglı, parmı che Cleandro lo favorisca, e' ci sı è volto
contro Iddio e 'l dıavolo. Ma sta' tu pur forte nella fede
di volerla. Non dubitare, ch'io varrò per tutti loro, perché, al peggio fare, io te la darò a loro dispetto; e chi vuole ingrognare, ingrogni» (II, 2)

Poi, in apertura del terzo atto, quel vecchio ha come un
sovrassalto di aggressività, acquisisce d'un tratto la bal-
danza dell'amante giovane deciso a «sgominare» tutto e tutti (« ..ma te e lui caccerò io nelle Stinche; a Sofronia rende-
derò io la sua dota e manderolla via, perché io voglio essere ıo signore di casa mia, e ognuno se ne sturi gli orecchi!», in III, ı), orgoglioso sino alla bestemmia della propria gagliardıa: «Sta bene con Cristo e fatti beffe de' santi.» (III, 6). È il Nicomaco proteso a soluzioni estreme (al
«pigliare verso» di III, 7), animato da una «furia... estraordinaria». in tutto e per tutto un perfetto amante, per ener-
gia e determinazione. Proprio a questo punto, con sorve-
gliato tempismo, Machiavelli innesta sulla struttura erotica quella della beffa: proprio adesso sturba l'«allegrezza»
dell'amante ad un passo da soddisfare i propri desideri
(«Tutte queste cose accrescono la mia allegrezza. Ma molto piú sarò allegro, quando io terrò in braccio Clizia, quando io la toccherò, bacerò, strignerò...», ın IV, 2) precipi-
tandolo in un «giuoco» (cosí in V, 3 i due protagonisti de-
finıranno, a posteriori, la beffa) sinıstro e senza scampo.

È la gran burla di V, 2, di cui, per colmo di crudeltà,
Nicomaco sarà vittima e cronista: dıco grande, perché, ac-
costata a quella della *Mandragola*, questa della *Clızia* ha
un sovrappiú di orchestrazione, una coralità che rende ter-
ribile lo strazio del beffato: «Io sono vituperato in eterno, non ho piú rimedio, né potrò mai piú ınnanzi a mógliama, a' figliuoli, a' parenti, a' servi capitare». Travolto dalla «gran vergogna», Nicomaco è «spacciato». Mentre la comunità che ha montato quel lugubre scherzo è
sommersa dalla marea del riso («Io non risi mai piú tanto, né credo maı piú ridere tanto, né in casa nostra questa notte si è fatto altro che ridere. Sofronia, Sostrata,

Cleandro, Eustachio, ognuno ride...». cosí Doria in V, 1),
Nicomaco solo piange («E cosí ognuno rida e Nicomaco
pianga!», in V, 2). Distrutto nell'anima «che egli è una
compassione a vederlo» (V, 3), pare regredito ad uno sta-
dio infantile («tutto umile», come un fanciullino remissi-
vo, appunto), inerte ormai nella sua passività («Sofronia
mia, fa' ciò che tu vuoi . Governala come tu vuoi ..»)

Ma cosa ha poi commesso di tanto grave, il vecchio insano, nell'invaghirsi assurdamente di una ragazzina ed avere avuto, in contraccambio, «nozze maschie?». Per capir-
lo, bisogna guardare al personaggio-tema, a Sofronia. Sofronia «porta» in sé il tema del culto della norma, di cui
Nicomaco rappresenta la trasgressione in atto Figura or-
ganica e compatta, Sofronia si presenta (II,3) salda nella
sua devozione religiosa: «Io credo che s'abbia a fare bene
d'ogni tempo, e tanto è piú accetto farlo in quelli tempi
che gli altri fanno male» Ma la sua è una religiosità tutta
fattuale, come molto pragmatico (e scarsamente sacrale) è
il suo concetto della nobiltà. «Io ti ricordo che le gentilezze delli uomini consistono in avere qualche virtú, sapere fare qualche cosa, come sa Eustachio, che è uso alle faccende in su' mercati, a fare masserizia, ad avere cura delle cose d'altri e delle sua...» Nicomaco, ai suoi occhi, è colpevole perché ha abdicato appunto a questa religione profana della concretezza. Lo dice molto chiaramente lo stu-
pendo monologo di II, 4 («Chi conobbe Nicomaco un anno
fa e lo pratica ora. .»), che, nei modi distesi del ragguaglio
diplomatico, tesse appunto un elogio dell'onore e dell'ordine (sono, con la parola *casa*, i termini-chiave, ossessiva-
mente iterati, della commedia) come dei due beni concre-
ti, empiricamente tangibili, di ogni equilibrata esistenza,
che si ponga al riparo di un ben saldo codice di regole.
Di questo equilibrio e del rispetto della norma che esso esige Sofronia è una custode strenua (lo dice già Cleandro, in I, 1, lodando appunto «l'astuzia» e «l'industria»
di sua madre) A fronte di un attimo di cedimento (come
in III, 3 « .Io non ci avevo ancora pensato, ma la rab-

bia di questo vecchio mi sbigottisce»), c'è in lei un fervore di progettazione continuo (« .. non di meno, e' mi si aggirano tante cose per il capo. .»), che sfocia, nella scena, centrale a tutti gli effetti, delle «sorti» (III, 7), in una ferrea determinazione: «Io guardo, e so quel ch'io fo».

È una battuta, nella sua semplicità, lapidaria, degna del tutto di un eroe machiavelliano. Da quel momento Sofronia non cessa di «giostrare» per sottrarre Nicomaco «a sí disonesta e vituperosa impresa», per «interrompere le disonestà» dei suoi «disegni». E quando il colpevole è esemplarmente punito, il risarcimento che Sofronia gli chiede è, appunto, il ritorno all'ordine, il riacquisto dell'onore, il rientro, insomma, nella norma: «Ora la cosa è qui: se tu vorrai ritornare al segno, ed essere quel Nicomaco che tu eri, da uno anno indrieto, tutti noi vi torneremo...» I «tanti testimoni» dello scandalo, dopo essersi concessi la vacanza del «giuoco», si ricompongono ora, ordinatamente e onorevolmente, nel culto della norma

La «contenzione» tra Nicomaco e Sofronia, lo scontro tra personaggio-struttura e personaggio-tema, occupa vasto spazio della *Clizia*. Ci sono, s'intende, altri personaggi, ma nessuno s'impone con altrettanta perentorietà. Non Cleandro, che, nonostante il continuo sfoggio di termini militari, da lessico propriamente guerresco, non riesce a sfogare la propria combattività, impedito com'è, stretto quasi tra la «voglia» che fa «spasimare» il padre e l'«ambizione» della madre. Non i due *vilains* Pirro ed Eustachio, due sbozzate macchiette, l'una della furfanteria, l'altra della rozzezza campagnola: né tantomeno i personaggi puramente referenziali come Palamede, Damone, Doria Anche da questo punto di vista, dal punto di vista del giuoco delle parti, o, se si preferisce, della distribuzione dei ruoli, misuriamo lo scarto che separa *Mandragola* da *Clizia*

Là c'era un giovane da bene e di valore (il «buon compagno» del prologo) che tentava di conquistare una giovane sposa «al tutto aliena dalle cose d'amore», sostituendosi ad un marito, che era certo «poco astuto», ma anche «ricchissimo» (un avversario, sotto questo profilo) e «non .. al tutto vecchio». Ma c'era, per di piú, un «parassito», che faceva tutt'altro, in scena, che «mendicare cene e desinari», come la tipologia del suo ruolo avrebbe preteso e assolveva semmai il compito di «stratega» dell'azione, spettante, di norma, al servo operoso e astuto. E mentre costui era degradato a pallido testimone della vicenda, i due piú maliziosi collaboratori del cosiddetto regista diventavano un «frate mal vissuto», e, addirittura, la *mater familias*, che – invece di stigmatizzare l'inganno con le dovute, vibranti lamentazioni – vi portava il decisivo contributo di una malvagità quasi ferina, da quella «bestia» che era. Eravamo, dunque, dinnanzi a un soggetto «scandaloso» non tanto per la materia scottante affrontata, quanto perché, al suo interno, Machiavelli procedeva a ridefinire i ruoli e a invertirne le funzioni, discostandosi di molto dai moduli precedenti Nulla di simile a codesto radicale sovvertimento di codici nella *Clizia*, che è molto piú schematica nei rapporti tra i personaggi e molto piú lineare nel contrapporre gli ardori di un vecchio per un'adolescente e la sua pretesa follia, alla lucida, fredda ragione della consorte, protesa senza soste alla tutela dell'onore e al ristabilimento dell'ordine

Ma è poi la tensione progettuale sottesa alla *Mandragola* ad essere assente nella *Clizia* La commedia di Nicia, come scherzosamente la chiamavano alcuni amici del Machiavelli[83], era nata da una condizione di scacco, nello sgomento di un'esistenza condannata alla passività, nella rabbia impotente del vedersi «botato» a «non pensare piú cose di stato né ragionarne». Nel reagire ad una situazione politica del tutto ostile (nella quale i «patroni» sembravano rigidamente determinati a «lasciarlo in terra») Machiavelli aveva caricato il suo «badalucco» teatrale di un impeto assolutamente eccezionale. Una febbre dell'agire smaniosa sino a stordirsi (Ligurio), una ragione capace del-

---

[83] Lo aveva osservato, per inciso, G AQUILECCHIA nel suo «La favola "Mandragola" si chiama», poi in *Schede di italianistica*, Torino 1976, p 99.

le piú riposte astuzie (Timoteo) avevano tramutato una
storia d'amore e di beffa in un'esemplare lezione di vita:
la lezione di chi, come Lucrezia, sapeva riconoscersi sag-
gia nell'assecondare i disegni della Fortuna.

La lezione della *Clizia* è opposta In un misto indefini-
bile di ironia e tenerezza, di scherno e malinconia, Machiavelli sembra voler ammonire i suoi spettatori che chi
voglia sottrarsi ad un insieme di regole (nel caso di Nicomaco, alle consuetudini del macrocosmo famigliare) è de-
stinato alla sconfitta. Potrà forse spezzare momentanea-
mente l'ordine precostituito, ma sarà ricondotto dalla collettività nei binari delle proprie ferree norme. La ben mu-
nita struttura domestica e borghese avrà, ad ogni buon
conto, ragione del solitario «deviante»

Commedia di una sperata (e, forse, ritrovata) fiducia
nell'esistere, la *Mandragola*; commedia, in qualche misura, della rassegnazione e della rinuncia la *Clizia*, che si
chiude col miserevole spettacolo di un uomo travolto dalla vergogna, esposto al ludibrio della collettività, e che
proprio per questo abdica al proprio ruolo e, in fondo, a
se stesso Se questa è la corretta lettura della commedia,
resta da chiedersi, per concludere, se la scelta di Nicomaco corrisponda nel Machiavelli (lui, che, al tempo della *Mandragola*, si era mostrato, nonostante l'inattività for-
zata, tutt'altro che arreso) ad una analoga scelta esistenziale: se, insomma, anche Niccolò, come il suo vecchio
«insano», ha deciso in cuor suo di astenersi, recedere, de-
sistere.

Torniamo allora a ritroso al Machiavelli, che, a seguito
delle pressioni degli amici, è riuscito a ritrovare, dall'autunno del '20, un mestiere: quello di «scrivere storie a fiorini di suggello» (e le storie saranno quelle «delle cose fatte dallo stato et città di Firenze», le *Istorie fiorentine* insomma). Di quell'impiego da scrittore a pagamento, anzi
a cottimo, non è propriamente entusiasta: ma è pur un
modo per tentare di reinserirsi nella vita pubblica e riac-
quistarvi, un giorno, un preciso ruolo politico Intanto è
stato richiesto dal cardinale Giulio di Giuliano de' Medici (che, a nome di papa Leone, tiene a Firenze funzioni di

governatore) di un parere sull'assetto politico da dare alla città· e, sul finire del '20, stende, in parallelo all'avvio delle *Istorie*, il *Discursus florentinarum rerum post mortem iunioris Laurentii Medices*.

Il *Discursus* è un appello appassionato (anche se macchinoso nella sua realizzazione pratica) a non voler «fare principato dove starebbe bene repubblica»: sappiano i Medici farsi moderatori di uno stato popolare e piú innanzi questo stato potrà essere agevolmente gestito. È la tesi che ispira i primi quattro libri delle *Istorie fiorentine*. Naturalmente portato a vivisezionare il passato in funzione del presente, Machiavelli rilegge le tormentate vicissitudini della dinastia medicea alla luce dei problemi attuali. Se davvero i Medici si dimostrano disposti (come sembra, nell'incertezza dell'ora) a tutelare, semplicemente, le istituzioni repubblicane, allora vale la pena di rinforzare questi buoni propositi coll'esempio, nefasto, dei guasti, cui, in passato, condusse l'ambizione dei tiranni. Le *Istorie* diventano una sorta di «grammatica in atto» dell'istituenda repubblica fiorentina: e gli episodi di segno contrario vengono evocati come altrettanti «*exempla ad deterrendum*», eccessi e nequizie da evitarsi ad ogni costo se si vuole garantire la libertà cittadina. Basti ricordare il rilievo che assume nel terzo libro la rievocazione della tirannia di Gualtieri di Brienne (1342-43): il fosco ritratto del duca d'Atene obbedisce ad un'evidente intenzione pedagogica, è proprio l'esemplare dell'uomo politico che i Medici dovranno aborrire.

Ma – com'è stato autorevolmente osservato[84] – si avverte poi una brusca e netta frattura tra i primi quattro libri delle *Istorie* e i quattro seguenti e conclusivi. Machiavelli non solo cambia decisamente tema (dai casi di Firenze trascorre, senza soluzione di continuità, alle guerre in cui l'Italia è stata coinvolta nel corso del Quattrocento ed alle congiure ordite verso fine secolo contro alcuni signori italiani), ma muta anche stile. Si direbbe che la sua scrit-

---

[84] F GILBERT, *Niccolò Machiavelli e la vita culturale del suo tempo*, Bologna 1967, pp 230-40

tura si sia «raffreddata»: l'ardore parenetico che animava
la rievocazione della Firenze antica è ora sostituito da un
pacato (a tratti, persino sommesso) ragionare. Cosa è accaduto? Quale mutamento si è prodotto nell'animo del
Machiavelli? Qualcuno ha osservato che questo atteggiamento controllato è semplicemente la spia dell'impaccio a
trattare di Firenze dopo il ritorno di Cosimo (1434): materia troppo vicina ed ancora «compromessa» col presente. Ma c'è dell'altro. è accaduto qualcosa che, se non ha
implicato direttamente la responsabilità del Machiavelli,
lo ha certo profondamente turbato. Un gruppo di intellettuali fiorentini, amici intimi del Machiavelli, e con lui
assidui degli Orti Oricellari, hanno progettato di soppri-
mere il cardinal de' Medici il giorno del Corpus Domini
(19 giugno 1522) Si chiamano Zanobi Buondelmonti, Luigi Alamanni il poeta, Jacopo Diacceto, Antonio Brúcioli.
La congiura è sventata, i cospiratori fuggono

Qualche fiorentino ha fatto il nome di Machiavelli come uno dei cittadini da cooptare nella trama. La delazio-
ne non ha conseguenze Ma è chiaro che Niccolò è scos-
so da quella esperienza. Essa gli ha dato, purtroppo, la
chiara consapevolezza che qualunque progetto di repubblica è ormai insostenibile presso i Medici, dopo che la
minaccia li ha sfiorati. La fallita congiura, cui non ha messo mano, lo turba perché gli toglie l'ultimo incentivo a riprendere quel lavoro di progettazione politica, di utopia
attiva, che è la ragione stessa della sua esistenza

Il silenzio con cui nell'epistolario è rimossa non solo
una possibile analisi *post factum* della congiura e dei suoi
errori, ma qualunque considerazione generale di carattere politico sembra una spia non solo della cautela, ma anche della prostrazione del Machiavelli. Poche lettere sue
ci sono pervenute, scritte tra l'autunno '22 e l'estate del
'24. alcune trattano di questioni minute (l'uccisione di un
famiglio, l'invio di alcuni beccafichi); altre rinviano al-
l'avanzata stesura delle *Istorie*. Nell'ultima Machiavelli
vorrebbe qualche consiglio dall'amico Guicciardini· «Ho
atteso e attendo in villa a scrivere la istoria, e pagherei
dieci soldi, non voglio dir piú, che voi fosse in lato che io

vi potessi mostrare dove io sono, perché, avendo a venire a certi particulari, arei bisogno di intendere da voi se offendo troppo o con lo esaltare o con lo abbassare le cose.. »[85] Il completamento della sua impresa di storiografo è il solo impegno che lo tiene ormai desto.

Poi, all'improvviso, il 22 febbraio '25, Filippo de' Nerli, con una epistola spedita da Modena, non nasconde al Machiavelli il rammarico d'essere stato privato «delle magnificentie» sue: ed è la prima eco del successo della *Clizia*[86] La quale dunque sembra ragionevolmente essere nata dallo stato d'animo, spossato e rinunciatario, di chi ha in qualche modo compreso che la sua personale partita con la storia si è già conclusa Il papa poteva festeggiarlo e donarlo, come fece a Roma, nel maggio '25, alla consegna delle *Istorie*; il de' Nerli, poteva, il 6 settembre, da Firenze, rallegrarsi con lui per la riabilitazione ai pubblici uffici («Che voi siate entrato nello squittino, e che vi siano stati fatti cenni, e chiuso l'occhio dalli accoppiatori, ne sono molto contento...»)[87]. La verità è che Machiavel-

---

[85] La lettera è spedita il 30 agosto 1524 da Sant'Andrea in Percussina al «commissario in Romagna» e la si può leggere in MACHIAVELLI, *Opere* cit , p 389

[86] «Or va poi tu e non ti disperare Io so dell'orto rappianato per farne il parato della vostra commedia, io so de' conviti non solo alli primi e più nobili patrizii della città, ma ancora a' mezzani e dipoi alle plebe, cose solite farsi solo per li principi La fama della vostra commedia è volata per tutto, et non crediate che io abbia avuto queste cose per letere di amici, ma l'ho havuto da viandanti che per tutto la strada vanno predicando "le gloriose pompe e' fieri ludi" della porta a San Friano Son certo, che così come non è stata contenta la grandezza di sí gran magnificentie di restare drento a' termini di Toscana, ch'è voluta volare ancora in qua, che passerà anche e monti, se da questi eserciti che aranno il capo ad altro che a feste non è ritenuta, e cosí aranno viso di non mondare nespole Insomma, Niccolò, per recare le mille in una, et per dire più tosto zuppa che avere a dire pane et vino, e per abreviare questa materia, io vorrei che voi mi mandassi, quando prima potrete, questa comedia che ultimamente avete fatta recitare Fate che per niente voi mi manchiate, per quanto voi stimate la gratia del re di Tunisi, e raccomandatemi a tutta la borbogeria» (*ibidem*, p 390)

[87] Per una di quelle «malizie» del Fato, davvero imperscrutabili, nel recupero del Machiavelli alla vita attiva dovette – in qualche modo – aver messo mano la Barbera, se subito dopo il Nerli postilla «Ho bene avuto caro di intendere donde tanto favore sia proceduto, e poiché dipende da Barberia, e da qualche altra vostra gentilezza, come voi medesimo attestate per la vostra, voi mi chiarite più l'un dí che l'altro» (*ibidem*, p 404).

li aveva netta la coscienza d'essere ormai un intellettuale tagliato fuori dalla trama attiva della politica. Per questo poteva passarsi il lusso di sorridere di se stesso: e ordire (sulle assi di un palcoscenico, allestito all'aperto tra amici) la vicenda esemplare del fallimento di un vecchio, che tenta disperatamente di affermare la propria personalità ed è costretto a «ritornare al segno». La *sua* vicenda, insomma: e non solo per i risvolti amorosi, che al massimo potevano stuzzicare il pettegolezzo o il rimbrotto dei sodali, ma per quell'ammissione (pudicamente rifratta sullo schermo di una *querelle* piccolo-borghese e familiare)[88] di una ben più dolorosa sconfitta dell'esistenza

GUIDO DAVICO BONINO

Università degli Studi di Torino, gennaio 2001

---

[88] Sull'aspetto «piccolo-borghese» della commedia (cioè proprio della «riconquista della piena onorabilità del casato») ha scritto pagine fini, di recente, una giovane studiosa, Francesca Malara (F. MALARA, *Vizi privati e pubbliche virtú nella «Clizia» di Machiavelli*, in «Il castello di Elsinore», XIII, 37, 2000, pp. 5-28)

Nota biografica

'Niccolò Machiavelli nasce a Firenze il 3 maggio 1469 da Bernardo dottore in legge e da Bartolomea Nelli Dal 1481 studiò grammatica con Paolo Sasso da Ronciglione, nello Studio fiorentino Nella giovinezza lesse Lucrezio ce lo dice il ms Vaticano Rossiano 884, copia autografa e firmata del *De rerum natura* (e, di seguito, dell'*Eunuchus* terenziano) Probabilmente, dopo il '94, frequentò le lezioni di Marcello Virgilio allo Studio Tra il '92 e il '94, cercò di stringere amicizia con Giuliano de' Medici Caduti i Medici e affermatosi Savonarola, Machiavelli si avvicinò a quanti nell'aristocrazia contribuirono alla caduta del frate Di fatto, dopo il supplizio del Savonarola (23 maggio 1498), fu nominato (19 giugno) segretario della seconda cancelleria (dal 14 luglio, anche segretario dei Dieci), dal febbraio 1499 primo cancelliere. Del maggio '99 è la prima breve prosa politica, il *Discorso sopra Pisa*, del luglio il primo incarico diplomatico, una missione presso Caterina Sforza, a Forlí L'anno dopo fu inviato, con Francesco Della Casa, in Francia (luglio 1500-gennaio 1501) Nell'autunno del 1501, sposò Marietta Corsini (e ne ebbe sette figli· Primerana, Bernardo, Lodovico, Guido, Piero, Baccina e Totto) Nel giugno 1502, fu con Francesco Soderini in una ambasciata a Cesare Borgia, dall'ottobre 1502 al gennaio 1503, seconda ambasciata al Valentino, dall'ottobre al dicembre 1503, prima legazione a Roma per il conclave, del gennaio-marzo 1504, è la seconda ambasciata alla corte di Luigi XII, a Lione Al momento della elezione di Piero Soderini, nel settembre 1502, a gonfaloniere perpetuo della repubblica fiorentina, Machiavelli gi tributa, pur nel dissenso, fedele amicizia È di questi anni l'intenso impegno del Machiavelli al progetto di una milizia «propria» della Repubblica Soltanto nel dicembre 1505 poté avviare il reclutamento e addestramento dei primi contingenti Tra la fine di agosto e l'ottobre 1506, Machiavelli è impegnato in un'ambasciata di grande delicatezza e rilievo la sua seconda al seguito di Giulio II, in Umbria e Romagna agli eventi di quella spedizione si riferisca la lettera a Giovan Battista Soderini, nota come *Ghiribizzi* (13-27 settembre). Nominato cancelliere dei Nove ufficiali della milizia fiorentina (12 gennaio 1507), Machiavelli si dedica con sempre eguale fervore al reclutamento nel contado Nel giugno, fu scelto per una missione all'imperatore Massi-

miliano, ma poi fu sostituito da Francesco Vettori, per l'opposizione
dei «grandi» Solo alla fine dell'anno Soderini poté inviare in Tirolo
anche Machiavelli, con funzioni di segretario Al rientro Machiavelli
firmò un *Rapporto di cose della Magna* (è datato 17 giugno 1508, se-
guiranno il *Discorso sopra le cose della Magna* [settembre 1509] e il *Ritracto di cose della Magna* [1509-12]). Tornato alle sue milizie, ebbe ruolo di rilievo nella conclusione della guerra contro Pisa (4 giugno 1509)
Nel novembre-dicembre fu a Verona, presso l'imperatore Nel giugno-
ottobre 1510 tornò in Francia. e, in seguito, stese un *Ritracto di cose
di Francia* (con aggiunte fino al 1512) Fattasi più delicata la posizione della Repubblica fiorentina, a Machiavelli furono affidati altri com-
plessi incarichi militari e diplomatici· in Francia, settembre-ottobre
1511; quindi a Pisa (2-11 novembre), presso il concilio dei cardinali
contrari a Giulio II Nell'agosto 1512 contingenti militari spagnoli agli
ordini del cardinale Giovanni de' Medici entrarono in Toscana, di-
strussero le fanterie fiorentine, saccheggiarono Prato Il 31 agosto Soderini fuggí da Firenze, il 16 settembre i Medici ripresero il potere.
Machiavelli fu espulso dall'ufficio il 7 novembre e il 10 condannato al
confino dentro il dominio per un anno Il 12 febbraio del '13 fu in-
carcerato, sotto il sospetto di aver partecipato alla congiura organiz-
zata dal Capponi e dal Boscoli contro il cardinal de' Medici, tortura-
to e di nuovo confinato (7 marzo) Quando, l'11 marzo, Giovanni de'
Medici fu eletto papa (Leone X), Machiavelli beneficiò dell'amnistia
e si ritirò nel podere detto Albergaccio, a Sant'Andrea in Percussina
Qui compose un perduto trattato sulle repubbliche (verrà in pratica
inglobato nel *Discorsi*), la «memoria» sul *Tradimento del Duca Valentino al Vitellozzo Vitelli, Oliverotto da Fermo e altri*, e, soprattutto, il
De principatibus (noto come *Il principe*) Concepito nell'autunno del
1513, ultimato tra il gennaio e l'aprile 1514, il libro fu dedicato a Lorenzo di Piero de' Medici (futuro duca di Urbino), dall'estate del '13
«principe» della Signoria medicea in Firenze Vi fu qualche buona reazione iniziale, ma poi venne, da Roma, un secco divieto a ogni riabilitazione (febbraio 1515) Fu allora che Machiavelli si avvicinò ai giovani letterati di tendenza repubblicana che si riunivano negli Orti di
Cosimo Rucellai A questi e a Zanobi Buondelmonti sono dedicati i
Discorsi sopra la prima deca di Tito Livio (1515-1517/18), riflessione
storico-politica in forma di originale commento all'opera del grande
storico romano Gli stessi Buondelmonti e Rucellai, con Battista della Palla e Luigi Alamanni, figurano – accanto al protagonista, Fabri-
zio Colonna – nei dialoghi *De re militari* (noti come *Arte della guerra* e
compiuti tra la fine del '19 e l'estate del '20), al Buondelmonti e a Luigi Alamanni è dedicata la *Vita di Castruccio Castracani* (estate 1520).
Sono dello stesso periodo il poemetto satirico in terzine *L'Asino* (in-
compiuto, 1517 ex -1518), la versione dell'*Andria* terenziana (due ste-
sure, ca. 1517-18 ca e 1519-20), la *Favola* di Belfagor e una *Serenata*
in ottave. Dopo la morte di Lorenzo di Piero (4 maggio 1519), l'osti-
lità nei suoi confronti parve attenuarsi forse nella primavera del 1520

si rappresentò a Firenze la *Mandragola (Comedia di Callimaco et di Lucretia*, s n t [Firenze 1520 ?]), messa in scena a Roma (nel maggio ?) davanti a Leone X All'estate appartiene una piccola missione a Lucca, da cui il *Sommario delle cose di Lucca.* L'8 novembre, infine, fu invitato dallo Studio «ad componendum annalia [...] et alia faciendum», e, nell'occasione, forse, stese un progetto di riforma costituzionale fiorentina, il *Discursus florentinarum rerum* (1520 ex -1521 in) Nel maggio 1521, fu inviato degli Otto al capitolo dei Frati minori a Carpi, in occasione di questo viaggio prende corpo (e la testimoniano bellissime lettere) l'amicizia con Francesco Guicciardini, governatore di Modena Nell'agosto vede la luce l'*Arte della guerra* (Giunti, Firenze), con dedica a Lorenzo Strozzi Mentre continua a stendere gli «annali» fiorentini, è lambito da sospetti di complicità con la congiura repubblicana antimedicea di Zanobi Buondelmonti, Luigi Alamanni e Jacopo Diacceto, soffocata alla fine di maggio. Gli otto libri delle *Istorie fiorentine*, conclusi nel febbraio 1525, vengono presentati a Giulio de' Medici (papa Clemente VII); intanto, sin dal gennaio, è andata in scena a Firenze la commedia *Clizia* Dopo la sconfitta dei Francesi a Pavia (24 febbraio 1525), viene, nel giugno di quell'anno, inviato in Romagna, presso Guicciardini, per organizzarvi la milizia; nell'aprile del '26 è nominato cancelliere dei Procuratori delle Mura Dal giugno 1526 Machiavelli è al campo dei collegati (il papa, i fiorentini, i francesi e Venezia) e segue le vicende belliche Dopo la sconfitta generale della Lega (17 maggio 1527), a Firenze fu restaurata la Repubblica Non accetto ai nuovi governanti, di impronta savonaroliana, e assai debole nel fisico, Machiavelli non ricevette incarichi: morí il 21 giugno 1527

Bibliografia essenziale

La presente bibliografia raccoglie, in ordine cronologico d'apparizione, i principali studi apparsi in Italia e all'estero relativi al teatro del Machiavelli, a partire dal 1979, data della prima edizione della presente raccolta nella collezione «Nuova Universale Einaudi»

Per comodità di consultazione si è diviso la bibliografia in quattro sezioni I) Rassegne critiche e studi d'insieme, II) Studi sull'*Andria*, III) Studi sulla *Mandragola*, IV) Studi sulla *Clizia*.

I *Rassegne critiche e studi d'insieme*

S Bertelli - P Innocenti, *Bibliografia machiavelliana*, Valdonega, Verona 1979.

AA VV , *Il teatro italiano del Rinascimento*, a cura di M De Panizza Lorch, Edizioni di Comunità, Milano 1980

F Angelini, *Teatri moderni*, in AA. VV., *Letteratura italiana*, diretta da A Asor Rosa, VI, *Teatro, musica, tradizione dei classici*, Einaudi, Torino 1986

D Perocco, *Rassegna di studi sulle opere letterarie di Machiavelli (1969-86)*, in «Lettere italiane», XXXIX (1987), pp 559-69

AA. VV , *Il teatro italiano nel Rinascimento*, a cura di F Cruciani e D Seragnoli, Il Mulino, Bologna 1987

AA. VV., *Testo lingua spettacolo nel teatro italiano del Rinascimento*, a cura di P. D Stewart, («Yearbook of Italian Studies»), Firenze 1987

S Mamone, *Il teatro nella Firenze medicea*, Mursia, Milano 1991²

P D Stewart, *Per una lettura «teatrale» delle commedie del Cinquecento*, in «Yearbook of Italian Studies», IX, 1991, pp 80-95

A Calzavara, *Meccanismi e forme di «monna Commedia» Rassegna di testi e studi sulla commedia del Cinquecento (1962-1990)*, in «Lettere Italiane», XLV, 1992, pp. 638-74

R Andrews, *Scripts and scenarios The performance of comedy in Renaissance Italy*, Cambridge University Press, Cambridge 1993

R Scrivano, *Comico e linguaggio nella commedia del Cinquecento*, in *Il modello e l'esecuzione*, Liguori, Napoli 1993

J. Jackson Cope, *Secret sharers in Italian Comedy From Machiavelli to Goldoni*, Duke University Press, Durham-London 1996

G Padoan, *L'avventura della commedia rinascimentale*, Piccin, Nuova Libraria, Padova – Vallardi, Milano 1996

II Studi sull'*«Andria»*.

E Mazzali, *Nota su Machiavelli «umanista»*, in AA VV , *Il Rinascimento Aspetti e problemi attuali*, Atti del X Congresso A I S L L I, Belgrado 17-21 aprile 1979, a cura di V Branca, C. Griggio, M ed E Pecoraro, G Pizzamiglio, E Sequi, Olschki, Firenze 1982, pp 525-29

E Fumagalli, *Machiavelli traduttore di Terenzio*, in «Interpres», 16 (1997), s. 2, n 1, pp 204-39

III Studi sulla «*Mandragola*»

P Baldan, *La presenza di Svetonio nel Machiavelli maggiore*, in «Atti dell'Accademia Nazionale dei Lincei Rendiconti Classe di scienze morali, storiche e filologiche», serie VIII, XXXIII (1979), pp. 9-34, ora (con altri quattro studi) in *L'intrigo e l'avventura Fra Liguro e Orlando*, Edizioni dell'Orso, Alessandria 1990.

M De Panizza Lorch, *Confessore e Chiesa in tre commedie del Rinascimento «Philogenia», «Mandragola», e «Cortigiana»*, in *Il teatro italiano del Rinascimento* cit , pp 301-48, in part 310-18

A Paolucci, *Livy's Lucretia, Shakespeare's «Lucrece», Machiavelli's «Mandragola»*, in *Il teatro italiano del Rinascimento* cit , pp 619-35

L. Caretti, *Appunti sulla «Mandragola»*, in «Esperienze letterarie», VI, 1981, ora in *Antichi e moderni Studi di letteratura italiana Seconda serie*, Roma, Salerno 1996, pp 32-49

P Roselli, *Nota sul personaggio Lucrezia nella «Mandragola»*, in «Studi italiani in Finlandia», 1981, pp 83-87

A Guidotti, *Su alcune soluzioni tipologiche ed espressive della «Mandragola»*, in «Lettere italiane», XXXIV, 1982, pp 157-75

C Dionisotti, *Appunti sulla «Mandragola»*, in «Belfagor», XXXIX, 1984, pp. 621-44

J A Barber, *La strategia linguistica di Liguro nella «Mandragola» di Machiavelli*, in «Italianistica», XIII, 1984, pp 387-95

J A. Barber, *The Irony of Lucrezia Machiavelli's «Donna di virtú»*, in «Studies in Philology», LXXXII, 1985, pp 450-59.

J D'Amico, *Power and perspective in «La Mandragola»*, in «Machiavelli Studies», I (1987), pp 5-16

G. Sasso, Introduzione e note a *La Mandragola*, nota al testo di G Inglese, Rizzoli, Milano 1980

A Sorella, *Magia lingua e commedia nel Machiavelli*, Olschki, Firenze 1990

A Gareffi, *La scrittura e la festa Teatro, festa e letteratura nella Firenze del Rinascimento*, Il Mulino, Bologna 1991, pp 189-217.

Alfred A Triolo, *Machiavelli's «Mandragola» and the sacred*, in AA VV , *Metodologia della ricerca orientamenti attuali* Congresso Internazionale in onore di E Battisti, Milano, 27-31 maggio 1991, in «Arte Lombarda», n 3-4, 1994, pp 173-79

G Inglese, *«Mandragola» di Nicolò Machiavelli*, in AA VV , *Letteratura Italiana Le Opere*, dir. da A Asor Rosa, I *Dalle Origini al Cinquecento*, Einaudi, Torino 1992, pp 1009-31

M Sacco Messineo, *Il fiume e gli argini Natura ed esperienza nell'opera di Machiavelli*, Palumbo, Palermo 1992.

M Sacco Messineo, *L'antieroe Messer Nicia*, in AA VV , *Da Malebolge alla Senna Studi letterari in onore di G Santangelo*, Palumbo, Palermo 1993, pp 601-20.

P Baldan, *Complimento o sberleffo a chiudere la «Mandragola»?*, in «Italica», XXIII (1994), pp 71-80

A Cataldi, *Lucrezia*, in *Vendetta femminile, singolare Passaggio di ruolo di personaggi femminili nel teatro del Cinquecento*, Congedo, Lecce 1994, pp 35-73

I. Francese, *La meritocrazia di Machiavelli Dagli scritti politici alla «Mandragola»*, in «Italica», LXXI (1994), pp 153-75

T Picquet, *Images de la Femme dans les débuts de la comédie en prose*, in «Cahiers d'Etudes Romanes», n 18 (1994), pp 133-41

P Trifone, *L'italiano a teatro*, in AA VV , *Storia della lingua italiana*, dir da A Asor Rosa, II *Scritto e parlato*, Einaudi, Torino 1994, pp 101-5

E Mazzali, Introduzione e cura di *Mandragola, Clizia*, pref di R. Bacchelli, Feltrinelli, Milano 1995

P Trifone, *Una maschera di parole La commedia fra grammatica e pragmatica*, in AA VV , *La sintassi dell'italiano letterario*, a cura di M Dardano e P Trifone, Bulzoni, Roma 1995, pp 193-238

A. Guidotti, *Riscrittura di una scena della «Mandragola»*, in AA VV , *Studi offerti a Luigi Blasucci dai colleghi e dagli allievi pisani*, a cura di L Lugnani, M Santagata, A Stussi, Paccini Fazzi, Lucca 1996, pp 299-308

A Petrini, *La signoria di madonna Finzione Teatro, attori e poetiche nel Rinascimento italiano*, Costa e Nolan, Genova 1996

P Gibellini, Prefazione a *Mandragola*, note di T Piras, Garzanti, Milano 1997

G Bárberi Squarotti, *L'uscita in scena*, in *Le capricciose ambagi della letteratura*, Tirrenia Stampatori, Torino 1998

L Martines, *Séduction, espace familial et autorité dans la Renaissance italienne*, in «Annales Histoire, sciences sociales», 53 (1998), n 2, pp 255-90

V A Gareffi, *La voce della storia nella «Mandragola»*, in AA VV , *Regards sur la Renaissance italienne Mélanges de littérature offerts à Paul Larivaille*, a cura di M -F Préjus, Université Paris X-Nanterre, Paris 1998

F. Masciandaro, *Machiavelli umorista il sentimento del contrario nella «Mandragola»*, in *La conoscenza viva Letture fenomenologiche da Dante a Machiavelli*, Longo, Ravenna 1998, pp 117-24

R Alonge, *La riscoperta rinascimentale del teatro*, in AA. VV , *Storia del teatro moderno e contemporaneo*, dir. da R. Alonge e G. Davico Bonino, vol. I., *La nascita del teatro moderno Cinquecento-Seicento*, Einaudi, Torino 2000, pp. 51-68

P Larivaille, *La «Mandragola» e le regole della commedia antica*, in AA. VV , *Hommage à la memoire de Françoise Glenisson*, a c. di B Toppan, Publications de l'Université de Nancy, Nancy 2001 (in corso di stampa).

S Mamone, *La «Mandragola» e la scena di città*, in « Il castello di Elsinore», anno XIV, 38, 2001 (in corso di stampa).

IV   *Studi sulla «Clizia».*

C. Boccuto, *La «Casina» di Plauto e la «Clizia» di Machiavelli Saggio di letteratura comparata*, Guerra, Perugia 1981

G. Padoan, *Il tramonto di Machiavelli la «Clizia»*, in «Lettere italiane», XXXIII, 1981, ora in *Rinascimento in controluce Poeti, pittori, cortigiane e teatranti sul palcoscenico rinascimentale*, Longo, Ravenna 1994, pp 65-87

C. P. Cupolo, *«La Clizia» come meditazione senile di Machiavelli*, in «Forum Italicum», XXVIII (1994), pp 252-68.

E Mazzali, Introduzione e cura di *Mandragola, Clizia* cit

G. Inglese, Introduzione e cura di *Clizia, Andria, Dialogo intorno alla nostra lingua*, Rizzoli, Milano 1997

F Malara, *Vizi privati e pubbliche virtú nella «Clizia» di Machiavelli*, in «Il castello di Elsinore», anno XIII, 37, 2000, pp 5-28

Nota al testo

Questa nuova edizione del *Teatro* di Nicolò Machiavelli, che riprende e rinnova, a distanza di ventidue anni (1979), l'originaria silloge apparsa presso questo stesso editore nella collezione «Nuova Universale», si fonda per il testo dell'*Andria*, della *Mandragola* e della *Clizia* su quelli approntati da Giorgio Inglese, il primo e il terzo per la sua edizione di *Clizia, Andria, Dialogo intorno alla nostra lingua* nella Bur di Rizzoli (Milano 1997), il secondo per l'edizione, criticamente accertata, promossa dall'Istituto Italiano di Studi Storici di Napoli e pubblicata dalla Società Editrice Il Mulino (Bologna 1997) Occorre tuttavia precisare che i tre testi adottati sono ammodernati nella grafia secondo le consuetudini, nell'edizione dei classici italiani, della collana che ospita la presente silloge

Il commento riprende, con lievi ritocchi, quello già approntato per la Nuova Universale Einaudi nel 1979 Ciò spiega perché vi siano citati in nota, per consenso o dissenso, i seguenti commenti La *Mandragola*, a cura di Santorre Debenedetti, Strasburgo s d , ma 1910, *Mandragola, Clizia*, a cura di Domenico Guerri, Torino 1932, *Opere*, a cura di Mario Bonfantini, Milano-Napoli 1954, *Opere letterarie*, a cura di Luigi Blasucci, Milano 1964, *Il teatro e tutti gli altri scritti letterari*, a cura di Franco Gaeta, Milano 1965, *Opere*, a cura di Ezio Raimondi, Milano 1966, *Opere scelte*, a cura di Gian Franco Berardi, Roma 1969 Per brevità, ho citato ogni volta, tra parentesi, il cognome del curatore

Allo stesso modo, con una sigla, sono richiamati autore e titolo di alcuni studi, tuttora fondamentali, che illuminano sulla fonte o sulla genesi di singoli passi Ecco le abbreviazioni Martelli, *Vers* = M MARTELLI, *La versione machiavelliana dell'«Andria»*, in «Rinascimento», XIX, 1968, pp 203-74, Vanossi, *Sit* = L VANOSSI, *Situazione e sviluppo del teatro machiavelliano*, in AA VV , *Lingua e strutture del teatro italiano del Rinascimento*, Padova 1970, pp 1-108, Raimondi, *Pol* = E. RAIMONDI, *Politica e commedia Dal Beroaldo al Machiavelli*, Bologna 1972, pp 173-223, Ferroni, *Mut* = G FERRONI, *«Mutazione» e «riscontro» nel teatro di Machiavelli e altri saggi sulla commedia del Cinquecento*, Roma 1972, pp 19-137, Borsellino, *Roz* = N BORSELLINO,

*Rozzi e Intronati Esperienze e forme di teatro dal Decameron al Cande-
lato*, Roma 1976, pp 121-60

 L'introduzione che qui si propone ai nuovi lettori è stata, invece,
profondamente «rivisitata» dal suo autore

G D B.

Teatro

Andria

ATTO PRIMO

SCENA PRIMA

Simo, Sosia.

SIMO   Portate voi altri drento queste cose, spacciatevi!¹.
Tu, Sosia, fatti in qua· io ti voglio parlare uno poco.
SOSIA   Fa' conto d'avermi parlato; tu vuoi che queste co-
se s'acconcino bene
SIMO   Io voglio pure altro.
SOSIA   Che cosa so io fare, dove io ti possa servire me-
glio che in questo?
SIMO   Io non ho bisogno di cotesto per fare quello che io
voglio, ma di quella fede e di quello segreto² che io ho
conosciuto sempre essere in te.
SOSIA   Io aspetto d'intendere quello che tu vuoi.
SIMO   Tu sai, poi che io ti comperai da piccolo, con quanta
clemenza e giustizia io mi sono governato teco, e di stia-
vo io ti feci liberto, perché tu mi servivi liberalmente, e
per questo io ti pagai di quella moneta che io potetti³.
SOSIA   Io me ne ricordo.
SIMO   Io non mi pento di quello che io ho fatto.
SOSIA   Io ho gran piacere, se io ho fatto e fo cosa che ti
piaccia. e ringrazioti che tu mostri di conoscerlo: ma
questo bene mi è molesto, che mi pare che, ricordando-
lo⁴ ora, sia quasi un rimproverarlo ad uno che non se ne
ricordi. Che non di' tu in una parola quello che tu vuoi?

---

1 1 *spacciatevi* nel testo latino si legge «abite» «andatevene»   2 *fede
segreto* sono i due termini, in Terenzio, «fide et taciturnitate»   3 *per questo potetti* piú sfumato risulta Terenzio «quod habui summum pretium per-
solvi tibi» «ho pagato per te il prezzo piú alto che potevo» (e Machiavelli, nella prima redazione, aveva tradotto con maggior aderenza « di quel prezzo
che io potetti maggiore»).   4. *ricordandolo* il ricordarlo è un gerundio con valore di infinito

SIMO   Cosí farò. E innanzi ad ogni cosa io t'ho a dire questo: queste nozze non sono, come tu credi, da dovero.

SOSIA   Perché le fingi adunque?

SIMO   Tu intenderai da principio ogni cosa, e a questo modo conoscerai la vita del mio figliuolo, la deliberazione[5] mia e quello che io voglia che tu facci in questa cosa. Poi che 'l mio figliuolo uscí di fanciullo e che ei cominciò a vivere piú a suo modo (imperò che chi arebbe prima potuto conoscere la natura sua, mentre che la età, la paura, il maestro, lo tenevono a freno?

SOSIA   Cosí è)

SIMO   ... di quelle cose che fanno la maggior parte de' giovanetti, di volgere l'animo a qualche piacere, come è nutrire cavagli, cani, andare allo Studio, non ne seguiva piú una che un'altra, ma in tutte si travagliava mediocremente[6]; di che io mi rallegravo

SOSIA   Tu avevi ragione, perché io penso nella vita nostra essere utilissimo non seguire alcuna cosa troppo.

SIMO   Cosí era la sua vita: sopportare facilmente ognuno; andare a' versi a coloro con chi ei conversava, non essere traverso; non si stimare piú che gli altri; e chi fa cosí, facilmente sanza invidia si acquista laude e amici.

SOSIA   Ei si governava saviamente, perché in questo tempo chi sa ire a' versi, acquista amici, e chi dice il vero, acquista odio[7].

SIMO   In questo[8] mezzo una certa femmina, giovane e bella, si partí da Andro per la povertà e per la negligenza de' parenti, e venne ad abitare in questa vicinanza.

SOSIA   Io temo che questa Andria non ci arrechi qualche male.

SIMO   Costei in prima viveva onestamente, guadagnandosi il vivere col filare e con il tessere[9]; ma poi che ven-

---

5 *deliberazione* decisione nel testo latino, «consilium meum»   6 *mediocremente*. qui vuol dire con giusta moderazione ed equilibrio   7 *chi odio* sembra una battuta tipica del Machiavelli maggiore ed è semplicemente la traduzione da Terenzio (la celebre massima «veritas odium parit» è discussa da Cicerone, *Laelius*, 89)   8 *In questo* Terenzio precisa subito dopo «abhinc triennium». «tre anni fa».   9. *con il tessere* con lavori di tessitura Terenzio aveva scritto «lana ac tela»

ne ora uno, ora un altro amante promettendole danari, come egli è naturale di tutte le persone sdrucciolare facilmente da la fatica a l'ozio, l'accettò lo invito[10]; e a sorte, come accade, coloro che allora l'amavano, cominciorno a menarvi il mio figliuolo; onde io continuamente dicevo meco medesimo· – Veramente egli è stato sviato! egli ha auto la sua[11]! – E qualche volta, la mattina, io appostavo[12] i loro servi, che andavano e venivono, e domandavogli. – Odi qua, per tua fé: a chi toccò iarsera Crisyde ? – (perché cosí si chiamava quella donna

SOSIA   Io intendo.)

SIMO   Dicevano· – Fedria, o Clinia, o Nicerato – (perché questi tre l'amavano insieme.) – Dimmi: Panfilo che fece ? – Che ? Pagò la parte sua e cenò. – Di che io mi rallegravo. Dipoi, ancora l'altro dí io ne domandavo, e non trovavo cosa alcuna[13] che apartenessi a Panfilo. E veramente mi pareva un grande e rado esempio di continenza, perché chi usa con uomini di simil natura, e non si corrompe, puoi pensare ch'egli ha fermo il suo modo del vivere. Questo mi piaceva, e ciascuno per una bocca mi diceva ogni bene, e lodava la mia buona fortuna, che avevo cosí fatto figliuolo. Che bisognano piú parole ? Cremete, spinto da questa buona fama, venne spontaneamente a trovarmi, e offerí dare al mio figliuolo una unica sua figliuola con una gran dote. Piacquemi, promissigli, e questo dí è deputato a le nozze.

SOSIA   Che manca, dunque, perché le non sono vere ?

SIMO   Tu lo intenderai. Quasi in quegli dí che queste cose seguirono[14], questa Crisyde vicina si morí.

SOSIA   Ho! io l'ho caro! Tu m'hai tutto ralegrato io avevo paura di questa Crisyde.

---

10 *lo invito* Terenzio aggiunge ancora «dehinc quaestum occipit». «e di qui cominciò a fare guadagno» Machiavelli lascia la conseguenza sottintesa.   11. *ha auto la sua* nel testo latino «habet (sott. *vulnus*)». «l'hanno ferito». Si diceva dei gladiatori il pubblico vedeva la ferita prima che loro la sentissero   12 *appostavo*. aspettavo e coglievo al varco   13 *cosa alcuna* nessun brutto affare in cui Panfilo fosse implicato (*che apartenessi a Panfilo*).   14 *seguirono* successero (i giorni sono quelli dell'offerta di matrimonio)

SIMO Quivi il mio figliuolo, insieme con quegli che ama-
vono Crisyde, era ad ogni ora· ordinava il mortoro[15],
malinconoso, e qualche volta lacrimava. Questo anche
mi piacque, e dicevo cosí meco medesimo: – Costui per
un poco di consuetudine sopporta nella morte di costei
tanto dispiacere: che farebb'egli, se l'avessi amata? che
farebb'egli, s'io morissi io? – E pensavo queste cose essere indizio d'una umana e mansueta natura. Perché ti
ritardo[16] io con molte parole? Io andai ancora io per suo
amore a questo mortoro, non pensando per ancora alcun male.

SOSIA Che domin sarà questo?

SIMO Tu il saprai. Il corpo fu portato fuora, noi gli andamo dietro: in questo mezzo, tra le donne ch'erano
quivi presenti, io veggo una fanciulletta d'una forma. .

SOSIA Buona, per avventura?

SIMO ... e d'un volto, o Sosia, in modo modesto e in modo grazioso, che non si potrebbe dire piú, la quale mi
pareva che si dolessi piú che l'altre. E perché la era piú
che l'altre di forma bella e liberale[17], m'accostai a quelle che le erano intorno, e domandai chi la fussi. Rispo-
sono essere sorella di Crisyde. Di fatto, io mi senti' ra-
viluppare l'animo: ha! ha![18] questo è quello![19] di qui na-
scevono quelle lacrime! questa è quella misericordia!

SOSIA Quanto temo io, dove tu abbi a capitare!

SIMO Intanto il mortoro andava oltre: noi lo seguitava-
mo e arrivamo al sepolcro, la fu messa nel fuoco[20], pian-
gevasi In questo tanto, questa sua sorella che io dico,
si accostò alle fiamme assai imprudentemente e con periculo. Allotta[21] Panfilo, quasi morto, manifestando il
celato e dissimulato amore, corse e abbracciò nel mezzo questa fanciulla, dicendo – O Glicerio mia, che fai

15 *ordinava il mortoro* s'occupava del funerale (in Terenzio «curabat una fu-
nu'») 16 *ti ritardo* mi dilungo e ti faccio perdere tempo 17 *liberale* è l'aggettivo stesso usato da Terenzio «liberali» e vuol dire «distinta», «nobile» 18. *ha! ha!*. è il terenziano «Attat», definito dal grammatico Donato (IV
secolo) – prezioso commentatore di Terenzio – «interiectio admirantis» 19
questo è quello di questo si tratta! 20 *la . . . fuoco* venne, cioè, issata sulla pi-
ra 21 *Allotta* Allora (è l'«ibi tum» di Terenzio)

tu? perché vai tu a morire? – Allora quella, acciò che
si potessi vedere il loro consueto amore, se gli lasciò ire
adosso, piangendo molto familiarmente[22]

SOSIA   Che di' tu?

SIMO   Io mi diparti' di quivi adirato e male contento; né
mi pareva assai giusta cagione di dirgli villania, perché
ci direbbe: – Padre mio, che ho io fatto? che ho io me-
ritato? o dove ho peccato? Io ho proibito che una non
si getti nel fuoco e la ho conservata[23]. – La cagione è
onesta.

SOSIA   Tu pensi bene, perché, se tu di' villania a chi ha
conservata la vita ad uno, che farai tu a chi gli facessi
danno e male?

SIMO   L'altro dí poi venne a me Cremete gridando avere udito una cosa molto trista, che Panfilo aveva tolto
per moglie questa forestiera; io dicevo che non era vero; quello affermava ch' egl'era vero In summa io mi
parti' da lui al tutto alieno da il darci la sua figliuola

SOSIA   Allora non riprehendesti tu il tuo figliuolo?

SIMO   Né ancora questa cagione è assai potente a riprehenderlo.

SOSIA   Perché? dimmelo!

SIMO   – Tu medesimo, o padre, hai posto fine a queste
cose: e' si appressa il tempo che io arò a vivere a modo
d'altri; lasciami in questo mezzo vivere a mio modo!–

SOSIA   Quale luogo ci è rimaso adunque per riprenderlo?

SIMO   Se per amor di costei ei non volessi menare donna, questa è la prima colpa che debbe essere corretta
E ora io attendo che, mediante queste false nozze nasca una vera cagione di riprehenderlo, quando ei neghi
di menarla. E parte[24] quel ribaldo di Davo consumerà[25],
s'egli ha fatto disegno alcuno, ora che gl'inganni nuo-
cono poco· il quale so che si sforza con le mani e co' piè

---

22 *piangendo molto familiarmente* è l'intraducibile, per densità e tenerezza,
«flens quam familiariter» di Terenzio   23 *la ho conservata* l'ho salvata   24
E parte Machiavelli non si cura di considerare questa frase come dipendente
da «operam do», «attendo» com'è nel testo latino   25 *consumerà* cercherà
di attuarlo ma avrebbe dovuto tradurre – per il motivo appena esposto – «con-
sumi»

fare ogni male[26], piú per fare iniuria a me, che per giovare al mio figliuolo

SOSIA   Per che cagione?

SIMO   Domàndine tu? Egli è uomo di cattiva mente e di
cattivo animo, il quale veramente, se io me n'avveggo... Ma che bisognano tante parole? Facciamo di trovare in Panfilo quel ch'io desidero, che per lui non manchi[27]. Resterà Cremete, il quale dipoi arò a placare, e
spero farlo ora l'ufizio tuo è simulare bene queste nozze e sbigottire Davo e osservare quel che faccia il mio
figliuolo e quali consigli sieno i loro

SOSIA   E' basta; io arò cura ad ogni cosa. Andiamone ora
drento

SIMO   Va' innanzi, io ne verrò.

SCENA SECONDA

Simo, Davo.

SIMO   Sanza dubbio il mio figliuolo non vorrà moglie, in
modo ho sentito temere Davo, poi ch'egli intese di queste nozze[1] .. (Ma egli esce fuora.)

DAVO   Io mi maravigliavo bene che la cosa procedessi cosí, e sempre ho dubitato del fine che avessi' avere questa umanità del mio patrone; il quale, poi ch'egli intese che Cremete non voleva dare moglie al suo figliuolo, non ha detto ad alcuno una parola e non ha mostro[2]
d'averlo per male.

SIMO   (Ei lo mosterrà ora, e, come io penso, non sanza
tuo gran danno.)

26 *si sforza   male* si veda, piú avanti, la prima scena del quarto atto «io sono obligato in tuo servizio sforzarmi con le mani e co' piè» (e anche in *Mandragola*, I, 1)   27 *che   manchi* che per colpa di Davo non venga meno la sua
parola ma Terenzio aveva per la verità scritto «observes filium quid agat»
«badi a ciò che mio figlio fa»

11 1 *poi ch'egli   nozze* cosí anche in Terenzio Davo aveva evidentemente
avuto un colloquio con Simo prima dell'avvio della commedia   2. *mostro* mostrato

DAVO   Egli ha voluto che noi, credendoci questo, ci stes-
simo con una falsa allegrezza, sperando, sendo da noi
rimossa la paura, di poterci come negligenti giugnere³
al sonno, e che noi non avessimo spazio a disturbare
queste nozze Guarda che astuzia!

SIMO   (Che dice questo manigoldo?)

DAVO   (Egli è il padrone, e non lo avevo veduto)

SIMO   O Davo!

DAVO   O! Hu! Che cosa è?

SIMO   Vieni a me!

DAVO   (Che vuole questo zugo⁴?)

SIMO   Che di' tu?

DAVO   Per che cagione?

SIMO   Domàndine tu? Dicesi egli che 'l mio figliuolo vagheggia?⁵.

DAVO   Il popolo non ha altro pensiero che cotesto.

SIMO   Tiègli tu il sacco o no?

DAVO   Che! Io cotesto?⁶.

SIMO   Ma domandare ora di queste cose non sta bene ad
uno buono padre, perché m'importa poco quello ch'egli
ha fatto innanzi a questo tempo. E io, mentre che 'l tempo lo pativa⁷, ne sono stato contento, ch'egli abbi sfo-
gato l'animo suo. Ora, per lo avvenire, si richiede altra
vita e altri costumi: però io voglio, e, se lecito è, io ti
priego, o Davo, che ei ritorni qualche volta nella via

DAVO   Io non so che cosa si sia questa⁸.

SIMO   Se tu ne domandi, io tel dirò: tutti coloro che sono innamorati hanno per male che sia dato loro moglie

---

3 *giugnere* Machiavelli ha qui la mano felice coglierci (letteralmente raggiun-
gerci) come se fossimo addormentati (*al sonno*) Nel testo latino «interoscitantis opprimi» «sorprenderci mentre ce ne stavamo a sbadigliare»   4 *Che zugo* Terenzio scrive semplicemente «Quid hic volt» Machiavelli colora la traduzione d'una patina di popolaresco (nella prima redazione, addirittura si legge «questo cazzo») *Zugo* è frittella e, per traslato, sciocco   5 *Dicesi vagheggia?* nel testo latino non c'è interrogazione («Meum gnatum rumor est amare»)
e non c'era anche nella prima redazione della versione machiavelliana («E si dice che ») *Vagheggia* sta per «ama»   6 *Tiègli cotesto?* Machiavelli fraintende questo scambio di battute Simone dice a Davo «Hoccin agis an non?»
(«Lo fai o no?»), e Davo replica «Ego vero istuc» («Proprio questo faccio»)   7
lo pativa «lo concesse», nella prima redazione   8 *Io questa* è sempre Simo
che parla, in Terenzio «Hoc quid sit?» «Cosa intendo?»

DAVO   Cosí dicono

SIMO   Allora, se alcuno piglia a quella cosa per suo mae-
       stro uno tristo, rivolge il piú delle volte l'animo infer-
       mo alla parte piú cattiva

DAVO   Per mia fé, io non ti intendo.

SIMO   No, he?

DAVO   Io son Davo, non profeta[9]

SIMO   Quelle cose, adunque, che mi restono a dirti, tu
       vuoi che io te le dica a lettere di speziali[10]?

DAVO   Veramente sí.

SIMO   Se io sento che tu ordini oggi alcuno inganno in
       queste nozze, perché le non si faccino, o che tu voglia
       mostrare in questa cosa quanto tu sia astuto, io ti man-
       derò carico a morte di mazzate a zappare tutto dí in
       uno campo[11]: con questi patti, che, se io te ne cavo, che
       io abbia a zappare per te! Ha' mi tu inteso o non an-
       cora?

DAVO   Anzi ti ho inteso appunto, in modo hai parlato la
       cosa aperta[12] e sanza alcuna circunlocuzione.

SIMO   Io sono per sopportarti[13] ogni altro inganno piú fa-
       cilmente che questo.

DAVO   Dammi, io ti priego, buone parole.

SIMO   Tu mi uccelli? Tu non mi inganni di nulla; ma io
       ti dico che tu non facci cosa alcuna inconsideratamen-
       te, e che tu non dica anche, poi· – E' non mi fu pre-
       detto! – Abbiti cura.

---

9 *Io profeta* scrive Terenzio. «non Oedipus» e Machiavelli, qualcuno ha
detto, allude al Savonarola (nella prima redazione esplicitando addirittura il riferimento «vel non el frate»)   10 *a lettere di speziali* a lettere cubitali, da
farmacista nel testo latino si legge semplicemente «aperte» «chiaro e ton-
do»   11 *carico campo* in Terenzio leggiamo «Verberibu' caesum te in pi-
strinum, Dave, dedam usque ad necem» «riempitoti di botte, ti caccio alla macina fino a farti fuori» Machiavelli adegua all'oggi la canonica allusione alla
macina da molino (e, ancor meglio, nella prima redazione, Davo dovrà zappare «in una vigna»)   12 *aperta* molto chiaramente   13 *Io sono per sopportarti* Sono disposto a tollerare. è la traduzione letterale dell'«Ubivis faciliu'
passu' sim»

SCENA TERZA

Davo, solo

DAVO   Veramente, Davo, qui non bisogna essere pigro né
da poco[1], secondo che mi pare avere ora inteso per il
parlare di questo vecchio circa le nozze: le quali, se con
astuzia non ci si provede, ruineranno me o il padrone;
né so bene che mi fare, se io aiuto Panfilo o se io ub-
bidisco al vecchio. Se io abbandono quello, io temo della sua vita, se io lo aiuto, io temo le minaccie di costui·
ed è difficile ingannarlo, perché sa ogni cosa circa il suo
amore e me osserva[2] perché io non ci facci alcuno inganno. S'egli se ne avvede, io sono morto; e, se gli verrà
bene, e' troverrà una cagione per la quale, a torto o a
ragione, mi manderà a zappare. A questi mali questo
ancora mi si aggiugne, che questa Andria, o amica o
moglie che la si sia, è gravida di Panfilo, ed è cosa ma-
ravigliosa udire la loro audacia, e hanno preso partito,
da pazzi o da innamorati[3], di nutrire ciò che ne nascerà,
e fingono intra loro un certo inganno, che costei è cittadina ateniese, e come fu già un certo vecchio mer-
cante che ruppe appresso a l'isola d'Andro e quivi morí;
dipoi il padre di Crisyde si prese costei ributtata dal
mare, piccola e sanza padre. Favole! E a me, per mia
fé, non pare verisimile: ma a loro piace questo trovato.
Ma ecco Miside ch'esce di casa; io me ne voglio andare in mercato[4], acciò che il padre non lo giunga sopra
questa cosa improvisto.

III 1 *non poco* Terenzio è qui molto preciso «nil locist segnitiae neque so-
cordiae» «non c'è posto per la pigrizia né coi fatti né con le idee»   2 *me osserva* nel testo latino c'è in piú un «infensus», «mal disposto (verso di me)»   3
da pazzi o da innamorati molto elegante la paronomasia in Terenzio (ma è di
stampo plautino) «Nam inceptiost amentium, haud amantium» «È infatti un
progetto da dementi, non da amanti», Machiavelli non sa rendere l'equivalente   4 *io mercato* in Terenzio è una frase ellittica «At ego hinc me ad forum»
e Donato dice che è da recitar «vultuose», cioè «con mimica espressività»

SCENA QUARTA

Miside, ancilla

MISIDE   Io ti ho intesa, Archile[1]: tu vuoi che ti sia menata Lesbia Veramente ella è una donna pazza e obliàca[2] e non è sufficiente a levare[3] il fanciullo d'una che
non abbi mai partorito; nondimeno io la merrò. Pone-
te mente la importunità di questa vecchia[1] solo perché
le si inobliacano insieme O Idio! io ti priego che voi[4]
diate facultà a costei di partorire, e a quella vecchia di
fare errore altrove e non in questa. Ma perché veggo io
Panfilo mezzo morto? Io non so quel che sia; io lo
aspetterò per sapere donde nasca ch'egli è cosí turbato.

SCENA QUINTA

Panfilo, Miside.

PANFILO   È questo cosa umana? È questo ofizio d'un padre?
MISIDE   (Che cosa è questa?)
PANFILO   Per la fede di Dio e degli huomini, questa che
è, se la non è iniuria?[1]. Egli ha deliberato da se stesso
di darmi oggi moglie non era egli necessario che io lo

IV   1 *Archile* dovrebbe essere «Archillide» la traduzione di «Archylis»   2
obliàca Mario Martelli sottolinea la validità di questa lezione anche per *M* ,
III, 7, 103 («Sono io obliàco, e non ho beuto ancora oggi ») 3 *levare* far
da levatrice   4 *che voi* nella prima redazione, Machiavelli aveva scritto «O
Idii' io vi prego» di qui la mancata *concordatio*

V   1 *se   iniuria?* se non è un oltraggio? (è la traduzione corretta di «si haec
non contumeliast ?»)

sapessi innanzi? Non era egli di bisogno che me lo avessi comunicato prima?

MISIDE (Misera a me! che parole odo io?)

PANFILO Cremete, il quale aveva denegato[2] di darmi la
sua figliuola, perché s'è egli mutato? Perché vede mutato me? Con quanta ostinatione s'affatica costui per
svegliermi[3] da Glicerio! Per la fede di Dio, se questo
avviene, io morrò in ogni modo. È egli uomo alcuno
che sia tanto sgraziato e infelice quanto io? È egli possibile che io per alcuna via non possa fuggire il parentado di Cremete, in tanti modi schernito e vilipeso[4]? E
non mi giova cosa alcuna[5]! Ecco che io sono rifiutato e
poi ricerco; il che non può nascere da altro, se non che
nutriscono qualche mostro[6], il quale perché non possono gittare adosso ad altri, si volgono a me.

MISIDE (Questo parlare mi fa per la paura morire.)

PANFILO Che dirò io ora di mio padre? Ha[1] doveva egli
fare tanta gran cosa con tanta negligenzia che, passan-
domi egli ora presso in mercato, mi disse: - Tu hai oggi a menar moglie: aparéchiati, vanne a casa. - E proprio parve che e' mi dicessi: - Tira via, vanne ratto[7], e
impíccati! - Io rimasi stupefatto. Pensi tu che io potessi rispondere una parola o fare qualche scusa almeno inetta o falsa? Io ammutolai. Ché, se io l'avessi saputo prima... che arei fatto? Se alcuno me ne domandassi, arei fatto qualche cosa per non fare questo. Ma
ora che debbo io fare? Tanti pensieri m'impediscono e
traggono l'animo mio in diverse parti: l'amore, la misericordia, il pensare a queste nozze[8], la reverenza di

---

2 *aveva denegato* si era decisamente rifiutato (cosí, letteralmente, in Terenzio
«denegarat») 3 *svegliermi* svellermi, strapparmi è la traduzione di «ab-
strahat» 4 *È vilipeso* è proprio questo il nesso in Terenzio «Pro deum atque hominum fidem! Nullon ego Chremeti' pacto adfinitatem effugere pote-
ro? Quot modis contemptu' spretu'!» «In nome degli dei e degli uomini! Non
potrò evitare in nessun modo la parentela con Cremete? In quanti modi sono
disprezzato e schernito!» 5 *E alcuna* anche qui Machiavelli fraintende il
proverbiale «Facta transacta omnia» «Tutto era stato fatto e sistemato» 6
qualche mostro: invece Filomena verrà detta bella e piacente 7 *Tira via, vanne ratto* Tira dritto, e veloce 8 *il pensare a queste nozze* Terenzio è, veramente, piú incisivo «nuptiarum sollicitatio» «la costante preoccupazione delle nozze»

mio padre, il quale umanamente mi ha infino a qui con-
ceduto che io viva a mio modo... Ho io ora a contrap-
pormegli? Heimè! che io sono incerto di quello abbi a
fare!

MISIDE   (Miser'a me! che io non so dove questa incertitudine abbi a condurre costui! Ma ora è necessariissi-
mo o che io riconcilii costui con quella o che io parli di
lei qualche cosa che lo punga⁹. e mentre che l'animo è
dubio, si dura poca fatica a farlo inclinare da questa o
da quella parte.)

PANFILO   Chi parla qui? Dio ti salvi, Miside!

MISIDE   Dio ti salvi, Panfilo!

PANFILO   Che si fa?

MISIDE   Domàndine tu? La muore di dolore¹⁰; e per questo è oggi misera, che la sa come in questo dí sono ordinate le nozze; e però teme che tu non la abbandoni.

PANFILO   Heimè! sono io per fare cotesto? Sopporterò
io che la sia ingannata per mio conto? che mi ha con-
fidato¹¹ l'animo e la vita sua? la quale io prenderei volentieri per mia donna? Sopporterò io che la sua buona educazione, costretta da la povertà, si rimuti?¹². Non
lo farò mai.

MISIDE   Io non ne dubiterei, s'egli stessi solo a te; ma io
temo che tu non possa resistere alla forza che ti farà tuo
padre.

PANFILO   Stimimi tu però sí da poco¹³, sí ingrato, sí inu-
mano, sí fiero, che la consuetudine, lo amore, la vergogna non mi commuova e non mi amunisca ad osser-
varle la fede?

MISIDE   Io so questo solo, che la merita che tu ti ricordi
di lei.

9 *che lo punga* nel testo latino leggiamo «aut de illa aliquid me advorsum hunc
loqui» «o di lei dire a lui qualcosa»   10 *La   dolore* nel latino di Terenzio
«laborat» significa semplicemente «soffre delle doglie» Machiavelli amplia,
ma con scelta felice   11 *confidato* affidato (è il latino «credidit»)   12 *che
si rimuti?* ancora una volta, Terenzio è piú ricco e piú sfumato «Bene et pu-
dice eius doctum atque eductum sinam coactum egestate ingenium inmuta-
rier?» «Lascerei che la sua indole, educata e allevata bene e pudicamente, muti sotto la costrizione della povertà?»   13 *da poco* nella prima redazione, aveva tradotto, ma poi sbarrato «gran poltrone»

PANFILO   Che io me ne ricordi? O Miside, Miside, ancora mi sono scritte nello animo le parole che Crisyde mi disse di Glicerio! Ella era quasi che morta, che la mi chiamò, io me le accostai; voi ve ne andasti, e noi rimanemo soli Ella cominciò a dire – O Panfilo mio, tu vedi la bellezza e la età di costei; né ti è nascoso quanto queste dua cose sieno contrarie e alla onestà e a conservare le cose sua Pertanto io ti priego per questa mano destra, per la tua buona natura e per la tua fede e per la solitudine in la quale rimane costei, che tu non la scacci da te e non l'abandoni Se io t'ho amato come fratello, se costei ti ha stimato sempre sopra tutte le cose; se la ti ha obedito in ogni cosa, io ti do a costei marito, amico, tutore, padre[14]; tutti questi nostri beni io commetto in te e a la tua fede gli raccomando. – E allora mi messe intro le mani lei[15], e di súbito morí[16]· io la presi e manterrolla

MISIDE   Io lo credo certamente.

PANFILO   Ma tu perché ti parti da lei?

MISIDE   Io vo a chiamare la levatrice.

PANFILO   Va' ratta . Odi una parola guarda di non ragionare di nozze, ché al male tu non agiugnessi questo

MISIDE   Io ti ho inteso.

---

14 *io ti do   padre* forse agiva in Terenzio una eco dell'*Iliade*, VI, 429 «Tu padre mio, tu madre, tu fratello tu fiorente marito» (e si veda anche *M* , V, 4)   15 *mi   lei* Terenzio aveva scritto «hanc mi in manum dat» espressione che sta a dire semplicemente «mi affida questa giovane» (che poteva benissimo essere non presente alla scena).   16 *e   morí* piú raffinata e consona al patetismo della rievocazione, la scelta stilistica di Terenzio «mors continuo ipsam occupat»

ATTO SECONDO

SCENA PRIMA

Carino, Birria, Panfilo

CARINO   Che di' tu, Birria? maritasi oggi colei a Panfilo?
BIRRIA   Cosí è.
CARINO   Che ne sai tu?
BIRRIA   Davo, poco fa, me lo ha detto in mercato[1].
CARINO   O misero a me! Come l'animo è stato, innanzi a questo tempo, implicato nella speranza e nel timore, cosí, poi che mi è mancata la speranza, stracco ne' pensieri, è diventato stupido
BIRRIA   Io ti priego, o Carino, quando e' non si può quello che tu vuoi, che tu voglia quello che tu puoi
CARINO   Io non voglio altro che Filomena.
BIRRIA   Ha! quanto sarebbe meglio dare opera che questo amore ti si rimovessi da lo animo, che parlare cose per le quali ti si raccenda[2] piú la voglia
CARINO   Facilmente, quando uno è sano, consiglia bene chi è infermo: se tu fussi nel grado mio[3], tu la intenderesti altrimenti.
BIRRIA   Fa' come ti pare.
CARINO   Ma io veggo Panfilo, io voglio provare ogni cosa prima che io muoia
BIRRIA   (Che vuole fare costui?)
CARINO   Io lo pregherrò, io lo suplicherò, io gli narrerò il mio amore io credo che io impetrerrò ch'egli starà qualche dí a fare le nozze; in questo mezzo spero che qualche cosa fia

I   1 *in mercato* in Terenzio «apud forum» «nel foro», «in piazza»   2 *ti si raccenda* nel testo latino c'è un avverbio in piú «frustra», «invano»   3 *nel grado mio* Terenzio fa dire a Carino «tu si hic sis» «se tu fossi questo qua» Donato postilla «lo dice indicando se stesso, ed è pronome»

BIRRIA   (Cotesto qualche cosa è nonnulla[4].)

CARINO   Che ne pare egli a te, Birria? Vo io a trovarlo?

BIRRIA   Perché no? Se tu non impetri alcuna cosa, che almeno pensi avere uno che sia parato a farlo becco, se la mena

CARINO   Tira via in mala ora con questa tua sospizione, scelerato!

PANFILO   Io veggo Carino Dio ti salvi!

CARINO   O Panfilo, Dio ti aiuti! Io vengo a te domandando salute[5], aiuto e consiglio

PANFILO   Per mia fé, che io non ho né prudenza da consigliarti né facultà da aiutarti Ma che vuoi tu?

CARINO   Tu meni oggi donna?

PANFILO   E' lo dicono

CARINO   Panfilo, se tu fai questo, e' sarà l'ultimo dí che tu mi vedrai.

PANFILO   Perché cotesto?

CARINO   Heimè! che io mi vergogno a dirlo. De! digliene tu, io te ne priego, Birria.

BIRRIA   Io gliene dirò.

PANFILO   Che cosa è?

BIRRIA   Costui ama la tua sposa

PANFILO   (Costui non è della opinione mia) Ma dimmi: hai tu auto a fare con lei altro[6], Carino?

CARINO   Ha! Panfilo, niente

PANFILO   (Qanto l'arei io caro!)

CARINO   Io ti priego, la prima cosa, per l'amicizia e amore nostro, che tu non la meni

PANFILO   Io ne farò ogni cosa

CARINO   Ma se questo non si può e se queste nozze ti sono pure a cuore .

PANFILO   A cuore?

CARINO   . almeno indugia qualche dí, tanto che io ne vada in qualche luogo per non le vedere.

---

4 *Cotesto   è nonnulla* Birria ironizza sulle vane speranze del padroncino   5 *salute* nel testo latino, «salutem» è preceduto da «spem», «speranza»   6 *hai altro* piú sottile e malizioso Terenzio «num quid nam ampliu' tibi cum illa fuit, Charine?» «forse non ci fu qualcosa di piú, Carino, tra te e lei?»

PANFILO Ascoltami un poco· io non credo, Carino, che
sia ofizio d'uno uomo da bene volere essere ringrazia-
to d'una cosa che altri non meriti. io desidero piú di
fuggire queste nozze che tu di farle

CARINO Tu m'hai risucitato.

PANFILO Ora, se tu e qui Birria potete alcuna cosa, fa-
tela, fingete, trovate, concludete, acciò che la ti sia data; e io farò ogni opera perché la mi sia tolta

CARINO E' mi basta.

PANFILO Io veggo appunto Davo, nel consiglio del quale io mi confido.

CARINO E anche tu[7], per mia fé, non mi rechi mai innanzi
cose, se non quelle che non bisogna saperle. Vatti con
Dio, in mala ora[8]!

BIRRIA Molto volentieri.

SCENA SECONDA

Davo, Carino, Panfilo

DAVO (O Idio, che buone novelle porto io[1]! Ma dove troverrò io Panfilo per liberarlo da quella paura nella quale ora si truova e riempiergli l'animo d'alegrezza?)

CARINO Egli è allegro, né so perché.

PANFILO Niente è; ei non sa ancora il mio male.

DAVO (Che animo credo io che sia il suo, s'egli ha udito
di avere a menar moglie?)

CARINO Odi tu quello che dice?

DAVO (Di fatto[2] mi correrebbe dietro tutto fuora di sé.
Ma dove ne cercherò io o dove andrò?)

7 *E anche tu*: nel latino leggiamo «At tu» «Ma tu (piuttosto)»   8 *Vatti
ora* Terenzio scrive «Fugin hinc?» «Ti togli da costi?»

II.   1. *O Idio . io* Terenzio gioca sulla paronomasia «Di boni, boni quid
porto!»· «Buoni dei, che buona notizia porto!» Machiavelli ricorre invece
alla rima   2 *Di fatto*. Terenzio è piú ricco «Toto . oppido». «Per tutta la
città»

CARINO   Che non parli?

DAVO   (Io so dove io voglio ire.)

PANFILO   Davo, se' tu qui? Férmati[1]

DAVO   Chi è che mi chiama? O Panfilo, io ti cercavo! o Carino[3]! voi sete apunto insieme: io vi volevo tutti a dua.

PANFILO   O Davo, io sono morto!

DAVO   Che? De! stammi più tosto ad udire.

PANFILO   Io sono spacciato

DAVO   Io so di quello che tu hai paura

CARINO   La mia vita, per mia fé, è in dubio

DAVO   E anche tu so quello vuoi.

PANFILO   Io ho a menar moglie

DAVO   Io me lo so[4]

PANFILO   Oggi.

DAVO   Tu mi togli la testa[5]; perché io so che tu hai paura di averla a menare, e tu ch'e' non la meni

CARINO   Tu sai la cosa.

PANFILO   Cotesto è proprio

DAVO   E in questo non è alcun periculo: guardami in viso.

PANFILO   Io ti priego che, il più presto puoi, mi liberi da questa paura.

DAVO   Ecco che io ti libero: Cremete non te la vuole dare.

PANFILO   Che ne sai tu?

DAVO   Sòllo. Tuo padre, poco fa, mi prese e mi disse che ti voleva dare donna oggi, e molte altre cose che non è ora tempo a dirle. Di fatto, io corsi in mercato per dirtelo, e, non ti trovando quivi, me n'andai in uno luogo alto[6] e guardai atorno, né ti vidi. Ma a caso trovai Birria di costui, domanda'lo di te, risposemi non ti avere veduto: il che mi fu molesto, e pensai quello che fare dovevo In questo mezzo, ritornandomi io a casa, mi nacque della cosa in sé[7] qualche sospizione, perché io

---

3 *O Carino* c'è nel testo di Terenzio un «Eugae» «Bene»   4 *Io so* Terenzio fa dire a Davo, lievemente impazientito «Etsi scio?» Anche se lo so (vai avanti)?»   5 *Tu testa* in Terenzio leggiamo «Obtundis» «Mi rompi la testa»   6 *in uno luogo alto* Terenzio ironizza sul tono enfatico delle parole del servo («in quendam excelsum locum») Machiavelli sembra non cogliere la ridondanza «comica» dell'espressione   7 *della cosa in sé* meglio traduceva Machiavelli nella prima redazione «ex ipsa re» volto in «da la cosa in sé»

vidi comperate poche cose, ed esso stare maninconoso;
e súbito dissi fra me· – Queste nozze non mi riscontrono[8]

PANFILO   A che fine di' tu cotesto?

DAVO   Io me n'andai súbito a casa Cremete, e trovai davanti a l'uscio una solitudine grande, di che io mi ral-
legrai.

CARINO   Tu di' bene.

PANFILO   Séguita.

DAVO   Io mi fermai quivi, e non vidi mai entrare né uscire persona[9], io entrai drento, riguardai[10]: quivi non era
alcuno aparato né alcuno tumulto

PANFILO   Cotesto è uno gran segno.

DAVO   Queste cose non[11] riscontrono con le nozze.

PANFILO   Non pare a me.

DAVO   Di' tu che non ti pare? La cosa è certa[12]. Oltre a
di questo[13], io trovai uno servo di Cremete, che aveva
comperato certe erbe e uno grosso di pesciolini per la
cena del vecchio

CARINO   Io sono oggi contento[14], mediante l'opera tua

DAVO   Io non dico già cosí io

CARINO   Perché? Non è egli certo che non gliene vuol
dare?

DAVO   Uccellaccio![15]. Come se fussi necessario, non la
dando a costui, che la dia a te! E' bisogna che tu ti af-
fatichi, che tu vadia a pregare gl'amici del vecchio e che
tu non ti stia.

---

8 *perché nscontrono* in Terenzio leggiamo «hem! paullulum opsoni, ipsu'
tristis, de inproviso nuptiae non cohaerent» «ma! poco companatico, lui stesso triste, le nozze in fretta e furia le cose non quadrano» Machiavelli ha tradotto un poco in fretta e fuso il terzo e quarto membro della frase   9 *persona* Machiavelli omette di tradurre «matronam nullam in aedibus». «(non vedo) nessuna matrona in casa» Le matrone erano le accompagnatrici ufficiali
delle spose   10 *entrai drento, riguardai* il testo latino è diverso «accessi, intro aspexi» «entrai, dentro guardai»   11 *non* in Terenzio si legge «num»,
«forse», e la frase è un'interrogativa   12. *La cosa è certa*. Machiavelli omette
di tradurre «Non recte accipis» «Non hai capito bene»   13 *Oltre a di questo* ancora una omissione di Machiavelli «inde abiens», «andandomene di
là»   14 *contento* Terenzio scrive «Liberatu' sum», e Machiavelli nella prima redazione traduceva «Io sono oggi libero»   15 *Uccellaccio!* l'originale
suona «Ridiculum caput» Cosí anche in *M*, II, 4

CARINO   Tu mi amunisci bene io andrò, benché, per mia
fé, questa speranza m'abbi ingannato spesso[16]. A Dio!

SCENA TERZA

Panfilo, Davo.

PANFILO   Che vuole adunque mio padre? Perché finge?
DAVO   Io tel dirò. se egli t'incolpassi ora che Cremete non
te la vuole dare, egli si adirerebbe teco a torto[1], non
avendo prima inteso che animo sia il tuo circa le noz-
ze. Ma se tu negassi, tutta la colpa sarà tua: e allora an-
drà sottosopra ogni cosa.
PANFILO   Io sono per sopportare ogni male.
DAVO   O Panfilo, egli è tuo padre ed è difficile opporse-
gli Dipoi, questa donna è sola: e' troverrà dal detto al
fatto qualche cagione per la quale e' la farà mandar via[2]
PANFILO   Che la mandi via?
DAVO   Presto.
PANFILO   Dimmi adunque quello che tu vuoi che io faccia
DAVO   Di' di volerla menare
PANFILO   Heimè!
DAVO   Che cosa è?
PANFILO   Che io lo dica.
DAVO   Perché no?
PANFILO   Io non lo farò mai[1]
DAVO   Non lo negare
PANFILO   Non mi dare ad intender questo
DAVO   Vedi di questo quello che ne nascerà.

---

16 *andrò... spesso* ci andrò, anche se, per la verità, sono stato spesso deluso da
questo tipo di speranza

III   1 *egli   torto* Terenzio è piú sottile nel gioco di parole «Ipsu' sibi esse
iniuriu' videatur, neque id iniuria» «gli sembrerebbe di essere ingiusto, e non
ingiustamente»   2 *mandar via* nel testo latino, con maggior concretezza «ei-
ciat oppido», «la scacci dalla città»

PANFILO   Che io lasci quella e pigli questa!

DAVO   E' non è cosí, perché tuo padre dirà in questo mo-
do· – Io voglio che tu meni oggi donna –. Tu rispon-
derai· – Io sono contento –. Dimmi: quale cagione arà
egli d'adirarsi teco? E tutti i suoi certi consigli gli tor-
neranno sanza periculo incerti: perché, questo è sanza
dubio, che Cremete non ti vuole dare la figliuola: né tu
per questa cagione ti rimuterai di non fare quel che tu
fai, acciò che quello non muti la sua opinione. Di' a tuo
padre di volerla, acciò che, volendosi adirare teco, ragionevolmente non possa. E facilmente si confuta quello che tu temi, perché nessuno darà mai moglie a cotesti costumi· ei la darà piú tosto ad uno povero³. E farai
ancora tuo padre negligente a darti moglie, quando ei
vegga che tu sia parato a pigliarla; e a bell'agio cercherà
d'un'altra· in questo mezzo qualcosa nascerà di bene.

PANFILO   Credi tu che la cosa proceda cosí?

DAVO   Sanza dubio alcuno.

PANFILO   Vedi dove tu mi metti.

DAVO   De'! sta' cheto.

PANFILO   Io lo dirò; ei bisogna guardarsi che non sappia
che io abbi uno fanciullo di lei, perché io ho promesso
d'alevarlo⁴.

DAVO   O audacia temeraria!

PANFILO   La volle che io gli dessi la fede, ché sapeva che
io ero per osservarliene.

DAVO   E' vi si arà avvertenza⁵. Ma ecco tuo padre: guarda che non ti vegga maninconoso.

PANFILO   Io lo farò.

---

3 *E facilmente .. povero* Terenzio aveva scritto «Nam quod tu speres "pro-
pulsabo facile uxorem his moribus; dabit nemo" inveniet inopem potiu' quam
te corrumpi sinat» «Infatti, nel caso tu sperassi – con la mia condotta eviterò
con facilità di prendere moglie, nessuno me la darà – tuo padre te ne troverebbe una senza dote piuttosto che lasciarti andare cosí a male» Machiavelli
ha davvero frainteso e raccorciato, senza grande logica, il passo   4 *d'alevar-
lo* la promessa di Panfilo è piuttosto quella di riconoscerlo («nam pollicitus sum
suscepturum»)   5 *E' avvertenza* ci staremo attenti

SCENA QUARTA

Simo, Davo, Panfilo

SIMO   (Io ritorno a vedere quel che fanno o che partiti
pigliano.)
DAVO   Costui non dubita che Panfilo neghi di menarla,
e ne viene pensativo di qualche luogo solitario[1], e spera avere trovata la cagione di farti ingiuria[2]; pertanto
fa' di stare in cervello.
PANFILO   Pure che io possa, Davo.
DAVO   Credimi questo, Panfilo, che non farà una parola
sola, se tu di' di menarla.

SCENA QUINTA

Birria, Simo, Davo, Panfilo.

BIRRIA   (Il padrone mi ha imposto, che, lasciata ogni altra cosa, vadi osservando Panfilo, per intendere quello che fa di queste nozze, per questo io l'ho seguitato,
e veggo ch'egli è con Davo: io ho un tratto a fare questa faccenda[1].)
SIMO   (E' sono qua l'uno e l'altro)
DAVO   Abbi l'occhio!
SIMO   O Panfilo!

IV   1 *ne viene . solitario* qui Machiavelli traduce con grande efficacia il latino «Venit meditatus alicunde ex solo loco»   2 *di farti ingiuria* Terenzio ha
scritto «qui differat te», «che ti ingarbugli»

V   1 *io   faccenda* piú sintetico ed efficace il testo latino «hoc agam» «mi
metto all'opera»

DAVO   Vòltati ad lui quasi che allo improviso.

PANFILO   O padre¹

DAVO   (Bene.)

SIMO   Io voglio che tu meni oggi donna, come io ti ho detto.

BIRRIA   (Io temo ora del caso nostro, secondo che costui risponde.)

PANFILO   Né in questo né in altro mai sono per mancare² in alcuna cosa.

BIRRIA   (Heimè¹)

DAVO   (Egli è ammutolato.)

BIRRIA   (Che ha egli detto?)

SIMO   Tu fai quello debbi quando io impetro amorevolmente da te quel che io voglio.

DAVO   (Ho io detto il vero?)

BIRRIA   (Il padrone, secondo che io intendo, farà sanza moglie.)

SIMO   Vattene ora in casa, acciò che, quando bisogna, che tu sia presto

PANFILO   Io vo.

BIRRIA   (È egli possibile che in negli uomini non sia fede alcuna? Vero è quel proverbio che dice che ognuno vuole meglio a sé che ad altri. Io ho veduta quella fanciulla e, se bene mi ricordo, è bella; per la quale cosa io voglio men male a Panfilo, s'egli ha piú tosto voluto abracciare lei che il mio padrone. Io gliene andrò a dire, acciò che per questa mala novella mi dia qualche male³.)

---

2 *mancare* «Neque erit usquam in me mora» Cosí scrive Terenzio cioè, «non ci sarà mai in me indugio». 3 *acciò che... male* nel testo terenziano si legge «pro hoc malo mihi det malum» «per ricevere da questa cattiva notizia una qualche brutta punizione» (*malum* è la punizione corporale dello schiavo) Machiavelli non coglie, o comunque non vuole rendere, il doppio senso

SCENA SESTA

Simo, Davo.

DAVO (Costui crede ora che io gli porti qualche inganno
e per questa cagione sia rimaso qui.)

SIMO Che dice Davo?

DAVO Niente veramente.

SIMO Niente, he?

DAVO Niente, per mia fé!

SIMO Veramente io aspettavo qualche cosa

DAVO (Io mi avveggo che questo gli è intervenuto fuori
d'ogni sua opinione Egli è rimaso preso[1].)

SIMO È egli possibile che tu mi dica il vero?

DAVO Niente è piú facile.

SIMO Queste nozze sono a costui punto moleste per la
consuetudine che lui ha con questa forestiera?

DAVO Niente, per Dio; e, se fia, sarà uno pensiero che
durerà dua o tre dí, tu sai? perch'egli ha preso questa
cosa per il verso[2].

SIMO Io lo lodo

DAVO Mentre che gli fu lecito e mentre che la età lo patí,
egli amò, e allora lo fece di nascosto, perché quella cosa non gli dessi carico, come debbe fare uno giovane da
bene; ora ch'egli è tempo di menar moglie, egli ha diritto[3] l'animo alla moglie.

SIMO E' mi parve pure alquanto maninconoso

DAVO Non è per questa cagione; ma ei ti accusa bene in
qualche cosa

SIMO Che cosa è?

DAVO Niente.

VI. 1. *Egli è rimaso preso* Machiavelli probabilmente non ha ben compreso e
traduce in modo poco chiaro «Hoc male habet virum», scrive Terenzio, cioè
«tutto questo non va a genio all'amico» 2 *perch'egli verso* Terenzio veramente aveva scritto «deinde desinet» «poi passa» 3 *ha diritto* nella prima
redazione, Machiavelli aveva scritto «ha volto»

SIMO Che domine è?

DAVO Una cosa da giovani[4]

SIMO Orsú, dimmi· che cosa è?

DAVO Dice che tu usi troppa miseria in queste nozze.

SIMO Io?

DAVO Tu. Dice che a fatica hai speso dieci ducati: e' non pare che tu dia moglie ad uno tuo figliuolo. Ei non sa chi si menare de' sua compagni a cena. E, a dire il vero, che tu te ne governi cosí miseramente, io non ti lodo.

SIMO Sta' cheto,

DAVO (Io l'ho aizzato.)

SIMO Io provedrò che tutto andrà bene (Che cosa è questa? Che ha voluto dire questo ribaldo[5]? E se ci è male alcuno, heimè, che questo tristo ne è guida.)

---

4 *Che cosa   giovani* In questa sequenza di quattro battute, la prima e seconda battuta della versione sono invertite di posizione rispetto alla terza e quarta del testo latino   5 *ribaldo* bellissimo il «veterator» di Terenzio «vecchio in astuzia, vecchia volpe»

ATTO TERZO

SCENA PRIMA

Miside, Simo, Lesbia, Davo, Glicerio

MISIDE   Per mia fé, Lesbia, che la cosa va come tu hai
detto e' non si truova quasi mai veruno uomo che sia
fedele ad una donna

SIMO   (Questa fantesca è da Andro[1] che dice ella?

DAVO   Cosí è.)

MISIDE   Ma questo Panfilo. .

SIMO   (Che dice ella?)

MISIDE   ...l'ha dato la fede...

SIMO   (Heimè!)

DAVO   (Dio volessi che o costui diventassi sordo o colei
mutola!)

MISIDE   ...perché gli ha comandato che quel che la farà
s'allievi[2].

SIMO   (O Giove, che odo io? La cosa è spacciata, se costei dice il vero!)

LESBIA   Tu mi narri[3] una buona natura di giovane.

MISIDE   Ottima, ma vienmi dreto, acciò che tu sia a tempo, se l'avessi bisogno di te

LESBIA   Io vengo.

DAVO   (Che remedio troverrò io ora ad questo male?)

SIMO   (Che cosa è questa? è egli sí pazzo che d'una forestiera   già io so .) Ha! sciocco! io me ne sono avveduto!

---

1 1. *da Andro* Terenzio aveva scritto «ab Andriast», «è della fanciulla d'Andro» Machiavelli traduce sbagliando   2 *che s'allievi* che quel bimbo (o
bimba) che verrà da lei partorito, venga allevato (dopo che l'avrà riconosciuto) queste due azioni stanno in latino in un solo verbo, *tollere*, che indicava
l'atto mediante il quale il padre, sollevando il neonato, ammetteva di riconoscerlo   3 *mi narri* è il latino «narras» «mi stai descrivendo» (nella prima redazione «mi ragioni»)

DAVO   (Di che dice costui essersi aveduto?)

SIMO   (Questo è il primo inganno che costui mi fa. ci fanno vista⁴ che colei partorisca per sbigottire Cremete.)

GLICERIO   O Giunone, aiutami, io mi ti raccomando!

SIMO   Bembè⁵, sí presto? Cosa da ridere. Poi che la mi ha veduto stare innanzi all'uscio, ella sollecita⁶. O Davo, tu non hai bene compartiti questi tempi!

DAVO   Io?

SIMO   Tu ti ricordi del tuo discepolo?

DAVO   Io non so quello che tu di'.

SIMO   (Come mi uccellerebbe costui, se queste nozze fussino vere e avessimi trovato impreparato! Ma ora ogni cosa si fa con periculo suo: io sono al sicuro.)

SCENA SECONDA

Lesbia, Simo, Davo.

LESBIA   Infino a qui, o Archile, in costei si veggono tutti buoni segni. Fa' lavare queste cose¹, dipoi gli date bere quanto vi ordinai e non piú punto che io vi dissi. E io di qui ad un poco darò volta di qua. (Per mia fé, che gli è nato a Panfilo uno gentil figliuolo! Dio lo facci sano, sendo egli di sí buona natura che si vergogni di abbandonare questa fanciulla.)

SIMO   E chi non crederrebbe, che ti conoscessi, che ancor questo fussi ordinato da te?

DAVO   Che cosa è?

4 *fanno vista* fanno finta, fingono, traduzione corretta del terenziano «simulant»   5 *Bembè* l'esclamazione è cara al Machiavelli. La usa anche in *M.*, III, 12, 109 («Bembè, voi sete guarito del sordo?»), e *Clizia*, III, 4, 169 («Bembè, tu mi riesci!»)   6 *ella sollecita* essa si affretta (sott. a partorire) Terenzio scrive «adproperat»

II.   1. *fa' cose.* veramente Terenzio è piú preciso «fac ista ut lavet», «fa' che costei (la puerpera) si lavi»

SIMO Perché non ordinava ella in casa quello che era di bisogno alla donna di parto²? Ma, poi che la è uscita fuora, la grida della via³ a quegli che sono drento! O Davo, tieni tu sí poco conto di me, o paioti io atto ad essere ingannato sí apertamente? Fa' le cose almeno in modo che paia che tu abbia paura di me, quando io lo risapessi!

DAVO (Veramente costui s'inganna da sé, non lo inganno io)

SIMO Non te lo ho io detto? Non ti ho io minacciato che tu non lo faccia? Che⁴ giova? Credi tu ch'io ti creda che costei abbi partorito di Panfilo?

DAVO (Io so dove ei s'inganna, e so quel ch'io ho a fare.)

SIMO Perché non rispondi?

DAVO Che vuoi tu credere? Come se non ti fussi stato ridetto ogni cosa

SIMO A me?

DAVO He! ho! Ha' ti tu inteso da te che questa è una finzione?

SIMO Io sono uccellato⁵!

DAVO E' ti è stato ridetto: come ti sarebbe entrato questo sospetto?

SIMO Perch'io ti conoscevo.

DAVO Quasi che tu dica che questo è fatto per mio consiglio

SIMO Io ne sono certo

DAVO O Simone, tu non conosci bene chi io sono.

SIMO Io non ti conosco?

DAVO Ma come io ti comincio a parlare, tu credi che io t'inganni

SIMO Bugie⁶

DAVO …in modo che io non ho piú ardire d'aprire la bocca

2 *alla parto* alla partoriente in latino «puerperae» 3 *della via* dalla via Simo è perplesso per le esibizioni di Lesbia, che gli paiono «false» 4 *Che* Machiavelli tralascia qui di tradurre «Num veritu's?» «E tu forse te ne sei preoccupato?» 5 *Io sono uccellato* in Terenzio la battuta suona «Inrideor» «vengo schernito» 6 *Bugie* nel testo latino «Falso!»

SIMO   Io so una volta[7] questo, che qui non ha partorito persona[8]

DAVO   Tu la intendi; ma di qui a poco questo fanciullo ti sarà portato innanzi all'uscio; io te ne avvertisco, acciò che tu lo sappia e che tu non dica poi che sia fatto per consiglio di Davo, perché io vorrei che si rimovessi da te questa opinione che tu hai di me.

SIMO   Donde sai tu questo?

DAVO   Io l'ho udito e credolo

SIMO   Molte cose concorrono per le quali io fo questa coniettura: in prima, costei disse essere gravida di Panfilo, e non fu vero; ora poi che la vede aparecchiarsi le nozze, ella mandò per la levatrice, che venissi ad lei e portassi seco uno fanciullo[9].

DAVO   Se non accadeva che tu vedessi il fanciullo, queste nozze di Panfilo non si sarebbono sturbate.

SIMO   Che di' tu? Quando tu intendesti che si aveva ad pigliare questo partito, perché non me lo dicesti tu?[10].

DAVO   Chi l'ha rimosso da lei, se non io? Perché, non sa ognuno quanto grandemente colui l'amava? Ora egli è bene che tolga moglie: però mi darai questa faccenda[11] e tu nondimeno séguita di fare le nozze. E io ci ho buona speranza, mediante la grazia di Dio.

SIMO   Vanne in casa, e quivi mi aspetta e ordina quello che fa bisogno. – Costui non mi ha al tutto constretto a credergli, e non so s'egli è vero ciò che mi dice: ma lo stimo poco, perché questa è la importanza, che 'l mio figliuolo me lo ha promesso. Ora io troverrò Cremete e lo pregherrò che gliene dia. se io lo impetro, che voglio io altro, se non che oggi si faccino queste nozze?

7 *una volta* una volta per tutte in Terenzio «Hoc ego scio unum»   8 *persona* nessuno   9 *Molte cose concorrono ... fanciullo* nel testo di Terenzio, è Davo che pronuncia questa battuta il Machiavelli (che in questo si appoggiava ad una parte della tradizione del testo) dà invece la parola a Simo   10 *perché tu?* qui Machiavelli sbaglia Nel testo di Terenzio si legge «quor non dixti extemplo Pamphilo?» «perché non lo hai fatto sapere subito a Panfilo?»   11 *mi ... faccenda* cioè, mi darai da sistemare questa faccenda. Terenzio è molto più netto e conclusivo: «Postremo id mihi da negoti» «Per finirla, lascia quest'affare a me»

ATTO TERZO   33

Perché, a quello che 'l mio figliuolo mi ha promesso, e'
non è dubio ch'io lo potrò forzare, quando ei non volessi. E apunto a tempo ecco Cremete.

SCENA TERZA

Simo, Cremete.

SIMO   A! quel Cremete!
CREMETE   O! io ti cercavo.
SIMO   E io te
CREMETE   Io ti desideravo¹ perché molti mi hanno trovato e detto avere inteso da piú persone² come oggi io
do la mia figliuola al tuo figliuolo: io vengo per sapere
se tu o loro impazzano³.
SIMO   Odi un poco e saprai per quel che io ti voglio e
quello che tu cerchi
CREMETE   Di' ciò che tu vuoi.
SIMO   Per Dio io ti prego, o Cremete, e per la nostra amicizia, la quale, cominciata da piccoli, insieme con la età
crebbe; per la unica tua figliuola e mio figliuolo, la salute del quale è nella tua potestà, che tu mi aiuti in questa cosa e che quelle nozze, che si dovevono fare, si faccino.
CREMETE   Ha! non mi pregare, come se ti bisogni prieghi quando tu vogli da me alcun piacere Credi tu che
io sia d'altra fatta⁴ che io mi sia stato per lo adietro,
quando io te la davo? S'egli è bene per l'una parte e
per l'altra, facciamole; ma se di questa cosa a l'uno e
l'altro di noi ne nascessi piú male che commodo, io ti

III   1 *Io desideravo* è Simo che dice a Cremete, nel testo di Terenzio «Op-
tato advenis» «Arrivi desiderato»   2 *da piú persone* in Terenzio, «ex te»·
«da te» questi «molti» riferiscono a Cremete una voce udita da Simo stesso   3 *impazzano* sono impazziti è la traduzione letterale del latino «insa-
niant»   4 *che fatta* che io sia mutato Molto limpido Terenzio «Alium esse censes»

priego che tu abbi riguardo al comune bene, come se quella fussi tua, e io padre di Panfilo.

SIMO   Io non voglio altrimenti, e cosí cerco che si facci, o Cremete, né te ne richiederei, se la cosa non fussi in termine da farlo[5].

CREMETE   Che è nato?

SIMO   Glicerio e Panfilo sono adirati insieme.

CREMETE   Intendo.

SIMO   E di qualità che io credo che non se ne abbi a fare pace.

CREMETE   Favole!

SIMO   Certo la cosa è cosí

CREMETE   E' fia come io ti dirò[6], che l'ire degli amanti sono una reintegrazione d'amore.

SIMO   De! io ti priego che noi avanziano tempo in dargli moglie mentre che ci è dato questo tempo[7], mentre che la sua libidine è ristucca[8] da le iniurie, innanzi che ... loro e le lacrime piene d'inganno riduchino l'animo infermo a misericordia; perché spero, come e' fia legato da la consuetudine e dal matrimonio, facilmente si libererà da tanti mali

CREMETE   E' pare a te cosí, ma io credo che non potrà[9] lungamente patire me né lei.

SIMO   Che ne sai tu, se tu non ne fai esperienza?

CREMETE   Farne esperienza in una sua[10] figliuola, è pazzia

SIMO   In fine tutto il male che ne può risultare è questo. se non si corregge, che Dio guardi!, che si facci il divorzio; ma, se si corregge, guarda quanti beni[11]. in prima tu restituirai ad uno tuo amico uno figliuolo[12], tu arai uno genero fermo e la tua figliuola marito.

---

5 in farlo· in condizioni propizie Terenzio veramente scrive «ni ipsa res moneat» «se la cosa stessa non me lo suggerisse»   6 E' dirò Andrà a finire come ti dico io cioè, si riappacificheranno   7 mentre... tempo finché godiamo di quest'occasione favorevole È traduzione piatta di «dum tempus datur»   8 ristucca: rintuzzata sino ad essere placata Machiavelli rende felicemente «occlusast»   9 non potrà il soggetto sottinteso è Panfilo   10 in una sua nella propria In Terenzio, a rendere ancor piú evidente il timor paterno, si legge semplicemente «in filia»   11 guarda quanti beni rifletti a quanti vantaggi   12 restituirai figliuolo «restituirai» nel senso di «restituirai all'affetto» (Machiavelli traduce, per altro, fedelmente Terenzio)

CREMETE   Che bisogna altro? Se tu ti se' persuaso che
     questo sia utile, io non voglio che per me si guasti al-
     cuno tuo commodo.
SIMO   Io ti ho meritamente sempre amato assai.
CREMETE   Ma dimmi..
SIMO   Che?
CREMETE   Onde sai tu ch'egli è infra loro inimicizia?
SIMO   Davo me lo ha detto, che è il primo loro consi-
     gliere; ed egli mi persuade che io faccia queste nozze il
     piú presto posso. Credi tu che lo facessi, se non sapes-
     si che 'l mio figliuolo volessi? Io voglio che tu stessi[13]
     oda le sua parole proprie Olà, chiamate qua Davo! Ma
     eccolo che viene fuora

SCENA QUARTA

Davo, Simo, Cremete.

DAVO   Io venivo a trovarti.
SIMO   Che cosa è?
DAVO   Perché non mandate per la sposa? E' si fa sera.
SIMO   Odi tu quel che dice? – Per lo adietro io ho dubi-
     tato assai, o Davo, che tu non facessi quel medesimo
     che suole fare la maggiore parte de' servi, d'ingannar-
     mi per cagione del mio figliuolo.
DAVO   Che io facessi cotesto?
SIMO   Io lo credetti, e in modo ne ebbi paura, che io vi
     ho tenuto segreto quello che ora vi dirò.
DAVO   Che cosa è?
SIMO   Tu lo saprai, perché io comincio a prestarti fede
DAVO   Quanto tu hai penato a conoscere chi io sono!
SIMO   Queste nozze non erano da dovero[1]

---

13 *tu stessi* tu stesso è il latino «tute»

IV.   1. *Queste ..dovero* Queste nozze non erano vere. Terenzio scrive, per la verità «Non fuerant nuptiae futurae» «Queste nozze non erano per realizzarsi»

DAVO   Perché no?

SIMO   Ma io le finsi per tentarvi.

DAVO   Che di' tu?

SIMO   Cosí sta la cosa

DAVO   Vedi tu! mai me ne arei saputo avedere. U! Ha!, che consiglio astuto!

SIMO   Odi questo· poi che io ti feci entrare in casa, io riscontrai a tempo costui.

DAVO   (Heimè! noi siam morti)

SIMO   Di'² a costui quello che tu dicesti a me.

DAVO   (Che odo io?)

SIMO   Io l'ho pregato che ci dia la sua figliuola e con fatica l'ho ottenuto.

DAVO   (Io son morto.)

SIMO   Hem? che hai tu detto?

DAVO   Ho detto ch'egli è molto bene fatto

SIMO   Ora per costui non resta.

CREMETE   Io me n'andrò a casa e dirò che si preparino, e, se bisognerà cosa alcuna, lo farò intendere a costui.

SIMO   Ora io ti prego, Davo, perché tu solo mi hai fatte queste nozze...

DAVO   Io veramente solo.

SIMO   . sfòrzati di correggere questo mio figliuolo.

DAVO   Io lo farò sanza dubio alcuno.

SIMO   Tu puoi ora, mentre ch'egli è adirato.

DAVO   Sta' di buona voglia.

SIMO   Dimmi, dove è egli ora?

DAVO   Io mi maraviglio se non è in casa

SIMO   Io l'andrò a trovare e dirò a lui quel medesimo che io ho detto a te.

DAVO   Io sono diventato pichino³. Che cosa terrà⁴ che io non sia per la piú corta mandato a zappare? Io non ho speranza che i prieghi mi vaglino. io ho mandato sottosopra ogni cosa; io ho ingannato il padrone e ho

---

2 *Di'*· dissi (traduce il terenziano «Narro») 3 *Io pichino pichino* vale *piccino*, in forma piú familiare Nella prima redazione «sono *spacciato* [sbarrato] diventato nonnulla» Il latino è «Nullu' sum» «Sono annientato» 4 *Che terrà* è un errore di scrittura per *torrà* In latino «Quid causaest quin »

fatto⁵ che oggi queste nozze si faranno, voglia Panfilo
o no⁶. O astuzia! Che se io mi fussi stato da parte, non
ne sarebbe risultato male alcuno. Ma ecco, io lo veggo. Io sono spacciato! Dio volessi che fussi qui qualche balza dove io a fiaccacollo mi potessi gittare!

SCENA QUINTA

Panfilo, Davo

PANFILO Dove è quello scelerato che mi ha morto?
DAVO (Io sto male.)
PANFILO Ma io confesso essermi questo intervenuto ragionevolmente, quando io sono sí pazzo e sí da poco
che io commetto e casi mia in sí disutile servo¹! Io ne
porto le pene giustamente; ma io ne lo pagherò² in ogni
modo.
DAVO (Se io fuggo ora questo male, io so che poi tu non
me ne pagherai.)
PANFILO Che dirò io ora a mio padre? Negherogli io
quello che io gli ho promesso? Con che confidenza ar-
dirò io di farlo? Io non so io stesso quello che mi fare
di me medesimo.
DAVO (Né anch'io di me, ma io penso di dire di avere
trovato qualche bel tratto³, per differire questo male.)
PANFILO Ohè!
DAVO (E' mi ha veduto.)

5 e ho fatto· Machiavelli omette di tradurre la frase «in nuptias conieci erilem filium» «ho accalappiato con le nozze il padroncino» 6 voglia no Machiavelli semplifica, mentre Terenzio è piú sottile «insperante hoc atque invito Pamphilo» «al di là delle speranze di costui e contro il volere di Panfilo»

v 1 commetto . servo affido i casi miei ad un servo cosí imbelle Ma in Terenzio l'aggettivo è «futtili», «chiacchierone» Futilis deriva da fundere, versare e, per traslato, non saper conservare nessun segreto 2 ne pagherò gliela farò pagare. 3 qualche tratto qualche bella trovata Machiavelli è piú inventivo dell'originale, che propone un semplice «aliquid»

PANFILO   Olà, uom da bene, che fai? Vedi tu come tu
m'hai aviluppato co' tuoi consigli?

DAVO   Io ti svilupperò.

PANFILO   Sviluppera'mi?[4]

DAVO   Sí veramente, Panfilo!

PANFILO   Come ora?

DAVO   Spero pure di fare meglio.

PANFILO   Vuoi tu che io ti creda, impiccato[5], che tu ras-
setti una cosa aviluppata e perduta? O! di chi mi sono
io fidato, che d'uno stato tranquillo m'hai rovesciato
adosso queste nozze. Ma non ti dissi io che m'inter-
verrebbe questo?

DAVO   Sí, dicesti.

PANFILO   Che ti si verrebbe egli?[6].

DAVO   Le forche! Ma lasciami un poco poco ritornare in
me: io penserò a qualcosa.

PANFILO   Heimè! perché non ho io spazio[7] a pigliare di
te quel suplizio che io vorrei? Perché questo tempo richiede che io pensi a' casi mia e non a vendicarmi.

---

4 *Sviluppera'mi?* Mi toglierai d'impaccio? È la traduzione del latino «Expe-
dies?»   5 *impiccato* degno d'essere impiccato. In Terenzio il corrisponden-
te è «furcifer»   6 *Che   egli?*. Che cosa ti dovrebbe toccare? È la traduzione di «Quid meritu's»   7 *spazio* tempo e modo (Machiavelli traduce, un po'
troppo letteralmente, lo *spatium* di Terenzio)

ATTO QUARTO

SCENA PRIMA

Carino, Panfilo, Davo.

CARINO (È ella cosa degna di memoria o credibile che sia
tanta pazzia nata in alcuno che si rallegri del male d'altri e degli incommodi d'altri cerchi[1] i commodi suoi?
Ah! non è questo vero? E quella sorte d'huomini è pes-
sima, che si vergognano negare una cosa quando sono
richiesti; poi, quando ne viene il tempo, forzati da la
necessità, si scuoprono[2] e temono e pure la cosa gli sforza a negare. Et allora usano parole sfacciate: – Chi se'
tu? Che hai tu a fare meco? Perché ti ho io a dare le
mia cose? Odi tu io ho a volere meglio a me![3]. – E se
tu gli domandi· dove è la fede[4]? – e' non si vergogno-
no di niente; e prima, quando non bisognava, si vergo-
gnorno Ma che farò io? Androllo io a trovare per dolermi seco di questa ingiuria? Io gli dirò villania E se
un mi dicessi· – Tu non farai nulla! – io gli darò pure
questa molestia e sfogherò l'animo mio.)
PANFILO Carino, io ho rovinato imprudentemente te e
me, se Dio non ci provede
CARINO Cosí, «imprudentemente»? Egli ha trovata la
scusa! Tu m'hai osservata la fede!
PANFILO O perché?
CARINO Credimi tu ancora ingannare con queste tua parole?

1 1. *cerchi* cerchi di trarre, di far nascere 2 *si scuoprono* si svelano per
quello che sono È la traduzione letterale di «se aperiunt». 3. *io ho... a me!*.
è a me, semmai, che devo usare dei riguardi! Machiavelli non ha saputo rendere la pregnanza della felice espressione terenziana. «Heus proxumus sum ego-
met mihi» «Il mio primo prossimo sono io stesso». 4 *E la fede* in Terenzio, c'è un inserto di discorso diretto «At tamen – ubi fides? – si roges»

PANFILO   Che cosa è cotesta?

CARINO   Poi che io dissi d'amarla, ella ti è piaciuta. De! misero a me, che io ho misurato l'animo tuo con l'animo mio⁵!

PANFILO   Tu t'inganni

CARINO   Questa tua allegrezza non ti sarebbe paruta intera, se tu non mi avessi nutrito e lattato⁶ d'una falsa speranza: abbitela.

PANFILO   Che io l'abbia? Tu non sai in quanti mali io sia rinvolto e in quanti pensieri questo mio manigoldo m'abbi messo con i suoi consigli.

CARINO   Maraviglitene tu? Egli ha imparato da te.

PANFILO   Tu non diresti cotesto, se tu conoscessi me e lo amore mio

CARINO   Io so che tu disputasti assai con tuo padre: e per questo ti accusa, che non ti ha potuto oggi disporre a menarla.

PANFILO   Anzi, vedi come tu sai⁷ i mali mia! Queste nozze non si facevano, e non era alcuno che mi volessi dare moglie.

CARINO   Io so che tu se' stato forzato da te stesso.

PANFILO   Sta' un poco saldo. tu non lo sai ancora.

CARINO   Io so che tu l'hai a menare.

PANFILO   Perché mi ammazzi tu? Intendi questo· costui non cessò mai di persuadere, di pregarmi, che⁸ io dicessi a mio padre di essere contento di menarla, tanto che mi condusse a dirlo.

CARINO   Chi fu cotesto uomo?

PANFILO   Davo.

CARINO   Davo?

PANFILO   Davo manda sozopra ogni cosa.

CARINO   Per che cagione?

PANFILO   Io non lo so, se non che io so bene che Dio è adirato meco, poi che io feci a suo modo.

---

5 *ho   mio* il senso della battuta, tradotta letteralmente, è ti ho giudicato a mia misura   6 *lattato* allattato (come si legge, tra l'altro, nella prima redazione)   7 *vedi come tu sai* vedi come sai male In Terenzio la frase è un inciso ellittico «quo tu minu' scis aerumnas meas»   8 *non   che* Terenzio è piú ricco «nunquam destitit instare ut dicerem me ducturum patri; suadere, orare »

CARINO È ita cosí la cosa, Davo?

DAVO Sí, è.

CARINO Che di' tu, scelerato? Idio ti dia quel fine che tu meriti! Dimmi un poco: se tutti i suoi nimici gli avessino voluto dare moglie, arebbongli loro dato altro consiglio?

DAVO Io sono stracco, ma non lasso[9].

CARINO Io lo so.

DAVO E' non ci è riuscito per questa via, enterreno[10] per una altra: se già tu non pensi che, poi che la prima non riuscí, questo male non si possa guarire.

PANFILO Anzi, credo che, ogni poco che tu ci pensi, che d'un paio di nozze tu me ne farai dua.

DAVO O Panfilo, io sono obligato in tuo servizio sforzarmi con le mani e co' piè, dí e notte, e mettermi a periculo della vita per giovarti. E' s'appartiene poi a te[11] perdonarmi, se nasce alcuna cosa fuora di speranza, e s'egli occorre cosa poco prospera, perché io arò fatto il meglio che io ho saputo; o veramente tu ti truovi uno altro che ti serva meglio, e lascia andare me[12].

PANFILO Io lo desidero; ma rimettimi nel luogo dove tu mi traesti.

DAVO Io lo farò

PANFILO Ei bisogna ora[13].

DAVO Hem! Ma sta' saldo, io sento l'uscio di Glicerio.

PANFILO E' non importa a te.

DAVO Io vo pensando.

PANFILO Hem? or ci pensi?

DAVO Io l'ho già trovato[14].

---

9 *Io.. lasso* cioè, sono stanco per le fatiche dimostratesi sin qui vane ma non ancora da sentirmi a terra Ma il primo aggettivo in Terenzio è «deceptus», «ingannato» 10. *enterreno.* entreremo cioè, tenteremo un'altra strada 11. *È a te* Spetterà poi a te. traduce letteralmente il latino «tuomst» 12 *e lascia andare me* lascia pure che me ne vada Terenzio scrive «me missum face» 13 *Ei ora* adesso ce n'è bisogno 14 *Io l'ho già trovato* il modo di «rimetter nel luogo dove lo trasse» Panfilo, cioè di fargli recuperare le posizioni perdute

SCENA SECONDA

Miside, Panfilo, Carino, Davo

MISIDE   Come io l'arò trovato, io procurerò per te e ne
merrò meco il tuo Panfilo; ma tu, anima mia, non ti voler macerare.

PANFILO   O Miside!

MISIDE   Che è? O Panfilo, io t'ho trovato appunto

PANFILO   Che cosa è?

MISIDE   La mia padrona mi ha comandato che io ti prieghi che, se tu l'ami, che tu la vadia a vedere.

PANFILO   U! Ha! ch'io son morto. Questo male rinnuova[1]. Tieni tu con la tua opera cosí sospeso me e lei? La
manda per me[2], perché la sente che si fanno le nozze.

CARINO   Da le quali facilmente tu ti saresti potuto aste-
nere, se costui se ne fussi astenuto

DAVO   Se costui non è per sé medesimo adirato, aizzalo!

MISIDE   Per mia fé, cotesta è la cagione; e però[3] è ella ma-
ninconosa.

PANFILO   Io ti giuro, o Miside, per tutti gl'Iddei, che io
non la abandonerò mai, non se io credessi che tutti gli
uomini mi avessino a diventare nimici. Io me la ho cerca, la mi è tocca[4], i costumi s'affanno: morir possa qualunque vuole che noi ci separiamo! Costei non mi fia
tolta se non da la morte

MISIDE   Io risucito.

PANFILO   L'oraculo d'Apolline non è piú vero che questo. Se si potrà fare che mio padre creda che non sia

II   1 *Questo rinnuova* il verbo di Terenzio è «integrascit», «rincrudisce»
Machiavelli, anche se non escogita una soluzione brillante, rende il senso della frase, cioè sono di nuovo in preda alla sventura   2 *La   me* mi manda a
chiamare la costruzione è diversa in Terenzio «Nam idcirco accersor»   3 *e
però* e proprio per questo ancora piú marcato il nesso in Terenzio «Atque ede-
pol ea res est» «È proprio questo il motivo»   4 *Io   tocca* Io me la sono cer-
cata, mi è toccata Il verbo in Terenzio («contigit») ha un valore assoluto quasi Panfilo l'avesse avuta in sorte per volere del destino

mancato per me che queste nozze si faccino, io l'arò caro, quanto che no, io farò le cose alla abandonata⁵ e vorrò ch'egli intenda che manchi da me. Chi ti paio io?

CARINO   Infelice come me

DAVO   Io cerco d'un partito⁶.

CARINO   Tu se' valente huomo.

PANFILO   Io so quel che tu cerchi.

DAVO   Io te lo darò fatto in ogni modo,

PANFILO   E' bisogna ora.

DAVO   Io so già quello che io ho a fare.

CARINO   Che cosa è?

DAVO   Io l'ho trovato per costui⁷, non per te, acciò che tu non ti inganni

CARINO   E' mi basta

PANFILO   Dimmi quello che tu farai.

DAVO   Io ho paura che questo dí non mi basti a farlo, non che mi avanzi tempo a dirlo⁸. Orsú, andatevi con Dio· voi mi date noia

PANFILO   Io andrò a vedere costei.

DAVO   Ma tu dove n'andrai?

CARINO   Vuoi tu ch'io ti dica il vero?

DAVO   Tu mi cominci una istoria da capo.

CARINO   Quel che sarà di me?

DAVO   Eh! o! imprudente⁹! Non ti basta egli che, s'io differisco queste nozze uno dí, che io lo do a te?

CARINO   Nondimeno...

DAVO   Che sarà?

CARINO   Ch'io la meni.

DAVO   Uccellaccio!

CARINO   Se tu puoi fare nulla, fa' di venire qui.

DAVO   Che vuoi tu ch'io venga? Io non ho nulla...

CARINO   Pure, se tu avessi qualche cosa...

---

5 *alla abandonata* senza ritegno Machiavelli ha ben inteso? Terenzio scrive «in proclivi quod est» «in pendio» (letteralmente), cioè «per ciò che mi riesce facile»   6 *Io ... partito* Sto cercando una qualche soluzione possibile (Davo sta riflettendo) È la traduzione letterale di «Consilium quaero»   7 *per costui*, cioè, in favore di Panfilo   8 *Io ... dirlo* Temo che non ce la farò in un giorno, figurati se mi resta tempo per raccontartelo   9. *imprudente*. Machiavelli ha tradotto distrattamente Infatti, in Terenzio si legge «impudens», «impudente, sfrontato»

DAVO   Orsú, io verrò!

CARINO   . Io sarò in casa

DAVO   Tu, Miside, aspettami un poco qui, tanto che io
peni a uscire di casa

MISIDE   Perché?

DAVO   Cosí bisogna fare

MISIDE   Fa'presto!

DAVO   Io sarò qui ora.

SCENA TERZA

Miside, Davo.

MISIDE   Veramente e' non ci è boccone del netto. O Idii!
io vi chiamo in testimonio che io mi pensavo che questo Panfilo fussi alla padrona mia un sommo bene, sendo amico, amante e uom parato a tutte le sua voglie:
ma ella, misera, quanto dolore piglia per suo amore! In
modo che io ci veggo dentro piú male che bene[1]. Ma
Davo esce fuora – Oimè! che cosa è questa? dove porti tu il fanciullo?

DAVO   O Miside, ora bisogna che la tua astuzia e audacia sia pronta.

MISIDE   Che vuoi tu fare?

DAVO   Piglia questo fanciullo, presto, e pôllo[2] innanzi
all'uscio nostro.

MISIDE   In terra?

DAVO   Raccogli paglia e vinciglie[3] della via[4], e mettiglie-
ne sotto

MISIDE   Perché non fai tu questo da te?

III   1 *In modo... bene.* un'eco (anche se flebile) è forse in *M*, IV, 1, 111 «la
[*fortuna e la natura*] non ti fa mai un bene, che, a l'incontro, non surga un male»   2 *pôllo* ponilo, mettilo (letteralmente, dal latino «adpone»).   3. *vinciglie* vincigli, giunchi, cosí da formare, con la paglia, una cuna (è il latino «ver-
benas»).   4. *della via*. Terenzio scriveva «ex ara», ma Machiavelli non poteva qui limitarsi a tradurre se non a rischio d'anacronismo

DAVO   Per potere giurare al padrone di non lo avere posto.

MISIDE   Intendo; ma dimmi: come se' tu diventato sí religioso?

DAVO   Muoviti presto, acciò che tu intenda dipoi quel ch'io voglio fare. O Giove!

MISIDE   Che cosa è?

DAVO   Ecco il padre della sposa: io voglio lasciare il primo partito.

MISIDE   Io non so che tu ti di'.

DAVO   Io fingerò di venire qua da man dritta⁵: fa' d'andare secondando il parlare mio dovunque bisognerà⁶.

MISIDE   Io non intendo cosa che tu ti dica; ma io starò qui, acciò, se bisognassi l'opera mia, io non disturbi alcuno vostro commodo.

SCENA QUARTA

Cremete, Miside, Davo

CREMETE   (Io ritorno per comandare che mandino per lei, poi che io ho ordinato tutte le cose che bisognano per le nozze... Ma questo che è? Per mia fé, ch'egli è un fanciullo!) O donna, ha'lo tu posto qui?

MISIDE   (Ove è ito colui?)

CREMETE   Tu non mi rispondi?

MISIDE   (Hei, misera a me! ché non è in alcun luogo! Ei mi ha lasciata qui sola ed èssene ito¹.)

DAVO   O Dii, io vi chiamo in testimonio che romore è egli in mercato! Quanta gente vi piatisce! E anche la ricolta è cara. (Io non so altro che mi dire)

MISIDE   Perché mi hai tu lasciata qui cosí sola?

---

5 *da man dritta* da destra nel testo latino, «ab dextera»   6 *fa' bisognerà* cerca di adeguarti alle mie parole, in ogni caso

IV   1 *èssene ito* se ne è andato letteralmente, dal latino «abiit»

DAVO   Hem? che favola è questa? O Miside, che fan-
       ciullo è questo? Chi l'ha recato qui?

MISIDE   Se' tu impazzato? Di che mi domandi tu?

DAVO   Chi ne ho io a dimandare, che non ci veggo altri?

CREMETE   (Io mi maraviglio che fanciullo sia questo².)

DAVO   Tu m'hai a rispondere ad quel ch'io ti domando'.
       Tírati in su la man ritta

MISIDE   Tu impazzi non ce lo portasti tu?

DAVO   Guarda di non mi dire una parola fuora di quello
       che io ti domando

MISIDE   Tu bestemmi⁴

DAVO   Di chi è egli? Di', ch'ognuno oda

MISIDE   De' vostri

DAVO   Ha! ha! io non mi maraviglio se una meretrice non
       ha vergogna

CREMETE   (Questa fantesca è da Andro⁵, come mi pare.)

DAVO   Paiamovi noi però uomini da essere cosí uccellati?

CREMETE   (Io sono venuto a tempo.)

DAVO   Presto, leva questo fanciullo di qui! – Sta' salda,
       guarda di non ti partire di qui!

MISIDE   Gl'Idii ti sprofondino⁶, in modo mi spaventi!

DAVO   Dico io a te o no?

MISIDE   Che vuoi?

DAVO   Domandimene tu ancora? Dimmi di chi è cote-
       sto bambino?

MISIDE   Nol sai tu?

DAVO   Lascia ire quel ch'io so: rispondi a quello che io ti
       domando

MISIDE   È de' vostri.

DAVO   Di chi nostri?

---

2 *mi maraviglio   questo* mi chiedo stupito chi sia questo bimbo Ma Terenzio, con precisione «Miror unde sit» «Mi chiedo stupito donde venga»   3
Tu   domando Terenzio era piú ambiguo e divertito «Dictura es quod rogo?»
«Risponderai a ciò che ti chiedo?» Eliminando l'interrogazione, Machiavelli
smorza l'effetto teatrale   4 *Tu bestemmi* in Terenzio «male dicis?» «mi in-
solentisci?» Ma è Davo, che, dopo i suggerimenti a bassa voce, riprende a fin-
gere Machiavelli, nel dare la battuta a Miside, ha frainteso e attenuato il gioco teatrale   5 *da Andro* ancora una volta Machiavelli sbaglia Nel latino c'è
«ab Andriast» «della ragazza d'Andro»   6 *ti sprofondino* Terenzio ha scritto «eradicent» e nella prima redazione si legge giustamente «ti sbarbino»

MISIDE Di Panfilo

DAVO Come di Panfilo?

MISIDE O perché no?

CREMETE (Io ho sempre ragionevolmente[7] fuggite queste nozze)

DAVO O sceleratezza notabile!

MISIDE Perché gridi tu?

DAVO Non vidi io che vi fu ieri recato in casa?

MISIDE O audacia d'uomo!

DAVO Non vidi io una donna[8] con uno involgime[9] sotto?

MISIDE Io ringrazio Dio che, quando ella partorí, v'intervennono molte donne da bene

DAVO Non so io per che cagione si è fatto questo?[10]. – Se Cremete vedrà il fanciullo innanzi all'uscio, non gli darà la figliuola! – Tanto piú gliene darà egli!

CREMETE (Non farà, per Dio!)

DAVO Se tu non lievi via cotesto fanciullo, io rinvolgerò te e lui nel fango[11].

MISIDE Per Dio, che tu se' obliàco[12]!

DAVO L'una bugia nasce da l'altra. Io sento già susurrare che costei è cittadina ateniese...

CREMETE (Heimè!)

DAVO ...e che, forzato da le leggi, la torrà per donna

MISIDE A! U! per tua fé, non è ella cittadina?

CREMETE (Io sono stato per incappare in uno male da farsi beffe di me)

DAVO Chi parla qui? O Cremete, tu vieni a tempo Odi!

CREMETE Io ho udito ogni cosa.

DAVO Hai udito ogni cosa?

CREMETE Io ho udito certamente il tutto da principio

---

7 *ragionevolmente* in tutta ragionevolezza è il latino «recte» 8 *una donna* Terenzio la nomina espressamente «Cantharam» Donato precisa che è nome di vecchia dalla bevuta facile (l'etimo greco vale bicchiere) 9 *involgime* involto sotto braccio (*sotto*) 10 *Non questo?* Machiavelli qui fraintende In Terenzio si legge «Ne illa illum haud novit» «E lei (Glicerio) non sapeva nulla di costui (Cremete)» 11 *io fango* Terenzio gioca sulle parole e Machiavelli non lo asseconda «Provolvam teque ibidem pervolvam in luto» «Lo farò rotolare per la via e anche te avvoltolerò nel fango» 12 *obliacò* ubriaco. Terenzio lo dice per negazione «Tu pol homo non es sobrius»

DAVO Hai udito, per tua fé? Ve' che sceleratezza! Egli è necessario mandare costei al bargello! – Questo è quello – Non credi¹³ di uccellare Davo!

MISIDE O miser'a me! O vecchio mio, io non ho detto bugia alcuna.

CREMETE Io so ogni cosa. Ma Simone è drento?

DAVO È.

MISIDE Non mi toccare, ribaldo! io dirò bene a Glicerio ogni cosa.

DAVO O pazzerella! tu non sai quello che si è fatto.

MISIDE Che vuoi tu che io sappia?

DAVO Costui è il suocero e in altro modo non si poteva fare che sapessi quello che noi volavamo.

MISIDE Tu me lo dovevi dire innanzi.

DAVO Credi tu che vi sia differenza, o parlare da cuore¹⁴, secondo che ti detta la natura, o parlare con arte?

SCENA QUINTA

Crito, Miside, Davo

CRITO (E' si dice che Criside abitava in su questa piazza, la quale ha voluto piú tosto aricchire qui inonestamente, che vivere povera onestamente nella sua patria Per la sua morte i suoi beni ricaggiono¹ a me. Ma io veggo chi io ne potrò domandare.) Dio vi salvi!

MISIDE Chi veggo io? È questo Crito, consobrino² di Criside? Egli è esso

13 *Non credi* preciso, come sempre Terenzio «non te credas» «Non ti crederai » 14 *da cuore* col cuore, istintivamente (secondo che ti detta la natura) o coll'astuzia, calcolatamente (*con arte*) In Terenzio la contrapposizione è tra «natura» e «industria» Donato precisa che la sentenza è menandrea

v 1 *ricaggiono* ricadono, per via ereditaria è il latino «redierunt» 2 *consobrino* cugino, per la precisione da parte di madre (da *cum* e *sobrinus*, a sua volta da *soror*, sorella) In Terenzio la parola è appunto «sobrinus»

CRITO   O Miside, Dio ti salvi!

MISIDE   E Crito sia salvo!

CRITO   Cosí Criside, he?

MISIDE   Ella ci ha veramente rovinate.

CRITO   Voi che fate? In che modo state qui? Fate voi bene?

MISIDE   Oimè! Noi? Come disse colui: – Come si può, poiché, come si vorrebbe, non possiamo

CRITO   Glicerio che fa? Ha ella ancora trovato qui i suoi parenti?

MISIDE   Dio il volessi!

CRITO   O! non ancora? Io ci sono venuto in male punto, ché, per mia fé, se io lo avessi saputo, io non ci arei mai messo un piede. Costei è stata sempre mai tenuta³ sorella di Criside, e possiede le cose sua: ora, sendo io forestiero, quanto mi sia utile⁴ muovere una lite, mi ammuniscono gli esempli degli altri. Credo ancora che costei arà qualche amico e difensore, perché la si partí di là grandicella, che grideranno che io sia uno spione⁵ e che io voglia con bugie aquistare questa eredità; oltra di questo, non mi è lecito spogliarla.

MISIDE   Tu se' uno uom da bene, Crito, e ritieni⁶ il tuo costume antico.

CRITO   Menami a lei, ché io la voglio vedere, poiché io sono qui.

MISIDE   Volentieri.

DAVO   (Io andrò drieto a costoro, perch'io non voglio che in questo tempo il vecchio mi vegga.)

---

3 è stata   tenuta nell'autografo (seconda versione) c'è ripetizione (che non c'è nel testo latino ed è forse dovuta ad una distrazione del Machiavelli)   4 quanto mi sia utile è detto con ironia In Terenzio c'è un aggettivo in piú «quam id mihi sit facile atque utile»   5 spione nella prima redazione, si legge questa parola nell'interlinea ma la prima scelta lessicale del Machiavelli era stata pappa, scroccone Terenzio ha scritto «sycophantam»   6 ritieni conservi, mantieni è la traduzione di «obtínes» Come osserva Donato, Crito è persona grave, modesta, giusta, come si conviene alla persona ad catastropham machinata

ATTO QUINTO

SCENA PRIMA

Cremete, Simo.

CREMETE   Tu hai, o Simone, assai conosciuta l'amicitia
mia verso di te; io ho corsi assai periculi fa' fine[1] di
pregarmi. Mentre che io pensavo di compiacerti, io sono stato per affogare questa mia figliuola.
SIMO   Anzi, ora ti priego io e suplico, o Cremete, che ap-
pruovi coi fatti questo benefizio cominciato con le parole.
CREMETE   Guarda quanto tu sia, per questo tuo desiderio, ingiusto! E pure che tu faccia quello desideri[2], non
osservi alcuno termine di benignità né pensi quello che
tu prieghi[3] ché se tu lo pensassi, tu cesseresti di agravarmi[4] con queste ingiurie
SIMO   Con quali?
CREMETE   Ha! domàndine tu? Non mi hai tu forzato che
io dia per donna[5] una mia figliuola ad uno giovane occupato nello amore d'altri e alieno al tutto dal tôrre moglie? E hai voluto con lo affanno e dolore della mia figliuola medicare il tuo figliuolo. Io volli, quando egli
era bene; ora non è bene; abbi pazienza. Costoro dicono che colei è cittadina ateniese e ne ha auto uno figliuolo lascia stare noi[6].

---

1   1 *fa' fine* smettila, cessa Machiavelli sta alla lettera del testo latino «fi-
nem face»   2 *E pure   desideri* Pur di far quello che desideri   3 *non   prieghi* in Terenzio leggiamo «neque modum benignitati' neque quid me ores co-
gitas» «non badi né fino a che punto possa giungere la condiscendenza né a
quel che mi chiedi»   4 *agravarmi* darmi peso, affanno· è il latino «onera-
re»   5 *dia per donna* molto piú ricco il latino di Terenzio «filiam ut darem
in seditionem atque in incertas nuptias» «a dare la mano di mia figlia a rischio
di un matrimonio scombinato e insicuro»   6 *lascia stare noi*. lasciaci in pace,
da parte (in latino, «nos missos face»)

SIMO   Io ti priego, per lo amore di Dio, che tu non creda a costoro[7]· tutte queste cose sono finte e trovate per
amore di queste nozze. Come fia tolta la cagione per
che fanno queste cose, e' non ci fia piú scandolo alcuno.

CREMETE   Tu erri: io vidi una fantesca e Davo, che si dicevano villania.

SIMO   Io lo so.

CREMETE   E da dovero[8], perché nessuno sapeva che io
fussi presente.

SIMO   Io lo credo; ed è un pezzo che Davo mi disse che
volevono fare questo, e oggi te lo volli dire, e dimenti-
ca'melo.

SCENA SECONDA

Davo, Cremete, Simo, Dromo.

DAVO   Ora voglio io stare con l'animo riposato.

CREMETE   Ecco Davo a te

SIMO   Onde esce egli?

DAVO   parte per mia cagione, parte per cagione di questo forestiero

SIMO   (Che ribalderia è questa?)

DAVO   Io non vidi mai uomo venuto piú a tempo di questo

SIMO   (Chi loda questo scelerato?)

DAVO   Ogni cosa è a buon porto

SIMO   (Tardo io di parlargli?)

DAVO   (Egli è il padrone· che farò io?)

SIMO   Dio ti salvi, uom da bene!

DAVO   O Simone, o Cremete nostro, ogni cosa è ad ordine.

---

7 *non   costoro* qui Machiavelli tralascia di tradurre tutto un verso «quibus
id maxume utilest illum esse quam deterrumum» «cui è di somma utilità che
colui (Panfilo) faccia la figura peggiore possibile»   8 *E da dovero* E (parlavano) sul serio, dicendo cose vere l'espressione in Terenzio è particolarmente
efficace («vero voltu») e, nella sua pregnanza, difficilmente traducibile. «di
buzzo buono»

SIMO　Tu hai fatto bene.

DAVO　Manda per lei a tua posta.

SIMO　Bene veramente¹ e' ci mancava questo¹ Ma rispondimi: che faccenda avevi tu quivi?

DAVO　Io?

SIMO　Sí

DAVO　Di' tu a me?

SIMO　A te dich'io

DAVO　Io vi entrai ora...

SIMO　Come s'io domandassi quanto è ch'e' vi entrò!

DAVO　.col tuo figliuolo.

SIMO　Ho¹ Panfilo è dentro?

DAVO　Io sono in su la fune¹.

SIMO　Ho¹ non dicesti tu ch'egli avieno quistione insieme?

DAVO　E hanno

SIMO　Come è egli cosí in casa?

CREMETE　Che pensi tu che faccino? E' si azzuffano.

DAVO　Anzi, voglio, o Cremete, che tu intenda da me una cosa indegna: egli è venuto ora uno certo vecchio, che pare uom cauto ed è di buona presenza, con uno volto grave da prestargli fede².

SIMO　Che di' tu di nuovo?

DAVO　Niente veramente, se non quello che io ho sentito dire da lui che costei³ è cittadina ateniese.

SIMO　O! Dromo! Dromo!

DAVO　Che cosa è?

SIMO　Dromo!

DAVO　Odi un poco.

SIMO　Se tu mi di' piú una parola .. Dromo!

DAVO　Odi, io te ne priego.

DROMO　Che vuoi?

11　1 *Io fune* È Simo che pronuncia in Terenzio questa battuta («Crucior miser»), che per altro Machiavelli volge genialmente　2 *ed è fede* piú ricco, e piú poetico, il testo di Terenzio «quom faciem videas, videtur esse quantivis preti tristi' severitas inest in voltu atque in verbis fides» «Quando lo si guarda in faccia, sembra un galantuomo l'aria è di una verità malinconica e le sue parole ispirano fiducia»　3 *che costei* questa risposta di Davo in Terenzio è preceduta e provocata da una domanda di Simo· «Quid ait tandem?»

SIMO   Porta costui di peso in casa.
DROMO   Chi?
SIMO   Davo.
DROMO   Perché?
SIMO   Perché mi piace: portalo via!
DAVO   Che ho io fatto?
SIMO   Portalo via!
DAVO   Se tu truovi che io ti abbia dette le bugie, am-
         mazzami.
SIMO   Io non ti odo. Io ti farò diventare destro⁴.
DAVO   Egli è pure vero.
SIMO   Tu lo legherai e guardera'lo. Odi qua, mettigli un
         paio di ferri fallo ora, e, se io vivo, io ti mosterrò, Da-
         vo, innanzi che sia sera, quello che importa⁵ a te in-
         gannare il padrone, e a colui il padre.
CREMETE Ha! non essere sí crudele.
SIMO   O Cremete, non ti incresce egli di me per la ribal-
         deria di costui, che ho tanto dispiacere per questo fi-
         gliuolo? Orsú, Panfilo! Esci, Panfilo! Di che ti vergo-
         gni tu?

SCENA TERZA

Panfilo, Simo, Cremete

PANFILO Chi mi vuole? Oimè! egli è mio padre
SIMO   Che di' tu, ribaldo?
CREMETE Digli come sta la cosa, sanza villania.
SIMO   E' non se gli può dire cosa che non meriti. Dimmi
         un poco: Glicerio è cittadina?
PANFILO Cosí dicono.

---

4 *ti* *destro* lesto, agile Nel latino si legge «commotum» «ti metterò sottosopra» La battuta è di Dromo, in Terenzio   5 *quello* *importa* ciò che comporta Terenzio è più esplicito «quid sit pericli», «quale rischio implichi»

SIMO   O gran confidenza¹! Forze che pensa quel che risponde? Forse che si vergogna di quel ch'egli ha fatto?
Guardalo in viso, e' non vi si vede alcuno segno di vergogna. È egli possibile che sia di sí corrotto animo, che
voglia costei fuora delle leggi e del costume de' cittadini, con tanto obbrobrio?

PANFILO   Misero a me!

SIMO   Tu te ne se' aveduto ora? Cotesta parola dovevi
tu dire già quando tu inducesti l'animo tuo a fare in
qualunque modo quello che ti aggradava²: pure alla fine ti è venuto detto quello che tu se'. Ma perché mi
macero e perché mi crucio io? Perché affliggo io la mia
vecchiaia per la pazzia di costui? Voglio io portare le
pene de' peccati suoi? Abbisela, tengasela, viva con
quella!

PANFILO   O padre mio¹

SIMO   Che padre! Come che³ tu habbi bisogno di padre,
che hai trovato⁴, a dispetto di tuo padre, casa, moglie,
figliuoli e chi dice ch'ella è cittadina ateniese Abbi nome Vinciguerra⁵

PANFILO   Possoti io dire dua parole, padre?

SIMO   Che mi dirai tu?⁶

CREMETE   Lascialo dire.

SIMO   Io lo lascio dica¹

PANFILO   Io confesso che io amo costei e, s'egli è male, io
confesso fare male, e mi ti getto, o padre, nelle braccia;
impommi che carico tu vuoi. se tu vuoi che io meni moglie e lasci costei, io lo sopporterò il meglio che io potrò. Solo ti priego di questo, che tu non creda che io ci

---

III   1 *O gran confidenza* Prima di queste parole, Simo, nel testo latino, ripe-
te il «Cosí dicono?» («Ita praedicant?»), prendendo in giro Panfilo   2 *quello che ti aggradava* nella prima redazione Machiavelli aveva tradotto «quello
che tu desideravi» (restando timidamente aderente al latino «quod cupe-
res»)   3 *Come che* Qui vuol dire quasi che, come se (è il latino «quasi
tu»)   4. *che hai trovato.* tu che (già per conto tuo) hai trovato   5 *Abbi . Vin-
ciguerra* in Terenzio c'è semplicemente «viceris» «hai vinto» Machiavelli s'abbandona ad una estrosa (e lievemente manieristica) trovata traduttoria   6
Che   tu Machiavelli sopprime (forse non del tutto a torto, dal punto di vista
drammaturgico) due battute, che rallentano nel testo latino l'azione «CHRE-
MES At tamen, Simo, audi SIMO Ego audiam? Quid audiam, Chreme?»

abbi fatto venire questo vecchio, e sia contento ch'io mi
iustifichi e che io lo meni qui alla tua presenza.

SIMO   Che tu lo meni?

PANFILO   Sia contento, padre.

CREMETE   Ei domanda il giusto: contentalo.

PANFILO   Compiacimi di questo.

SIMO   Io sono contento, pure che io non mi truovi ingannato da costui.

CREMETE   Per uno gran peccato ogni poco di suplicio basta ad uno padre.

SCENA QUARTA

Crito, Cremete, Simo, Panfilo.

CRITO   Non mi pregare; una di queste cagioni basta a farmi fare ciò che tu vuoi· tu, il vero e il bene che voglio
a Glicerio.

CREMETE   Io veggo Critone Andrio? Certo egli è desso

CRITO   Dio ti salvi, Cremete!

CREMETE   Che fai tu cosí oggi, fuora di tua consuetudine, in Atene?

CRITO   Io ci sono a caso. Ma è questo Simone?

CREMETE   Questo è

SIMO   Domandi tu me?[1] Dimmi un poco: di' tu che Glicerio è cittadina?

CRITO   Neghilo tu?

SIMO   Se' tu cosí qua venuto preparato?

CRITO   Perché?

SIMO   Domàndine tu? Credi tu fare queste cose sanza es-
serne gastigato? Vieni tu qui ad ingannare i giovanetti imprudenti e bene allevati e andare con promesse pa-
scendo l'animo loro?

CRITO   Se' tu in te?

IV   1 Domandi tu me? E me lo chiedi? (è il latino «Men quaeris?») Simone
è convinto che Crito menta ad arte

SIMO   E vai raccozzando insieme amori di meretrici e
    nozze?

PANFILO   (Heimè! io ho paura che questo forestiero non
    si pisci sotto².)

CREMETE   Se tu conoscessi costui, o Simone, tu non pen-
    seresti cotesto: costui è uno buono huomo.

SIMO   Sia buono a suo modo. debbesegli credere ch'egli
    è appunto³ venuto oggi nel dí delle nozze e non è ve-
    nuto prima mai?

PANFILO   (Se io non avessi paura di mio padre, io gl'in-
    segnerei la risposta)

SIMO   Spione!

CRITO   Heimè¹

CREMETE   Cosí è fatto costui, Crito; lascia ire.

CRITO   Sia fatto come e' vuole, se séguita di dirmi ciò che
    vuole, egli udirà ciò che non vuole: io non prezzo e non
    curo coteste cose⁴, imperò che si può intendere se quel-
    le cose che io ho dette sono false o vere, perché uno
    ateniese, per lo adrieto, avendo rotto la sua nave, ri-
    mase con una sua figlioletta in casa il padre⁵ di Criside,
    povero e mendico.

SIMO   Egli ha ordito una favola da capo

CREMETE   Lascialo dire.

CRITO   Impediscemi egli cosí⁶?

CREMETE   Séguita.

CRITO   Colui che lo ricevette era mio parente, quivi io
    udi' dire da lui come egli era cittadino ateniese, e qui-
    vi si morí

CREMETE   Come aveva egli nome?

CRITO   Ch' io ti dica il nome sí presto? Fania

CREMETE   O! Hu!

---

2 *non si pisci sotto·* nella prima redazione, con scelta ancora piú rude, «non si
cachi sotto» Terenzio aveva semplicemente scritto «metuo ut subset» «temo che non resista» Machiavelli innesta una *gag* di tipo plautino nel tessuto
terenziano   3 *appunto* proprio a tempo (Machiavelli vorrebbe cosí tradurre
l'«adtemperate» di Terenzio)   4 *io non   cose.* molto piú ricco, nei passaggi
intermedi, Terenzio «Ego istaec moveo aut curo? Non tu tuom malum aequo
animo feras?» «Sono io forse che animo e seguo questo affare? Non sai sopportare equamente la tua sfortuna?»   5 *in casa il padre* in casa del padre In
Terenzio «ad Chrysidis patrem»   6 *egli cosí* sott di parlare

CRITO Veramente io credo ch'egli avessi nome Fania: ma io so questo certo, ch' e' si faceva chiamare Ramnusio[7].

CREMETE O Giove!

CRITO Queste medesime cose, o Cremete, sono state udite da molti altri in Andro.

CREMETE (Dio voglia che sia quello che io credo!) Dimmi un poco. diceva egli che quella fanciulla fussi sua?

CRITO No.

CREMETE Di chi dunque?

CRITO Figliuola del fratello.

CREMETE Certo, ella è mia.

CRITO Che di' tu?

SIMO Che di' tu?

PANFILO (Rizza gli orecchi, Panfilo![8]).

SIMO Che credi tu?

CREMETE Quel Fania fu mio fratello.

SIMO Io lo conobbi e sòllo.

CREMETE Costui, fuggendo la guerra mi venne in Asia drieto, e, dubitando di lasciare qui la mia figliuola, la menò seco, dipoi non ne ho mai inteso nulla, se non ora.

PANFILO L'animo mio è sí alterato che io non sono in me per la speranza, per il timore, per la allegrezza, veggendo uno bene sí repentino

SIMO Io mi rallegro in molti modi che questa tua si sia ritrovata.

PANFILO Io lo credo, padre.

SIMO Ma e' mi resta uno scrupolo che mi fa stare di mala voglia.

PANFILO Tu meriti di essere odiato con questa tua religione[9].

CRITO Tu cerchi cinque piè al montone[10]!

---

7 *Ramnusio* veramente Terenzio scrive· «Rhamnusium se aiebat esse»· «diceva d'essere del demo di Ramnunte», un demo dell'Attica 8 *Rizza Panfilo!* si pensa subito al «Rizza gli orecchi, Cleandro!» della *C*, IV, 2 9 *Tu religione*. il senso è meriteresti d'essere odiato per questi tuoi scrupoli (Machiavelli trascrive quasi, senza troppo ingegnarsi Terenzio «cum tua religione») 10 *Tu cerchi montone* era modo di dire popolare, per significare la pignoleria spinta all'assurdo (in Terenzio «Nodum in scirpo quaeris» «cerchi il nodo nel giunco», cioè «cerchi il pelo nell'uovo») Ma il proverbio era già in Plauto ed Ennio

CREMETE   Che cosa è?

SIMO   Il nome non mi riscontra[11]

CRITO   Veramente da piccola la si chiamò altrimenti.

CREMETE   Come, Crito? Ricorditene tu?

CRITO   Io ne cerco.

PANFILO   (Patirò io che la svemorataggine di costui mi
nuoca, potendo io per me medesimo giovarmi?) O
Cremete, che cerchi tu? La si chiamava Passibula.

CRITO   La è essa!

CREMETE   La è quella!

PANFILO   Io gliene ho sentito dire mille volte.

SIMO   Io credo che tu, o Cremete, creda che noi siamo
tutti allegri[12]

CREMETE   Così mi aiuti Idio, come io lo credo.

PANFILO   Che manca, o padre?[13].

SIMO   Già questa cosa mi ha fatto ritornare nella tua grazia.

PANFILO   O piacevole padre! Cremete vuole che la sia
mia moglie, come la è!

CREMETE   Tu di' bene, se già tuo padre non vuole altro[14].

PANFILO   Certamente.

SIMO   Cotesto

CREMETE   La dota di Panfilo voglio che sia dieci talenti

PANFILO   Io l'accetto.

CREMETE   Io vo a trovare la figliuola. O Crito mio, vieni meco, perché io non credo che la mi riconosca

SIMO   Perché non la fai tu venire qua?

PANFILO   Tu di' bene io commetterò a Davo questa faccenda.

SIMO   Ei non può

PANFILO   Perché non può?

SIMO   Egli ha uno male di più importanza[15].

11 *non mi riscontra* le ultime tre battute, quest'ultima compresa, sono affidate da Terenzio, nell'ordine, a Panfilo, Crito, Cremete   12 *Io credo   allegri*
Cremete, ora puoi essere convinto che noi siamo tutti allegri Questo il senso
della costruzione, tipicamente machiavelliana   13 *Che   padre?* Qui Machiavelli propriamente fraintende il testo di Terenzio «Quod restat, pater »
«Quanto al rimanente, o padre »   14 *non vuole altro* il senso è non ha altre intenzioni In Terenzio «nisi quid pater ait aliud»   15 *Egli   importanza* Machiavelli semplifica di molto questa battuta e la involgarisce In Teren-

PANFILO Che cosa ha?
SIMO Egli è legato.
PANFILO O padre, ei non è legato a ragione
SIMO Io volli cosí[16]
PANFILO Io ti priego che tu faccia che sia sciolto.
SIMO Che si sciolga!
PANFILO Fa' presto!
SIMO Io vo in casa.
PANFILO O allegro e felice questo dí!

SCENA QUINTA

Carino, Panfilo

CARINO (Io torno a vedere quel che fa Panfilo Ma eccolo!)
PANFILO Alcuno forse penserà che io pensi che questo
non sia vero, ma e' mi pare pure che sia vero[1]. Però credo io che la vita degli Iddei sia sempiterna, perché i piaceri loro non sono mai loro tolti· perché io sarei, sanza
dubio, immortale, se cosa alcuna non sturbassi questa
mia allegrezza. Ma chi vorrei sopra ogni altro riscontrare[2] per narrargli questo?
CARINO (Che allegrezza è questa di costui?)
PANFILO Io veggo Davo; non è alcuno che io desideri vedere piú di lui, perché io so che solo costui si ha a ral-
legrare da dovero della allegrezza mia.

---

zio leggiamo «Quia habet aliud magis ex sese et maiu'» «Perché ha altro che
gli preme, e che lo occupa ancora di piú, dal suo punto di vista» 16 *Io volli
cosí* Simo dice veramente, in risposta al «recte» di Panfilo «Haud ita iussi»
«Non comandai cosí» Terenzio gioca su quel «recte», che può voler dire «bene, a regola d'arte» ed anche «bene, secondo giustizia»

v. 1 *e' mi pare   vero* nel testo latino leggiamo «at mihi nunc sic esse ve-
rum lubet» «ma a me piace che sia vero» Ed è una sfumatura, questa della
gioia interiore e per ora solitaria di Panfilo, che Machiavelli non si preoccupa
di rendere 2 *riscontrare* incontrare Terenzio è piú sottile «mihi   dari»
«avere qui... per me»

SCENA SESTA

Davo, Panfilo, Carino

DAVO   Panfilo dove è?
PANFILO   O Davo!
DAVO   Chi è?
PANFILO   Io sono
DAVO   O Panfilo!
PANFILO   Ha¹ tu non sai quello mi è accaduto.
DAVO   Veramente no: ma io so bene quello che è acadu-
    to a me
PANFILO   Io lo so anch'io.
DAVO   Egli è usanza degli uomini¹ che tu abbi prima sa-
    puto il male mio che io il tuo bene
PANFILO   La mia Glicerio ha ritrovato suo padre.
DAVO   O! la va bene
CARINO   (Hem?)
PANFILO   Il padre è grande amico nostro
DAVO   Chi?
PANFILO   Cremete.
DAVO   Di' tu il vero?
PANFILO   Né ci è piú dificultà di averla io per donna².
CARINO   (Sogna costui quelle cose ch'egli ha vegghiando
    volute?)
PANFILO   Ma del fanciullo, o Davo?
DAVO   Ha¹ sta' saldo: tu se' solo amato dagl' Idii.
CARINO   (Io sono franco³, se costui dice il vero Io gli vo-
    glio parlare.)
PANFILO   Chi è questo? O Carino! Tu ci se' arrivato a
    tempo.

VI 1 *Egli   uomini* cioè, è consuetudine tra gli uomini, succede spesso Donato spiega la battuta malinconica di Davo «perché la fama del male corre piú
veloce di quella del bene» 2 *per donna*. per moglie. 3 *Io sono franco*. Sono
salvo (il latino è «Salvo' sum») nel senso che può godere anche lui delle nozze

PANFILO   O! la va bene.

PANFILO   O! hai tu udito?

CARINO   Ogni cosa Or fa' di ricordarti di me in queste
tua prosperità Cremete è ora tutto tuo, e so che farà
quello che tu vorrai

PANFILO   Io lo so; e perché sarebbe troppo aspettare
ch'egli uscissi fuora, séguitami, perch'egli è in casa con
Glicerio. Tu, Davo, vanne in casa e súbito manda qua
chi la meni via. Perché stai? perché non vai?[4].

DAVO   O voi, non aspettate che costoro eschino fuora[5].
Drento si sposerà[6] e drento si farà ogni altra cosa che
mancassi. Andate, al nome di Dio, e godete!

---

4. *Perché . vai?* È un *topos* del teatro latino quello di incitare il compagno ad
uscire di scena, mentre questi si appresta a recitare le battute di congedo   5
o voi   fuora Era costume latino, in chiusura, rompere le barriere della finzione per rivolgersi, da pari a pari, agli spettatori   6 *Drento si sposerà* viene
spontaneo pensare a *C* , V, 6, 199 «   sanza uscir piú fuora, si ordineranno le
nuove nozze   »

Mandragola

Canzone

*da dirsi innanzi alla commedia, cantata da ninfe e pastori
insieme*

Perché la vita è brieve
e molte son le pene
che vivendo e stentando ognun sostiene,
dietro alle nostre voglie,
andiam passando e consumando gli anni,
che, chi il piacer si toglie
per viver con angosce e con affanni,
non conosce gli inganni
del mondo; o da quai mali
e da che strani casi
oppressi quasi sian tutti i mortali.
Per fuggir questa noia,
eletta solitaria vita abbiamo[1],
e sempre in festa e in gioia,
giovin leggiadri[2] e liete ninfe, stiamo
Or qui venuti siamo,
con la nostra armonia[3],
sol per onorar questa
sí lieta festa e dolce compagnia
Ancor ci ha qui condotti
il nome di colui che vi governa[4],
in cui si veggon tutti

CANZONE. Per questa canzone, e per i quattro intermezzi successivi, rimandiamo il lettore a quanto detto nell'introduzione (p XLIV).

1 *eletta abbiamo* abbiamo scelto di vivere non tanto in solitudine, quanto lontano dalle *angosce* e dagli *affanni* del mondo   2 *giovin' leggiadri* sono i pastori del coro   3 *con la nostra armonia* con la nostra musica coralmente e armoniosamente eseguita   4 *il nome governa* è Francesco Guicciardini, allora presidente delle Romagne

i beni accolti in la sembianza eterna[5]
Per tal grazia superna,
per sí felice stato,
potete lieti stare,
godere e ringraziare chi ve lo ha dato[6]

PROLOGO

Idio vi salvi, benigni auditori,
quando e' par che dependa
questa benignità da lo esser grato[1].
Se voi seguite di non far romori,
noi vogliàn che s'intenda
un nuovo caso in questa terra nato[2].
Vedete l'apparato[3],
qual or vi si dimostra:
quest'è Firenze vostra,
un'altra volta sarà Roma o Pisa,
cosa da smascellarsi delle risa.
Quello uscio che mi è qui in sulla man ritta[4]
la casa è d'un dottore
che imparò in sul Buezio[5] legge assai;
quella via che è colà in quel canto fitta[6]

---

5 *in cui ... eterna* nel quale si ravvisano tutte le virtú adunate in Dio. È un'iperbole poco «machiavellica», ribadita da quel *superna* che segue.   6 *chi ve lo ha dato* papa Clemente VII (Giulio de' Medici), che nel '23 aveva nominato il Guicciardini alla presidenza (o governatorato) delle Romagne, con l'incarico di tenere a freno i potentati locali

PROLOGO   1 *quando e' par ... grato* dal momento che il vostro benigno atteggiamento sembra dimostrare che lo spettacolo vi è gradito   2 *in questa terra nato* accaduto in questa città   3 *l'apparato* la scenografia   4 *in sulla man ritta* sulla destra L'attore che recitava il prologo indicava e spiegava ai *benigni auditori*, com'era allora consuetudine, secondo il modello della commedia latina, ogni particolare della scena   5 *Buezio* Anicio Manlio Severino Boezio (480 ca - 524), il filosofo e letterato consigliere di Teodorico e da lui messo a morte qui evocato, in apparenza, come maestro di diritto, forse per il folto lavoro di commentatore e traduttore di vari classici greci, ma, in sostanza, per l'evidente associazione fonica con *bue*, secondo la piú schietta tradizione burchiellesca   6 *che ... fitta* «che è figurata in quell'angolo della scena» (Gaeta)

è la via dello Amore,
dove chi casca non si rizza mai[7].
Conoscer poi potrai
a l'abito d'un frate
qual priore o abate
abita el tempio che all'incontro è posto[8],
se di qui non ti parti troppo tosto.
   Un giovane, Callimaco Guadagno,
venuto or da Parigi
abita là, in quella sinistra[9] porta,
costui, fra tutti gli altri buon compagno[10],
a' segni ed a' vestigi[11]
l'onor di gentilezza e pregio porta.
Una giovane accorta
fu da lui molto amata
e per questo ingannata
fu, come intenderete, ed io vorrei
che voi fussi ingannate come lei[12]
   La favola «Mandragola»[13] si chiama:
la cagion voi vedrete
nel recitarla, com'i' m'indovino[14]
Non è il componitor di molta fama
pur se vo' non ridete
egli è contento di pagarvi il vino.

---

7 *dove   mai* mi sembra evidente l'allusione erotica di quel *cascare* e *rizzare*, che non vedo per altro còlta da nessun editore moderno   8 *el tempio   posto* la chiesa che sorge sull'angolo opposto «Il tempio è indeterminato, ma l'abito è molto probabilmente quello dei Servi, coi quali il Machiavelli ce l'aveva piú fitta» (Guerri)   9 *sinistra* della casa posta a sinistra   10 *buon compagno* come ha suggerito Raimondi, *Pol*, 185, Machiavelli stesso, in una sua lettera (5 gennaio 1514), glossa indirettamente questo termine in tutta la sua pregnanza· « chi è stimato uomo da bene e che vaglia, ciò che e' fa per allargare l'animo e vivere lieto, gli arreca onore e non carico, e in cambio di essere chiamato buggerone o puttaniere, si dice che è universale, alla mano e buon compagno   »   11 *a' segni ed a' vestigi* «a giudicarlo dall'immagine e dalla prima impressione» (Berardi)   12 *che voi   come lei* quel voi è rivolto alle spettatrici, con una nuova allusione erotica (all'*inganno* di *Lucrezia*)   13 «Mandragola» mandragola (o mandragora) è un'erba delle solanacee alle cui bacche si attribuivano capacità erotizzanti - Quanto alla formula, il Martelli (*Vers*, 211) ricorda giustamente l'*Hecyra* di Terenzio (Prologo) «Hecyra est huic nomen fabulae»   14 *com'i' m'indovino* a quanto credo di prevedere

Un amante meschino,
un dottor poco astuto,
un frate mal vissuto,
un parassito di malizia il cucco[15]
fie questo giorno el vostro badalucco[16].

E se questa materia non è degna,
per esser pur leggieri,
d'un uom che voglia parer saggio e grave,
scusatelo con questo, che s'ingegna
con questi van' pensieri
fare el suo tristo tempo[17] piú suave,
perché altrove non havē
dove voltare el viso,
che gli è stato interciso[18]
mostrar con altre imprese altra virtue,
non sendo premio alle fatiche sue.

El premio che si spera[19] è che ciascuno
si sta da canto e ghigna,
dicendo mal di ciò che vede o sente.
Di qui depende sanza dubbio alcuno
che per tutto traligna
da l'antica virtú el secol presente:
imperò che la gente
vedendo ch'ognun biasima
non s'affatica e spasima[20]
per far con mille sua disagi un'opra
che 'l vento guasti o la nebbia ricuopra[21].

Pur se credessi alcun dicendo male
tenerlo pe' capegli
e sbigottirlo o ritirarlo in parte,
io l'ammonisco e dico a questo tale

---

15 *di malizia il cucco* il cocco, il prediletto della malizia   16 *badalucco* svago («*tenere a badalucco*, tenere a bada, trattenere, da cui trattenimento, ecc.» [Berardi])   17 *el suo tristo tempo* la sua dolorosa condizione di vita attuale. Si pensa a quel verso dell'*Asino d'oro*, I, 7-8 «... sí perché questa grazia non s'impetra | in questi tempi ...»   18 *interciso* bruscamente vietato, precluso (dal latino *intercidere*, troncare)   19 *El premio che si spera* ancora un'autocitazione dall'*Asino d'oro*, I, 10 «Né cerco averne prezzo, premio o merto ...»   20 *spasma* s'impegna sino allo spasimo   21 *Che ricuopra* «che il vento e la nebbia della maldicenza non avvolgano» (Raimondi)

che sa dir male anch'egli
e come questa fu la suo prim'arte,
e come in ogni parte
del mondo, ove el sì sona²²,
non istima persona,
ancor che facci sergieri²³ a colui
che può portar miglior mantel che lui.
   Ma lasciam pur dir male a chiunque vòle:
torniamo al caso nostro,
acciò che non trapassi troppo l'ora;
far conto non si de' delle parole
né stimar qualche mostro²⁴
che non sa forse s' e' s'è vivo ancora.
Callimaco esce fuora²⁵
e Siro con seco ha,
suo famiglio, e dirà
l'ordin di tutto: stia ciascuno attento,
né per ora aspettate altro argumento.

---

22 *in ogni parte* ... *sona* in tutte le città d'Italia (Dante, *Inf*, XXXIII, 80-81
«le genti | del bel paese là dove 'l sí suona») 23 *ancor* ... *sergieri* l'interpre-
tazione corrente era «anche se si dice servo» Il Martelli, *Vers*, 210, legge *ser-*
gieri nel senso di «inchini, salamelecchi» la frase suonerebbe perciò «anche se
ostenti i propri inchini ...» 24 *mostro*· sciocccone «Anche questa è una face-
zia dei rimatori burleschi» (Guerri) 25 *Callimaco esce fuora* di qui alla chiusa – lo ha osservato il Martelli, *Vers*, 211 – Machiavelli ebbe probabilmente
presente un analogo passo dagli *Adelphoe* (Prologo, 22-24) «Dehinc ne expec-
tetis argumentum fabulae | senes qui primi venient, ii partem aperient, | in
agendo partem ostendent»

ATTO PRIMO

SCENA PRIMA

Callimaco, Siro.

CALLIMACO Siro, non ti partire. Io ti voglio[1] un poco

SIRO Eccomi.

CALLIMACO Io credo che tu ti maravigliassi assai della mia sùbita[2] partita da Parigi, ed ora ti maraviglierai, sendo io stato qui già un mese sanza fare alcuna cosa

SIRO Voi dite el vero

CALLIMACO Se io non ti ho detto infino a qui quello che io ti dirò ora, non è stato per non mi fidare di te, ma per iudicare[3] che le cose che l'uomo vuole non si sappino sia bene non le dire se non forzato. Pertanto, pensando io di potere avere bisogno della opera tua, ti voglio dire el tutto

SIRO Io vi sono servidore. e' servi non debbono mai domandare e padroni d'alcuna cosa né cercare[4] alcuno loro fatto, ma quando per loro medesimi la dicano debbono servirgli con fede; e cosí ho fatto e sono per fare io.

CALLIMACO Già lo so. Io credo che tu mi abbi sentito dire mille volte, – ma e' non importa che tu lo intenda mille una, – come io avevo dieci anni quando da e mia tutori, sendo mio padre e mia madre morti, io fui mandato a Parigi, dove io sono stato venti anni. E perché in capo de' dieci[5] cominciorono, per la passata del re Carlo[6], le guerre in Italia, le quali ruinorono questa provincia[7], delibera'mi di vivermi a Parigi e non mi ripa-

---

1 1 *ti voglio* sott qui con me Il Borsellino, *Roz* , 127, collega, giustamente, questa battuta ad analoga nell'*A* , I, 5 «Tu, Sosia, fatti in qua, io ti voglio parlare uno poco» 2 *sùbita* improvvisa 3 *per iudicare* perché ritengo 4 *cercare·* indagare su 5 *in capo de' dieci* di lí a dieci anni 6 *del re Carlo* di Carlo VIII, sceso in Italia nel 1494 7 *provincia·* qui sta per paese, nazione

triare mai, giudicando potere in quello luogo vivere piú
sicuro che qui.

SIRO   E' gli è cosí.

CALLIMACO   E commesso di qua che[8] fussino venduti tutti e mia beni, fuora che la casa, mi 'ndussi a vivere quivi, dove sono stato dieci altri anni con una felicità grandissima..

SIRO   Io lo so.

CALLIMACO   ...avendo compartito[9] el tempo parte alli
studii, parte a' piaceri e parte alle faccende, ed in modo mi travagliavo[10] in ciascuna di queste cose, che l'una
non mi impediva la via dell'altra, e per questo, come tu
sai, vivevo giustissimamente, giovando a ciascuno ed
ingegnandomi di non offendere persona Talché mi pareva essere grato a' borghesi, a' gentiluomini, al forestiero, al terrazzano[11], al povero ed al ricco

SIRO   E' gli è la verità

CALLIMACO   Ma, parendo alla Fortuna che io avessi troppo bel tempo, fece che e' capitò a Parigi uno Cammillo Calfucci.

SIRO   Io comincio a 'ndovinarmi del mal vostro.

CALLIMACO   Costui, come li altri fiorentini, era spesso
convitato da me, e nel ragionare insieme[12] accadde un
giorno che noi venimo in disputa dove erano piú belle

---

8 *E commesso di qua che* «essendo stato imposto» (Raimondi), ma mi sembra
sia da interpretare «e avendo affidato (ad altri *di qua*, cioè rimasti in Italia, a
Firenze) l'incarico di » Del resto, nella stessa accezione il verbo è usato alla
fine di quest'atto (III, 80) *El dottore mi ha commesso che io truovi un medico* 9 *compartito* diviso 10 *mi travagliavo* mi impegnavo (non c'è, nel
verbo, sfumatura negativa) C'è piú di un'eco, nel racconto autobiografico di
Callimaco, di quello di Simo a Sosia, relativo ai trascorsi del figlio, nell'*A* , I,
1. «... di quelle cose che fanno la maggior parte de' giovanetti, di volgere l'animo a qualche piacere, come è nutrire cavagli, cani, andare allo Studio, non ne
seguiva piú una che un'altra, ma in tutte si travagliava 'mediocremente, di che
io mi rallegravo » Lo ha osservato il Borsellino, *Roz*, 127 11 *al terrazzano* paesano, nativo del paese, contrapposto a *forestiero* 12 *e, nel ragionare
insieme* come era già stato osservato, e come ha ribadito a suo tempo il Raimondi, *Pol* , 179-81, il racconto di Callimaco echeggia un passo della boccacciana novella di Lodovico, madonna Beatrice, Egano de' Galluzzi (*Decameron*,
VII, 7) «E quivi dimorando, avvenne che certi cavalieri li quali tornati erano
dal Sepolcro, sopravvenendo ad un ragionamento di giovani, nel quale Lodovico era, e udendo fra sé ragionare delle belle donne di Francia e d'Inghilterra

donne, o in Italia o in Francia. E perché io non potevo ragionare delle italiane, sendo sí piccolo[13] quando mi
parti', alcun altro fiorentino che era in presenzia, prese la parte franzese[14], e Cammillo la italiana E dopo
molte ragione assegnate da ogni parte, disse Cammillo, quasi che irato, che, se[15] tutte le donne italiane fussino monstri, che una sua parente era per riavere[16]
l'onore loro.

SIRO   Io sono or chiaro di quello che voi volete dire.

CALLIMACO   E nominò madonna Lucrezia, moglie di messer Nicia Calfucci, alla quale e' dètte tante laude e di
bellezza e di costumi, che fece restare stupidi qualunque di noi; ed in me destò tanto desiderio di vederla
che io, lasciato ogni altra deliberazione[17] né pensando
piú alle guerre o alle pace d'Italia, mi mossi a venire
qui[18]. dove arrivato ho trovato la fama di madonna Lucrezia essere minore assai che la verità[19] – il che occorre[20] rarissime volte –, e sommi acceso in tanto desiderio d'esser seco che io non truovo loco.

SIRO   Se voi me n'avessi parlato a Parigi, io saprei che
consigliarvi; ma ora non so io che mi dire

CALLIMACO   Io non ti ho detto questo per volere tua consigli, ma per sfogarmi in parte, e perché tu prepari l'animo ' adiutarmi dove el bisogno lo ricerchi[21]

---

e d'altre parti del mondo, cominciò l'uno di loro a dire che per certo di quanto mondo egli aveva cerco e di quante donne vedute aveva mai, una simiglian-
te alla moglie d'Egano de' Galluzzi di Bologna, madonna Beatrice chiamata,
veduta non avea di bellezza.. »   13 *piccolo* in tenera età Aveva, come ha
precisato, dieci anni   14 *la parte franzese* la difesa delle belle donne di Francia   15 *se.* anche se.   16 *navere.* riscattare   17. *ed in me... deliberazione.*
anche Lodovico, nella citata novella decameroniana, «s'accese in tanto desiderio di doverla vedere, che ad altro non poteva tenere il suo pensiero   »   18
mi messi a venire qui mi disposi a venir qui e, nell'atto stesso di deciderlo, quasi mi misi in viaggio C'è, nell'espressione, una mirabile «economia»   19 *ho
trovato   verità* troviamo ancora una rispondenza, abbastanza puntuale, nel testo boccacciano appena citato «   e troppo piú bella gli parve assai che stimato non avea   »   20 *occorre* accade   21 *Io non   ricerchi:* Raimondi, *Pol ,*
183, ha riscontrato una notevole analogia tra questa battuta di Callimaco ed
una del Machiavelli, in una lettera al Vettori (10 giugno 1514) «Io non vi scri-
vo questo, perché io voglia che voi pigliate per me o disagio o briga, ma solo
per sfogarmene, e per non vi scrivere di piú di questa materia, come odiosa
quanto ella può   .» – L'espressione *dove el bisogno lo ricerchi* vale «dove la necessità lo esiga»

SIRO   A cotesto son io paratissimo[22] Ma che speranza ci
      avete voi?

CALLIMACO   Eimè! nessuna

SIRO   O perché?

CALLIMACO   Dirotti. In prima mi fa guerra[23] la natura di
      lei, che è onestissima ed al tutto aliena dalle cose d'amo-
      re[24], l'avere el marito ricchissimo, e che al tutto si la-
      scia governare da lei, e, se non è giovane non è al tut-
      to vecchio, come pare[25]; non avere parenti o vicini, con
      chi ella convenga 'alcuna vegghia[26] o festa, o ad alcun
      altro piacere di che si sogliono dilettare le giovane; del-
      le persone meccaniche[27] non gliene càpita a casa nessu-
      na; non ha fante né famiglio che non triemi di lei, in
      modo che non c'è luogo[28] ad alcuna corruzione

SIRO   Che pensate, adunque, di poter fare?

CALLIMACO   E' non è mai alcuna cosa sí disperata che non
      vi sia qualche via da potere sperare[29]; e benché la fussi
      debole e vana, la voglia e 'l desiderio che l'uomo ha di
      condurre la cosa non la fa parer cosí.

SIRO   Infine, che vi fa sperare?

CALLIMACO   Dua cose l'una, la semplicità[30] di messer Ni-
      cia, che, benché sia dottore[31], e' gli è el piú semplice ed
      el piú sciocco uomo di Firenze, l'altra, la voglia che lui
      e lei hanno d'aver figliuoli, che, sendo stata sei anni a
      marito e non avendo ancora fatti, ne hanno, sendo ric-
      chissimi, un desiderio che muoiono Un'altra c'è, che
      la sua madre è suta buona compagna[32]. ma la è ricca, ta-
      le che io non so come governarmene

---

22 *paratissimo* prontissimo   23 *mi fa guerra* mi combatte mi è, in sostanza, contraria   24 *ed al   d'amore* Raimondi, *Pol*, 174, ha accostato questa
clausola ad analoga già nell'*A*, V, 1 «alieno al tutto dal tôrre moglie»   25
come pare a quanto sembra Di questa precisazione anagrafica, non hanno tenuto molto conto vari moderni registi   26 *vegghia* veglia   27 *meccaniche*
letteralmente, tutte le persone che si prestavano a lavori manuali o servili ar-
tigiani, lavoranti   28 *non c'è luogo*. non c'è possibilità   29 *E' non è mai*.
sperare· è assai probabile – come il Martelli, *Vers*, 211, suggerisce – che agi-
sca sul Machiavelli un'eco terenziana (*Heautontimorumenos*, 675). «Nihil tam
difficile est quin quaerendo investigari possiet»   30 *semplicità* semplicio-
neria   31 *dottore* come ha già accennato nel prologo, in legge   32. *buona
compagna* qui, con connotazione spregiativa, donna di allegra vita, e facili costumi

SIRO Avete voi, per questo, tentato per altra via" cosa alcuna?

CALLIMACO Sí ho, ma piccola cosa[34].

SIRO Come?

CALLIMACO Tu conosci Ligurio, che viene continuamente a mangiar meco Costui fu già sensale di matrimoni; dipoi s'è dato a mendicare cene e desinari. E perché gli è piacevol uomo, messer Nicia tiene con lui una stretta dimestichezza e Ligurio l'uccella[35]; e benché non lo meni a mangiare seco, li presta[36] alle volte danari. Io me lo son fatto amico e gli ho comunicato el mio amore: lui m'ha promesso d'aiutarmi colle mani e co' piè[37].

SIRO Guardate e' non v'inganni· questi pappatori[38] non sogliono avere molta fede.

CALLIMACO E' gli è vero. Nondimeno, quando una cosa fa per uno[39], si ha a credere, quando tu gliene commetti, che ti serva con fede. Io gli ho promesso, quando e' riesca, donarli buona somma di danari; quando e' non riesca, ne spicca[40] un desinare ed una cena, ché ad ogni modo i' non mangerei solo

SIRO Che ha egli promesso, insino a qui, di fare?

CALLIMACO Ha promesso di persuadere a messer Nicia che vada con la sua donna al bagno[41] in questo maggio.

SIRO Che è a voi cotesto?[42]

CALLIMACO Che è a me? Potrebbe quel luogo farla diventare d'un'altra natura, perché in simili lati[43] non si fa se non festeggiare. Ed io me n'andrei là e vi con-

---

33 *per altra via* con altri espedienti   34 *ma piccola cosa* ma si è trattato di un modesto tentativo   35 *l'uccella* lo beffa (di continuo)   36 *li presta* gli presta Il soggetto è Nicia   37 *con le mane e co' piè* «in tutte le maniere, insomma, con tutte le sue forze» (Raimondi) Già in *A* «so che si sforza con le mani e co' piè fare ogni male» (I, 1) e «io sono obligato in tuo servizio sforzarmi con le mani e co' piè» (IV, 1) Lo ha osservato il Raimondi, *Pol*, 173   38 *pappatori* parassiti (letteralmente mangioni a sbafo)   39 *quando per uno·* quando un affare, una pratica fa al caso di qualcuno, gli giova sul serio (il *fa* è qui pregnante)   40 *ne spicca* ne tira fuori, come guadagno   41 *al bagno·* alle cure termali, in qualche località rinomata   42 *Che è a voi cotesto?* «di quale vantaggio è per voi questo?» (Blasucci)   43 *in simili lati* in ambienti del genere, in posti simili

durrei di tutte quelle ragion piaceri che io potessi, né
lascerei indrieto alcuna parte di magnificenzia; fare'mi
familiar suo, del marito... Che so io? Di cosa nasce cosa, e 'l tempo la governa.

SIRO   E' non mi dispiace

CALLIMACO   Ligurio si partí questa mattina da me e disse che sarebbe con messer Nicia sopra questa cosa[44], e
me ne risponderebbe.

SIRO   Eccogli di qua insieme

CALLIMACO   Io mi vo' tirare da parte per essere a tempo
a parlar con Ligurio quando si parte[45] dal dottore. Tu
intanto, ne va' in casa alle tue faccende, e, se io vorrò
che tu faccia cosa alcuna, io te 'l dirò

SIRO   Io vo[46].

SCENA SECONDA

Messer Nicia, Ligurio

NICIA   Io credo che e tua consigli sien buoni, e parla'ne
iersera alla donna[1]: disse che mi risponderebbe oggi.
Ma, a dirti el vero, io non ci vo di buone gambe[2].

LIGURIO   Perché?

NICIA   Perché io mi spicco mal volentieri da bomba[3] Dipoi, l'avere a travasare moglie, fante, masserizia, ella
non mi quadra[4] Oltre a questo, io parlai iersera a pa-

44 *sopra questa cosa* per parlar di questo   45 *si parte* si stacca   46 Io vo
Raimondi, *Pol,*, 177-78, ha notato come «il dialogo d'informazione tra Callimaco e Siro, oltre ad assorbire i nuclei di materia terenziana , ritrascrive nella sua parte centrale la partitura, la segmentazione ritmica di quello tra Simo e
Sosia», in *A* , I, 1

II   1 *alla donna* a mia moglie   2 *di buone gambe* volentieri   3 *mi spicco da bomba* mi stacco mal volentieri da casa mia «*Bomba* era detto il luogo da cui si partiva e dove si ritornava nel gioco del pomo, simile all'odierno
gioco di guardie e ladri» (Blasucci) Ritorna il verbo *spiccare* per la terza volta,
nel giro di poche battute   4 *non mi quadra* si diceva anche «mi va storta»
non mi piace

recchi medici. L'uno dice che io vadia a San Filippo; l'altro alla Porretta, e l'altro alla Villa[5] E' mi paiono parecchi uccellacci[6]! E a dirti el vero, questi dottori di medicina non sanno quello che si pescano[7].

LIGURIO   E'vi debbe dar briga[8], quello che vo' dicesti prima, perché voi non sète uso a perdere la Cupola di veduta[9]

NICIA   Tu erri Quando io ero piú giovane, io sono stato molto randagio e' non si fece mai la fiera a Prato che io non vi andassi; ed e' non c'è castel veruno all'intorno, dove io non sia stato. E ti vo' dir piú là: io sono stato a Pisa ed a Livorno, o va'!

LIGURIO   Voi dovete avere veduto la carrucola di Pisa

NICIA   Tu vòi dire la Verucola[10].

LIGURIO   Ah! sí, la Verucola. A Livorno vedesti voi el mare?

NICIA   Ben sai che io lo vidi!

LIGURIO   Quanto è egli maggior che Arno?

NICIA   Che Arno? egli è per quattro volte . per piú di sei, per piú di sette... mi farai dire. E' non si vede se non acqua, acqua, acqua, acqua.

LIGURIO   Io mi maraviglio adunque, avendo voi pisciato in tante neve[11], che voi facciate tanta difficultà d'andare ad uno bagno.

---

5 *San Filippo   Porretta   Villa* sono alcuni luoghi termali, frequentati dalla buona borghesia fiorentina   6 *uccellacci* stupidoni (era frequente anche la forma *uccellone*)   7 *non sanno . Pescano* non sanno spiegarsi nulla· come il pescatore che non sa neppure cos'ha pescato   8 *dar briga* dar fastidio, esservi di impaccio   9 *a perdere   veduta* a perder di vista la Cupola di Santa Maria del Fiore ad allontanarvi da Firenze   10 *la Verucola* «il monte Verruca, a est della città, sulla cui cima nel Duecento fu costruita una rocca, cosí denominato per la sua forma caratteristica» (Blasucci) - Il Vanossi, *Sit*, 35, ricorda un analogo scambio di battute tra Bruno e il maestro Simone da Villa (*Decameron*, VIII, 9) «O maestro mio – diceva Bruno – io non me ne meraviglio, ché io ho bene udito dire che Porcograsso e Vannacenna non ne dicon nulla Disse il maestro – Tu vuoi dire Ipocrasso e Avicenna»   11 *pisciato   neve* «lasciato il segno su tanti luoghi» (Guerri) fuor di metafora visitato tanti paesi - Il Vanossi, *Sit*, 37, suggerisce un accostamento alla sessantaquattresima novella del *Trecentonovelle* del Sacchetti «Va' va', che ora sarai tu messo nel sacco de' priori, che n'ha' pisciato cotanti maceroni».

NICIA   Tu hai la bocca piena di latte¹²· e' ti pare a te una
favola, avendo a sgominare¹³ tutta la casa? Pure, io ho
tanta voglia d'aver figliuoli che io son per fare ogni cosa. Ma parla un po' tu con questi babuassi¹⁴, vedi dove
e' mi consigliassino che io andassi; ed io sarò intanto
con la donna, e ritroverrenci.
LIGURIO   Voi dite bene

SCENA TERZA

Ligurio, Callimaco

LIGURIO   Io non credo che sia nel mondo el piú sciocco
uomo di costui, e quanto¹ la fortuna lo ha favorito! lui
ricco, lei bella donna, savia, costumata, ed atta al governare un regno E parmi che rare volte si verifichi
quel proverbio ne' matrimoni che dice: «Dio fa gli uomini, e' s'appaiono²» Perché spesso si vede uno uomo
ben qualificato³ avere una bestia⁴, e per avverso una
prudente donna avere un pazzo Ma della pazzia di costui se ne cava questo bene, che Callimaco ha che sperare. Ma eccolo Che vai tu appostando⁵, Callimaco?
CALLIMACO   Io t'avevo veduto col dottore ed aspettavo
che tu ti spiccassi da lui per intendere quello avevi fatto.
LIGURIO   Egli è uno uomo della qualità che tu sai, di poca prudenzia, di meno animo, e partesi malvolentieri
da Firenze. Pure, io ce l'ho riscaldato e mi ha detto in-

---

12 *hai .. latte* Nicia parla per proverbi, frasi fatte, luoghi comuni. Qui vuol
dire «Sei ingenuo come un bambino» (Gaeta)   13 *sgominare* mettere sottosopra. prima ha parlato di travasare, cioè traslocare, con tutto il disordine che
ciò comporta   14 *babuassi* babbei

III   1 *e quanto* in quell'*e* è celata un'avversativa eppure quanto   2 *e' s'ap-
paiono·* essi si accoppiano fra loro «Dio li fa, poi li accoppia», si dice ancor oggi   3 *ben qualificato* dotato di molte qualità, contrapposto a bestia, cosí come prudente si contrappone a pazzo   4 *avere una bestia* avere in sorte, dalla
fortuna, appunto   5 *appostando·* spiando di nascosto alla posta

fine che farà ogni cosa: e credo che, quando e' ci piaccia questo partito⁶, che noi ve lo condurreno. Ma io non so se noi ci fareno el bisogno nostro.

CALLIMACO   Perché?

LIGURIO   Che so io? Tu sai che a questi bagni va d'ogni qualità gente, e potrebbe venirvi uomo a chi madonna Lucrezia piacessi come a te, che fussi ricco piú di te, che avessi piú grazia di te: in modo⁷ che si porta pericolo di non durare⁸ questa fatica per altri, e che c'intervenga che la copia de' concorrenti la faccino piú dura⁹, o che, dimesticandosi¹⁰, la si volga ad un altro e non a te

CALLIMACO   Io conosco che tu di' el vero: ma come ho a fare? che partito¹¹ ho a pigliare? dove mi ho a volgere? A me bisogna tentare qualche cosa: sia grande, sia pericolosa, sia dannosa, sia infame. Meglio è morire che vivere cosí. Se io potessi dormire la notte, se io potessi mangiare, se io potessi conversare, se io potessi pigliare piacere di cosa veruna, io sarei piú paziente ad aspettare el tempo. Ma qui non c'è rimedio. E, se io non sono tenuto in speranza da qualche partito, i' mi morrò in ogni modo. E, veggendo d'avere a morire, non sono per temere cosa alcuna, ma per pigliare qualche partito bestiale, crudele, nefando.

LIGURIO   Non dire cosí Raffrena cotesto impeto dello animo.

CALLIMACO   Tu vedi bene che, per raffrenarlo, io mi pasco di simili pensieri e però è necessario o che noi seguitiamo¹² di mandare costui al bagno, o che noi entràno per qualche altra via, che mi pasca d'una speranza, se non vera, falsa almeno, per la quale io nutrisca un pensiero che mitighi in parte tanti mia affanni.

---

6 *ti piaccia questo partito* ti piaccia prendere questa strada, imboccare questa via   7 *e potrebbe in modo* Raimondi, *Pol*, 185, ha accostato questo passaggio ad analogo in una lettera del Vettori (9 febbraio 1514) al Machiavelli « avevo a pensare che, come piaceva a me, piacerebbe ancora a altri e d'altra qualità non sono io, in modo »   8 *si porta di non durare* si corre il rischio di sopportare (la costruzione è alla latina)   9 *piú dura* è Lucrezia inaccessibile, e perciò piú aspra da conquistare   10. *dimesticandosi* divenendo domestica, affabile, trattabile   11 *partito* risoluzione   12 *seguitiamo* persistiamo (come abbiamo già cominciato) nel progetto di

LIGURIO   Tu hai ragione, ed io sono per farlo.

CALLIMACO   Io lo credo, ancora che io sappia che e pari tuoi vivino di uccellare[13] li uomini. Nondimanco io non credo essere in quel numero, perché, quando tu el facessi, ed io me ne avvedessi, cercherei valermene[14] e perderesti per ora l'uso della casa mia, e la speranza di avere quello che per lo avvenire t'ho promesso

LIGURIO   Non dubitare della fede mia, che, quando e' non ci fussi l'utile che io sento e che io spero, e' c'è che 'l tuo sangue si confà col mio[15], e desidero che tu adempia questo tuo desiderio presso a quanto[16] tu. Ma lasciamo ir questo El dottore mi ha commesso che io truovi un medico, e intenda a quale bagno sia bene andare. Io voglio che tu faccia a mio modo, e questo è che tu dica di avere studiato in medicina e che abbi fatto a Parigi qualche sperienzia: lui è per crederlo facilmente, per la semplicità sua e per essere tu litterato e poterli dire qualche cosa in gramatica[17]

CALLIMACO   A che ci ha a servire cotesto?

LIGURIO   Serviracci a mandarlo a qual bagno vorreno[18], ed a pigliare qualche altro partito che io ho pensato, che sarà piú corto, piú certo, piú riuscibile che 'l bagno

CALLIMACO   Che di' tu?

LIGURIO   Dico che, se tu arai animo e se tu confiderai in me, io ti do questa cosa fatta innanzi che sia domani questa otta[19] E quando e' fussi uomo, che non è, da ricercare se tu se' o non se' medico, la brevità del tempo, la cosa in sé farà o che non ne ragionerà o che non sarà a tempo a guastare el disegno quando bene e' ne ragionassi.

---

13 *uccellare* qui, piú che «beffare», vale propriamente «ingannare»   14 *valermene* rivalermene in altri termini, vendicarmi   15 *che 'l mio* che corre tra me e te una misteriosa, profonda affinità (e complicità) Raimondi, *Pol*, 175, accosta questa battuta alla formula «i costumi s'affanno» dell'*A.*, IV, 2.   16. *presso a quanto* quasi quanto   17 *in gramatica* cioè, in latino   18 *vorreno* vorremo   19 *innanzi   otta* prima della stessa ora di domani La comedia si svolge in una giornata, come ribadisce Timoteo nella chiusa del quarto atto (IV, X, 126)

CALLIMACO   Tu mi risuciti[20]: questa è troppa gran promessa, e pascimi di troppa gran speranza. Come farai?

LIGURIO   Tu el saprai quando e' fia tempo: per ora non
occorre che io te 'l dica, perché el tempo ci mancherà
a fare, non che dire[21] Tu vanne in casa e quivi m'aspetta[22], ed io andrò a trovare el dottore. e se io lo condu-
co a te, andrai seguitando el mio parlare ed accomo-
dandoti a quello

CALLIMACO   Cosí farò, ancora che tu mi riempia d'una
speranza che io temo non se ne vadia in fumo

Canzone
dopo il primo atto

Chi non fa pruova, Amore,
della tua gran possanza, indarno spera
di far mai fede vera[1]
qual sia del cielo il piú alto valore,
ne sa come si vive, insieme, e muore,
come si segue[2] il danno e 'l ben si fugge,
come s'ama se stesso
men d'altrui, come spesso
timore e speme i cori agghiaccia e strugge[3],
né sa come ugualmente uomini e dei
paventan[4] l'arme di che armato sei

20 *Tu mi risuciti* Raimondi, *Pol*, 174, ricorda il «Tu m'hai risucitato» dell'*A*,
II, 1   21 *perché dire* meno conciso e teatralmente efficace, era stato il Machiavelli in *A*, IV, 2 «Io ho paura che questo dí non mi basti a farlo, non che
mi avanzi tempo a dirlo» Lo ha notato il Raimondi, *Pol*, 175   22 *Tu aspetta* ancora un'eco dall'*A*, III, 2 «Vanne in casa e quivi mi aspetta », evi-
denziata dal Raimondi, *Pol*, 174

CANZONE   1 *di far vera* di poter sperimentare sul serio 2 *segue* con valore intensivo si insegue   3 *agghiaccia e strugge* agghiaccia ed arde (sono i verbi del *timore* e della *speme*).   4 *paventan* temono

ATTO SECONDO

SCENA PRIMA

Ligurio, messer Nicia, Siro

LIGURIO   Come io vi ho detto, io credo che Iddio ci abbia mandato costui[1] perché voi adempiate el desiderio vostro. Egli ha fatto a Parigi esperienzie grandissime, e non vi maravigliate se a Firenze e' non ha fatto professione dell'arte[2], che n'è suto cagione, prima, per essere ricco; secondo, perché egli è ad ogni ora per tornarsi a Parigi

NICIA   Ormai, frate sí, cotesto[3] bene importa, perché io non vorrei che mi mettessi in qualche lecceto[4] e poi mi lasciassi in sulle secche.

LIGURIO   Non dubitate di cotesto Abbiate solo paura che non voglia pigliare questa noia[5]; ma, e' la piglia, e' non è per lasciarvi infino che non ne veda la fine.

NICIA   In cotesta parte io mi vo' fidare di te; ma della scienzia io ti dirò bene io, come io gli parlo, se gli è uomo di dottrina, perché a me non venderà egli vesciche[6].

LIGURIO   E perché io vi conosco, vi meno io a lui acciò li parliate. E se, parlato li avete, e' non vi pare per presenzia, per dottrina, per lingua uno uomo da metterli il capo in grembo[7], dite che io non sia desso

I 1 *costui* è, come si capisce subito, Callimaco La scena si apre a dialogo già avviato   2. *dell'arte* dell'arte sua, quella di medico   3 *cotesto* è proprio questo, cioè il fatto che possa partirsene da un momento all'altro (*ad ogni ora*) per Parigi, che è molto importante (*bene importa*)   4. *mi   lecceto* mi cacciasse in qualche pasticcio (da *lecceto*, bosco basso e folto di lecci, da cui ci si districa a fatica) La metafora ritorna in *C*, V, 2 « e di me, che sono, per tuo amore, entrato in questo lecceto»   5 *pigliare questa noia* occuparsi di questo «caso»   6 *non   vesciche* non venderà egli fumo (le *vesciche* sono enfiate d'aria)   7 *da   grembo* da affidarglisi con piena fiducia, come il fanciullo fa con la madre, riponendole, appunto, il capo in grembo Raimondi, *Pol*, 183,

NICIA   Or sia, col nome dell'Agnol santo, andiamo. Ma dove sta egli?

LIGURIO   Sta in su questa piazza, in quello uscio che voi vedete al dirimpetto a noi

NICIA   Sia con buona ora picchia

LIGURIO   Ecco fatto.

SIRO   Chi è?

LIGURIO   Èvi Callimaco?

SIRO   Sí, è.

NICIA   Che non di' tu: maestro Callimaco[8]?

LIGURIO   E' non si cura di simil boria.

NICIA   Non dir cosí, fa' 'l tuo debito[9], e, s'e' l'ha per male, scingasi[10].

SCENA SECONDA

Callimaco, messer Nicia e Ligurio.

CALLIMACO   Chi è quel che mi vuole?

NICIA   Bona dies, domine magister.

CALLIMACO   Et vobis bona, domine doctor.

LIGURIO   (Che vi pare?

NICIA   Bene, alle guagnele[1]!)

LIGURIO   Se voi volete che io stia qui con voi, voi parlerete in modo che io v'intenda: altrimenti noi faren duo fuochi[2].

ricorda una clausola analoga in una lettera del 29 aprile 1513 « se li abbi a gettare tutto in grembo» 8 *maestro Callimaco maestro* o *magister* era l'attributo professionale che spettava al medico, *dottore* o *doctor* all'avvocato come conferma lo scambio di ossequi in latino che segue   9 *fa' 'l tuo debito* fa' ciò che devi cioè, rispetta i doveri sociali, le convenienze   10 *scingasi* sott le brache si cali pur le brache, peggio per lui In chiusa del primo capitolo dell'*Asino d'oro* (I, 121), leggiamo «   e chi lo vuol aver per mal, si scinga»

II   1 *alle guagnele* per i vangeli (è corruzione di *propter Evangilia*, assai frequente anche nel Decameron)   2 *faremo duo fuochi* faremo due focolari, che bruciano ciascuno per suo conto «due parti separate che non s'intendono» (Blasucci)

CALLIMACO   Che buona faccenda?[3].

NICIA   Che so io? Vo cercando duo cose ch'un altro per avventura fuggirebbe: questo è di dare briga[4] a me e ad altri Io non ho figliuoli e vorre'ne, e per avere questa briga vengo a dare impaccio a voi

CALLIMACO   A me non fia mai discaro fare piacere a voi ed a tutti li uomini virtuosi e da bene come voi, e non mi sono a Parigi affaticato tanti anni, per imparare, per altro se non per potere servire a' pari vostri[5]

NICIA   Gran mercé[6]; e quando voi avessi bisogno dell'arte mia, io vi servirei volentieri. Ma torniamo ad rem nostram[7]. Avete voi pensato che bagno[8] fussi buono a disporre la donna mia ad impregnare? Che io so che qui Ligurio vi ha detto quel che vi s'abbi detto[9].

CALLIMACO   E' gli è la verità Ma, a volere adempiere[10] el desiderio vostro è necessario sapere la cagione della sterilità della donna vostra, perché le possono essere piú cagione. Nam cause sterilitatis sunt aut in semine, aut in matrice, aut in instrumentis seminariis, aut in virga, aut in causa extrinseca[11].

NICIA   (Costui è il piú valente[12] uomo che viva!)

CALLIMACO   Potrebbe oltre di questo causarsi questa sterilità da voi, per impotenzia; che, quando questo fussi, non ci sarebbe rimedio alcuno

NICIA   Impotente io? Oh voi mi farete ridere! Io non credo che sia el piú ferrigno[13] ed il piú rubizzo[14] uomo, in Firenze, di me.

CALLIMACO   Se cotesto non è, state di buona voglia, che noi vi troverremo qualche rimedio.

---

3 *Che   faccenda?* sott vi mena qui   4 *dare briga* procurare fastidi   5 *a' pari   vostri* a uomini della vostra condizione sociale.   6 *Gran mercé* Ve ne sono molto grato   7 *ad rem nostram* al nostro problema Nicia è un giurista, e predilige le clausole del mestiere   8 *che bagno* quale tipo di cure termali   9 *quel   detto* tutto quello che era necessario riferirvi   10 *adempiere* soddisfare   11 *nam   extrinseca* «infatti, le cause della sterilità sono o nel seme o nella vagina o nei testicoli o nel membro o in qualche fattore esterno»   12 *valente* in quanto esperto nella sua arte   13 *ferrigno* di tempra quasi ferrea   14 *rubizzo* rubicondo, come chi è di buon sangue

NICIA   Sarebbeci egli altro rimedio che bagni? Perché io non vorrei quel disagio[15], e la donna uscirebbe di Firenze malvolentieri.

LIGURIO   Sí, sarà![16]. Io vi risponderò io: Callimaco è tanto respettivo che è troppo. Non m'avete voi detto[17] di sapere ordinare certe pozione che indubitatamente fanno ingravidare?

CALLIMACO   Sí, ho Ma io vo rattenuto[18] con gli uomini che io non conosco, perché io non vorrei mi tenessino un cerretano[19]

NICIA   Non dubitate di me, perché voi mi avete fatto maravigliare di qualità che non è cosa io non credessi o facessi per le vostre mani[20]

LIGURIO   Io credo che bisogni che voi veggiate el segno[21].

CALLIMACO   Sanza dubbio, e' non si può fare di meno[22].

LIGURIO   (Chiama Siro, che vadia con el dottore a casa, per esso, e torni qui; e noi l'aspetteremo in casa.)

CALLIMACO   Siro, va' con lui E se vi pare, messere, tornate qui súbito, e pensereno a qualche cosa di buono.

NICIA   Come, se mi pare? Io tornerò qui in uno stante, che ho piú fede in voi che gli Ungheri nello Spano[23].

---

15 *quel disagio* come ha spiegato prima (I, 2), il disagio del *travasare moglie, fante, masserizie*, dell'*avere a sgominare tutta la casa*   16 *Sí, sarà!* Sí, ci sarà, lo troveremo di certo! Ligurio finge di voler parlar al posto di Callimaco che è troppo *respettivo*, cioè rispettoso, troppo cauto e riservato   17 *Non detto* Ligurio lascia intendere che Callimaco gli abbia parlato piú liberamente a tu per tu   18 *vo rattenuto* mi trattengo, procedo con cautela   19 *mi cerretano* mi ritenessero un ciarlatano, da Cerreto, il paese da cui con maggior frequenza prendevano le mosse codesti venditori d'ogni rimedio   20 *per le vostre mani* dietro vostro consiglio   21 *el segno* il segnale, la prova diagnostica, in questo caso, l'urina   22 *fare di meno* farne a meno   23 *che gli Ungheri nello Spano* degli Ungheresi, noti per la loro bellicosità, nel condottiero fiorentino Pippo Spano, al servizio di re Sigismondo d'Ungheria

SCENA TERZA

Messer Nicia, Siro.

NICIA   Questo tuo padrone è un gran valente uomo.
SIRO   Piú che voi non dite
NICIA   El re di Francia ne de' far conto[1]
SIRO   Assai.
NICIA   E per questa ragione e' debbe stare volentieri in
Francia.
SIRO   Cosí credo.
NICIA   E' fa molto bene In questa terra non ci è se non
cacastecchi[2], non ci si apprezza virtú alcuna. S'e' stes-
si qua, non ci sarebbe uomo che lo guardassi in viso[3]
Io ne so ragionare, che ho cacato la curatella per impa-
rare dua hac[4], e se io ne avessi a vivere, io starei fresco,
ti so dire!
SIRO   Guadagnate voi, l'anno, cento ducati?
NICIA   Non cento lire, non cento grossi[5], o va'! E questo
è che, chi non ha lo stato[6] in questa terra, de' nostri pari, non truova can che gli abbai, e non siàn buoni ad altro che andare a' mortori o alle ragunate d'un mogliazzo[7], o a starci tuttodí in sulla panca del Procon-

III 1 *me   conto* deve avere per lui molta stima   2 *cacastecchi* letteralmente, stitici ma, metaforicamente, nella parola c'è spilorceria e, ad un tempo, mediocrità La stessa pregnanza hanno composti come *cacastracci, cacace-
na, cacavincigli*   3 *che   in viso* che lo stimasse, da uomo a uomo, per quello
che vale Ma si pensa subito, per un'analogia *a contrario*, al *perché altrove non
have | dove voltare el viso*, nel Prologo (qui a p 68)   4 *che . dua hac.* che ho
cacato tutte le mie frattaglie (cioè, faticato a morte) per imparar queste due ac-
ca, queste due formulette in latino C'è, evidentemente, in Machiavelli, l'intenzione di accostare, nella stessa battuta, a fini di sarcasmo, quel *cacastecchi*
a questo *ho cacato*   5 *grossi* si «scende» dal ducato alla lira al grosso, una mo-
netina d'argento che valeva circa cinque soldi In *A* , II, 2 un servo di Cremete compra «uno grosso di pesciolini per la cena del vecchio»   6 *chi non ha lo
stato* chi non abbia uno *status* riconosciuto, una precisa posizione ufficiale tra
quanti governano la cosa pubblica   7 *mortori mogliazzo* i funerali sono con-
trapposti alle feste di matrimonio ed un terzo inutile svago è in quel *donzellarci*, trastullarsi a vuoto come ragazzine.

solo⁸ a donzellarci. Ma io ne li disgrazio⁹, io non ho bisogna di persona¹⁰: così stessi chi sta peggio di me! Ma
non vorrei però ch'elle fussino mia parole¹¹, ché io arei
di fatto qualche balzello o qualche porro di drieto che
mi fare' sudare¹².

SIRO   Non dubitate

NICIA   Noi siamo a casa. Aspettami qui: io tornerò ora.

SIRO   Andate.

SCENA QUARTA

Siro solo.

SIRO   Se gli altri dottori fussin fatti come costui, noi faremo a' sassi pe' forni¹: che sí, che questo tristo di Ligurio e questo impazzato² di questo mio padrone lo
conducono in qualche loco, che gli faranno vergogna.
E veramente io lo desiderrei, quando io credessi che
non si risapessi³. perché, risapendosi, io porto pericolo della vita; el padrone, della vita e della roba. Egli è
già diventato medico Non so io che disegno si sia el

---

8 *in   Proconsolo* era la panca di via del Proconsolo, abituale ritrovo di vecchi e sfaccendati, come ricordano varii poeti burleschi, dal Burchiello al Lasca.   9 *ne li disgrazio* non concedo loro le mie attenzioni, non bado loro   10
di persona di nessuno   11 *non   parole* Non vorrei però che queste parole
fossero riferite come mie (l'ellissi del verbo conferisce alla battuta una forte allusività)   12 *qualche   sudare* qualche multa (interpreterei così il termine, di
per sé generico, piuttosto che con «tassa») o qualche fregatura, comunque (il
porro di drieto allude alla sodomia per beffa, punizione o violenza) che mi farebbe soffrire

IV   1 *noi   forni* il Machiavelli stesso spiega l'espressione, in una lettera
dell'ottobre 1525 al Guicciardini «*Fare a' sassi pe' forni* non vuol dire altro che
fare una cosa da pazzi, et però disse quel mio, che se tutti fossimo come messer Nicia, noi faremmo a' sassi pe' forni, cioè noi faremmo tutti cose da pazzi »   2 *impazzato* Callimaco è pazzo per amore, la pazzia di Nicia (il suo *fare a' sassi pe' forni*) è stupidità   3 *quando   risapessi* Siro ha la stessa paura di
Nicia, poco sopra (*Non vorrei però ch'elle fussino mia parole..*)

suo, e dove si tenda⁴ questo loro inganno. Ma ecco el
dottore, che ha uno orinale in mano: chi non riderebbe di questo uccellaccio⁵?

SCENA QUINTA

Messer Nicia, Siro

NICIA   Io ho fatto d'ogni cosa a tuo modo, di questo vo'
io che tu facci a mio Se io credevo non avere figliuoli, io arei preso piú tosto per moglie una contadina che
te¹ – To' costí, Siro; viemmi drieto. Quanta fatica ho
io durata a fare che² questa mia mona³ sciocca mi dia
questo segno! E non è dire che la non abbi caro di fare figliuoli, che la ne ha piú pensiero di me. Ma, come⁴
io le vo' far fare nulla, e' gli è una storia⁵.
SIRO   Abbiate pazienzia· le donne si sogliono con le buone parole condurre dove altri vuole.
NICIA   Che⁶ buone parole! che mi ha fracido⁷. Va', ratto,
di' al Maestro ed a Ligurio che io son qui.
SIRO   Eccogli che vengon fuori.

---

4 *dove si tenda* a quale meta tenda   5 *uccellaccio* è una rispondenza interna Nicia è definito spregiativamente, usando le sue stesse parole (*e' mi parvono parecchi uccellacci* in I, 2)

V   1 *Io   che te*. Rientrando in scena, Nicia pronuncia questa battuta rivolto ancora alla moglie, che si trova in casa   2 *a che fare* a fare in modo che.   3 *mona* o *monna*, per madonna, moglie (da *mea domina*)   4 *come* non appena   5 *e' gli è una storia* è una gran fatica   6 *Che* Altro che   7 *mi ha fracido* oggi, con metafora di segno opposto, diciamo «mi ha seccato»

SCENA SESTA

Ligurio, Callimaco, messer Nicia.

LIGURIO   (El dottore fia facile a persuadere La difficultà
fia la donna¹, ed a questo non ci mancherà modi.)

CALLIMACO   Avete voi el segno?

NICIA   E' l'ha Siro . sotto²!

CALLIMACO   Dàllo qua. Oh! questo segno mostra debi-
lità di rene

NICIA   E' mi par torbidiccio, e pure l'ha fatto ora ora.

CALLIMACO   Non ve ne maravigliate. Nam mulieris urinae sunt semper maioris grossitiei et albedinis, et mi-
noris pulchritudinis quam virorum. Huius autem inter
cetera causa est amplitudo canalium, mixtio eorum
quae ex matrice exeunt cum urina³.

NICIA   (Oh! potta di san Puccio!⁴ Costui mi raffinisce in
tra le mani⁵: guarda come ragiona bene di questa cosa.)

CALLIMACO   Io ho paura che costei non sia la notte mal
coperta⁶, e per questo fa l'orina cruda

NICIA   Ella tien pure a dosso un buon coltrone; ma la sta
quattro ore ginocchioni ad infilzar paternostri, innanzi
che la se ne venghi a letto. ed è una bestia⁷, a patir freddo.

CALLIMACO   Infine, dottore, o voi avete fede in me, o no.
O io vi ho ad insegnare un rimedio certo, o no. Io, per

---

vi   1 *la difficultà fia la donna*   il difficile sarà convincere la donna È teatralmente un «a parte» tra Ligurio e Callimaco, che stanno rimettendo piede in
scena   2 *sotto* forse sotto le vesti Nicia glielo ha passato durante la quinta
scena, a quanto si deduce   3 *Nam   urina* «Infatti l'urina della donna è sempre di maggior densità e bianchezza e di minor bellezza di quella degli uomini
Causa di ciò, fra l'altro, è l'ampiezza dei canali e la mistura di ciò che esce dalla vagina con l'urina»   4 *potta di san Puccio!* era esclamazione volgare, ma
corrente (*potta* è la vagina ed è tanto più assurdo, e perciò comico, attribuirla
ad un personaggio maschile di quanto non lo fossero esclamazioni altrettanto
correnti, come «porta di santa Bella!») Quanto a Puccio vien da pensare subito alla novella decameroniana di frate Puccio e monna Isabetta (III, 4)   5
Costui   mani Costui mi si dimostra sempre più raffinato (cioè, esperto e sottile) via via che lo frequento   6 *mal coperta* Callimaco gioca sul doppio senso mal riparata dal freddo (e così, letteralmente, intenderà Nicia) e mal coperta
dal marito, in copula   7 *è una bestia* è ostinata come certi animali

me, el rimedio vi darò: se voi arete fede in me, voi lo
piglierete; e se, oggi ad uno anno[8], la vostra donna non
ha un suo figliolo in braccio, io voglio avervi a donare[9]
dumilia ducati.

NICIA   Dite pure, che io son per farvi onore di tutto, e
per credervi piú che al mio confessoro.

CALLIMACO   Voi avete ad intender questo, che non è cosa piú certa[10], ad ingravidare una donna, che dargli bere una pozione fatta di mandragola. Questa è una cosa
esperimentata da me dua paia di volte[11] e trovata sempre vera; e se non era quest, la reina di Francia sarebbe sterile ed infinite altre principesse di questo stato.

NICIA   È egli possibile?

CALLIMACO   E' gli è come io vi dico. E la fortuna vi ha
in tanto voluto bene che io ho condutto qui meco tutte quelle cose[12] che in quella pozione si mettono, e potete averla a vostra posta[13].

NICIA   Quando l'arebbe ella a pigliare?

CALLIMACO   Questa sera dopo cena, perché la luna è ben
disposta ed el tempo non può essere piú a proposito.

NICIA   Cotesto non fia molto gran cosa[14]. Ordinatela in
ogni modo· io gliene farò pigliare.

CALLIMACO   E' bisogna ora pensare a questo, che quello
uomo che ha prima a fare seco[15], presa che l'ha, cotesta
pozione, muore infra otto giorni, e non lo camperebbe
el mondo.

NICIA   Cacasangue![16] io non voglio cotesta suzzacchera[17]:
a me non l'apiccherai, tu! Voi mi avete concio bene[18]!

CALLIMACO   State saldo! e' ci è rimedio.

---

8 *oggi ad uno anno* ad un anno da oggi   9 *voglio avervi a donare* voglio do-
vervi regalare, a pegno della scommessa perduta   10 *piú certa* di piú sicuro
effetto   11 *dua paia di volte* cioè, in quattro casi, alla lettera Ma, come nella tradizione orale, «due volte due» vale «moltissime». infatti, nella stessa battuta, le guarite risultano essere *infinite*   12 *tutte quelle cose·* tutti gli ingre-
dienti   13 *a vostra posta.* a vostra disposizione   14. *non . cosa* non rappre-
senterà una grossa difficoltà Nicia sembra già temere le reazioni della moglie   15. *a fare seco.* ad avere contatti carnali con lei   16. *Cacasangue!* letteralmente, vuol dire «dissenteria» C'è ancora un richiamo alla fecalità, in questo (altrimenti banale) «accidenti!» di messer Nicia   17 *suzzacchera*
porcheria, mistura ributtante (era, letteralmente, una bevanda mista d'aceto e
zucchero)   18 *concio bene* ben ridotto è detto sarcasticamente

NICIA   Quale?

CALLIMACO   Fare dormire subito con lei un altro, che tiri, standosi seco una notte, a sé tutta quella infezione della mandragola: di poi vi iacerete voi sanza pericolo

NICIA   Io non vo' fare cotesto.

CALLIMACO   Perché?

NICIA   Perché io non vo' fare la donna mia femmina[19] e me becco.

CALLIMACO   Che dite voi, dottore? Oh! io non vi ho per savio come io credetti Sí che voi dubitate[20] di fare quello che ha fatto el re di Francia e tanti signori quanti sono là?

NICIA   Chi volete voi che io truovi, che facci cotesta pazzia? Se io gliene dico, e' non vorrà Se io non gliene dico, io lo tradisco, ed è caso da Otto[21]: io non ci vo' capitare sotto male.

CALLIMACO   Se non vi dà briga[22] altro che cotesto, lasciatene la cura a me.

NICIA   Come si farà?

CALLIMACO   Diròvelo Io vi darò la pozione questa sera dopo cena, voi gliene darete bere, e subito, la metterete nel letto, che fieno circa a quattro ore di notte. Dipoi ci travestiremo, – voi, Ligurio, Siro ed io –, e andrencene cercando in Mercato Nuovo, in Mercato Vecchio, per questi canti; ed el primo giovanaccio[23] che noi troverremo scioperato, lo imbavagliereno, ed a suon di mazzate lo condurreno in casa ed in camera vostra al buio. Quivi lo mettereno nel letto, direngli quel che gli abbia a fare: non ci fia difficultà veruna. Dipoi, la mattina, ne manderete colui[24] innanzi dí; farete lavare la vostra donna, starete[25] con lei a vostro piacere e sanza pericolo

19 *femmina* sta per *femmina del popolo*, cioè donna che si concede a chiunque la richieda, puttana   20 *dubitate* siete incerto, dubbioso   21 *ed è caso da Otto* ed è un crimine da esser giudicato dagli Otto di giustizia, la magistratura che presiedeva il tribunale penale   22 *dà briga* preoccupa, infastidisce Ritorna l'espressione con cui Nicia si è presentato   *questo è di dare briga a me ed a altri* (II, 2)   23 *giovanaccio* giovinastro che, per di piú, è un inetto bighellone (*scioperato*)   24 *ne manderete colui* lo spedirete via di qui   25 *starete* qui proprio nel senso di «giacerete» (come quel *fare* di poco sopra)

NICIA   Io sono contento, poiché tu di' che e re, e principi, e signori hanno tenuto questo modo. Ma sopr'a tutto, che non si sappia, per amor degli Otto!

CALLIMACO   Chi volete voi che lo dica?

NICIA   Una fatica ci resta, e d'inportanza.

CALLIMACO   Quale?

NICIA   Farne contenta mogliama²⁶: a che io non credo
ch'ella si disponga mai.

CALLIMACO   Voi dite el vero. Ma io non vorrei innanzi
essere marito, se io non la disponessi a fare a mio modo

LIGURIO   Io ho pensato el rimedio.

NICIA   Come?

LIGURIO   Per via del confessoro

CALLIMACO   Chi disporrà el confessoro Tu?

LIGURIO   Io, e danari, la cattiva natura²⁷ loro.

NICIA   Io dubito, non che altro, che per mio detto²⁸ la non
voglia ire a parlare al confessoro.

LIGURIO   Ed anche a questo è rimedio.

CALLIMACO   Dimmi.

LIGURIO   Farvela condurre alla madre.

NICIA   La le presta fede²⁹.

LIGURIO   Ed io so che la madre è della opinione nostra.
Orsú: avanziam tempo, che si fa sera³⁰. (Vatti, Callimaco, a spasso, e fa' che alle ventitré ore noi ti ritro-
viamo con la pozione ad ordine Noi n'andereno a casa la madre³¹, el dottore ed io, a disporla, perché è mia
nota³²· poi ne andereno al frate, e vi raguagliereno di
quello che noi areno fatto.

CALLIMACO   Deh! non mi lasciar solo.

LIGURIO   Tu mi par' cotto

---

26 *mogliama* forma contratta, assai corrente, per «mia moglie»   27 *cattiva
natura* malvagità naturale A proposito della cadenza di questa frase, Raimondi, *Pol*, 176, ricorda, in *A*, V, 4 «tu, il vero e il bene che voglio a Glicerio» 28. *per mio detto*. a seguito delle mie parole   29 *La   fede* si fida di
lei   30 *Orsú   sera* Raimondi, *Pol*, 175, ricorda due battute distinte in *A*
« io ti priego che noi avanziano tempo » (III, 3) e «E' si fa sera» (III,
4)   31 *a casa la madre* a casa della madre   32 *perché   nota* perché è una
mia conoscenza

CALLIMACO   Dove vòi tu ch'io vadia ora?
LIGURIO   Di là, di qua; per questa via, per quell'altra. E'
  gli è sí grande Firenze!
CALLIMACO   Io son morto'').

Canzone
dopo il secondo atto

   Quanto felice sia ciascun sel vede
chi nasce sciocco ed ogni cosa crede!
Ambizione nol preme[1],
non lo muove il timore,
che sogliono esser seme[2]
di noia e di dolore
Questo vostro dottore[3],
bramando aver figlioli,
crederria ch'un asin voli[4],   ·
e qualunque altro ben posto ha in oblío,
e solo in questo ha posto il suo disío

---

33 *Vatti   morto* il Martelli, *Vers*, 211, ha accostato questo dialogo ad ana-
logo in *Heautontimorumenos*, 585-89 «SYRUS   Iube hunc | abire hinc aliquo
CLITIPHO   Quo ego hinc abeam? SYRUS   Quo lubet, da illis locum, | abi deam-
bulatum CLITIPHO   Deambulatum? Quo? SYRUS   Vah! quasi desit locus, | abi
sane istac, istorsum, quovis» E il Ferroni, *Mut*, 54, ha, dal canto suo, osservato «L'ultima battuta di Ligurio ha anche un valore di indicazione scenogra-
fica, facendo pensare alla possibilità che sulla prospettiva della *Mandragola* siano tracciate almeno due vie (una delle quali sarà la "Via dello Amore" di cui
parla il prologo)»

CANZONE   1 *nol preme* non lo incalza, non lo tormenta   2 *essere seme* e perciò generare   3 *Questo   dottore* È Nicia, dottore *utroque iure*; vostro, poiché gli spettatori hanno familiarizzato con lui   4 *crederria   voli* sarebbe disposto a credere persino che un asino voli È un *adúnaton*, cioè «figura di impossibile», passata a modo di dire corrente

ATTO TERZO

SCENA PRIMA

Sostrata, messer Nicia, Ligurio

SOSTRATA   Io ho sempre mai[1] sentito dire ch'e' gli è ufizio d'uom prudente pigliare de' cattivi partiti el migliore[2] Se ad avere figliuoli voi non avete altro rimedio che questo, si vòle[3] pigliarlo, quando[4] e' non si gravi la coscienzia
NICIA   E' gli è cosí.
LIGURIO   Voi ve ne andrete a trovare la vostra figliuola,
e Messere ed io andreno a trovare fra Timoteo, suo confessoro, e narrerégli el caso, acciò che non abbiate a dirlo voi Vedrete quello che vi dirà.
SOSTRATA   Cosí sarà fatto. La via vostra è di costà, ed io
vo a trovare la Lucrezia, e la merrò[5] a parlare al frate
in ogni modo.

---

1   1 *sempre mai* è rafforzativo di *sempre*   2 *gli è ufizio   el migliore* è dovere di un uomo prudente scegliere il partito meno cattivo tra tutti quelli cattivi «Rammenta una battuta dello stesso Machiavelli, nella lettera al Vettori
del 20 dicembre 1514, sull'abitudine degli "uomini savii", di "considerare nel
male dove è manco male"» (Raimondi) E il Berardi ricorda un passo dei *Discorsi*, I, vi «E però in ogni nostra deliberazione si debbe considerare dove sono meno inconvenienti, e pigliare quello per miglior partito, perché tutto netto, tutto senza sospetto non si truova mai»   3 *si vòle*. si deve   4 *quando*
purché   5 *la merrò* la menerò, la condurrò

SCENA SECONDA

Messer Nicia, Ligurio.

NICIA   Tu ti maravigli forse, Ligurio, che bisogni fare tante storie a disporre mogliama¹ Ma, se tu sapessi ogni
cosa, tu non te ne maraviglieresti.

LIGURIO   Io credo che sia perché tutte le donne sono so-
spettose.

NICIA   Non è cotesto· ella era la piú dolce persona del
mondo e la piú facile². Ma, sendole detto da una sua vicina che, s'ella si botava³ d'udire quaranta mattine la
prima messa de' Servi⁴, ch'ella impregnerebbe, la si
botò, ed andòvi forse venti mattine. Ben sapete⁵ che
un di que' fratacchioni le cominciò a dare datorno, in
modo che la non vi volle piú tornare. E' gli è pur male, però, che quegli che ci arebbono a dare buoni essempli, sien fatti cosí. Non dich'io el vero?

LIGURIO   Come diavol se gli è vero¹

NICIA   Da quel tempo in qua⁶, ella sta in orecchi⁷ come la
lepre, e come se le dice nulla⁸, ella vi fa dentro mille difficultà

LIGURIO   Io non mi maraviglio piú. Ma quel boto come
si adempié?

NICIA   Fecesi dispensare⁹.

LIGURIO   Sta bene. Ma datemi, se voi avete, venticinque
ducati, che bisogna in questi casi spendere, e farselo,
el frate, amico presto, e darli speranza di meglio.

II   1 *a disporre mogliama* sott a recarsi dal confessore   2 *la piú facile* la piú
docile, arrendevole   3 *s'ella si botava·* Lucrezia è, o almeno era, una di quelle
zelanti fedeli d'un tempo di cui parlerà Timoteo, in V, 1 Ecco un tipico «rinvio» del Machiavelli ad altra sequenza del testo   4 *la prima messa de' Servi* è,
probabilmente, o potrebbe essere (nelle intenzioni di Machiavelli) l'ordine di
Timoteo   5 *Ben sapete* Qui vuol dire «Dovete sapere »   6 *Da quel tempo in qua* Da quell'episodio in poi   7 *sta in orecchi* ha le orecchie dritte è
all'erta, sospettosa   8 *come nulla* non appena le si dice un nonnulla   9 *di-
spensare* occorreva una dispensa per sciogliere un voto non adempiuto

NICIA Pigliagli pure, questo non mi dà briga. io farò masserizia altrove[10].

LIGURIO Questi frati sono trincati[11], astuti: ed è ragionevole, perché sanno e peccati nostri e' loro: e chi non è pratico con essi potrebbe ingannarsi e non li sapere condurre a suo proposito[12] Pertanto io non vorrei che voi nel parlare guastassi ogni cosa, perché un vostro pari, che sta tutto dí nello studio, intende que' libri, e delle cose del mondo non sa ragionare. (Costui è sí sciocco, che io ho paura non guasti ogni cosa[13])

NICIA Dimmi quel che tu vuoi ch'io faccia.

LIGURIO Che voi lasciate parlare a me, e non parliate mai s'io non vi accenno[14].

NICIA Io sono contento. Che cenno farai tu?

LIGURIO Chiuderò un occhio; morderommi el labro... Deh! no· facciàno[15] altrimenti. Quanto è egli che voi non parlasti al frate?

NICIA È piú di dieci anni.

LIGURIO Sta bene. Io gli dirò che voi sète assordato[16], e voi non risponderete e non direte mai cosa alcuna, se noi non parliamo forte

NICIA Cosí farò.

LIGURIO Oltre a questo, non vi dia briga[17] che io dica qualche cosa che e' vi paia disforme a quel che noi vogliamo, perché tutto tornerà a proposito

NICIA In buon'ora[18]!

LIGURIO Ma io veggo el frate che parla con una donna Aspettian che l'abbi spacciata.

---

10 *io altrove* recupererò la cifra in altro modo, con un altro guadagno *Far massenzia* è, letteralmente, ammassare, risparmiare Il Bonfantini suggerisce «Avrò per altra via il mio compenso» Ma è probabile, invece, che la battuta sia da interpretare come un'allusione a guadagni illeciti di Nicia, con cui integrare i magri redditi della professione *Guadagnate voi l'anno cento ducati?* - gli ha chiesto Siro, in II, 3, e ha ammesso - *Non cento lire, non cento grossi, o va'!* 11 *trincati* molto furbi. 12. *a suo proposito* secondo le proprie intenzioni 13 *Costui ... ogni cosa·* È un «a parte» di Ligurio rivolto agli spettatori 14 *s'io ... accenno* se non vi faccio cenno 15 *facciàno* facciamo 16 *voi siete assordato.* che voi siete, nel frattempo, diventato sordo 17 *non vi dia briga* non vi preoccupi 18 *In buon'ora* Sta bene, d'accordo

SCENA TERZA

Fra Timoteo e la donna.

FRATE   Se voi vi volessi confessare, io farò ciò che voi volete.

DONNA   Non oggi, io sono aspettata. E' mi basta essermi sfogata un poco cosí, ritta ritta[1]. Avete voi dette quelle messe della Nostra Donna?

FRATE   Madonna sí.

DONNA   Togliete[2] ora questo fiorino, e direte dua mesi ogni lunedí la messa de' morti per l'anima del mio marito. Ed ancora che fussi un omaccio[3], pure le carni tirono[4]· io non posso fare non mi risenta, quando io me ne ricordo Ma credete voi che sia in purgatorio?

FRATE   Sanza dubio.

DONNA   Io non so già cotesto[5]. Voi sapete pure quel che mi faceva[6] qualche volta. Oh, quanto me ne dolfi io con esso voi! Io me ne discostavo[7] quanto io potevo; ma egli era sí importuno. uh! Nostro Signore!

FRATE   Non dubitate la clemenzia di Dio è grande Se non manca a l'uomo la voglia[8], non gli manca mai el tempo a pentersi.

III   1 e' ritta ritta mi basta essermi sfogata a parole un poco, cosí, standomene in piedi Ma c'è un accenno di allusività erotica in questa battuta, giacché sfogarsi ritto poteva alludere anche al «consumare l'atto sessuale in piedi»   2 Togliete Prendete   3 un omaccio un uomo violento, brutale   4 pure le carne tirono eppure sono ancora carnalmente legata a lui C'è, in tutta la parlata della donna, una trama di ambiguità erotiche (subito sotto, il non mi risenta) Non mi sembra la battuta vada interpretata «in attenuazione» come suggeriscono il Blasucci («tuttavia gli sono ancora attaccata») o il Berardi («gli sono tuttavia ancora affezionata»)   5 Io cotesto Di questo io non sono sicura   6 quel che mi faceva sembra questa un'allusione, abbastanza scoperta, all'atto contro natura   7 Io me ne discostavo Io mi scostavo da lui perché voleva sottrarsi ai desideri di quel marito cosí insistente (importuno)   8 la voglia la precisa intenzione, la ferma volontà

DONNA   Credete voi che 'l Turco passi questo anno in Italia?[9]

FRATE   Se voi non fate orazione, sí

DONNA   Naffe[10], Dio ci aiuti, con queste diavolerie! Io ho una gran paura di quello impalare[11]. Ma io veggo qua in chiesa una donna che ha certa accia[12] di mio· io vo' ire a trovarla Fate col buon dí[13]

FRATE   Andate sana.

SCENA QUARTA

Fra Timoteo, Ligurio, messer Nicia.

FRATE   Le piú caritative persone che sieno, sono le donne, e le piú fastidiose. Chi le scaccia, fugge e fastidi e l'utile, chi le intrattiene[1], ha l'utile ed e fastidi insieme Ed è 'l vero, che non è mèle sanza mosche. – Che andate voi facendo, uomini da bene ? Non riconosco io messer Nicia?

LIGURIO   Dite forte, che gli è in modo assordato, che non ode quasi nulla.

FRATE   Voi sète el ben venuto, messere.

LIGURIO   Piú forte.

FRATE   El ben venuto!

9 *Credete voi   Italia?* per questa battuta e la datazione che ne può conseguire, rinvio il lettore all'introduzione (p x) – il Raimondi, *Pol*, 184, ha ricordato un paio almeno di lettere del Vettori al Machiavelli, del 27 giugno 1517 e del 5 agosto dello stesso anno, in cui si discorre del Turco Nella seconda si affaccia, tra l'altro, l'ipotesi «che questo nuovo Signore Turco non ci esca addosso e per terra e per mare, e *faccia uscire questi preti di lezii* » (il corsivo è nostro)   10 *Naffe!* o *Gnaffe*, popolarmente per «in mia fé»   11 *Io impalare* ecco la chiusa della trama di riferimenti erotici La donna teme del Turco soprattutto l'*impalare*, cioè il supplizio del palo infilato nell'ano ai prigionieri, che morivano dissanguati, in preda a sofferenze atroci E per lei la visione del tormento si collega al ricordo degli atti di sodomia subiti controvoglia dal marito   12 *accia*. era misura di filo o di lino   13 *Fate col buon dí.* significa, come la risposta di Timoteo «Statemi bene»

IV   1 *chi le intrattiene* chi ha rapporti con loro, le frequenta

NICIA   El ben trovato, padre.

FRATE   Che andate voi faccendo?

NICIA   Tutto bene.

LIGURIO   Volgete el parlare a me[2], padre, perché voi, a volere che v'intendessi[3], aresti a mettere a romore questa piazza.

FRATE   Che volete voi da me?

LIGURIO   Qui messer Nicia ed uno altro uomo da bene, che voi intenderete poi, hanno a fare distribuire[4] in limosine parecchi centinaia di ducati...

NICIA   Cacasangue!

LIGURIO   (Tacete, in malora[5]! E' non fien molti.) Non vi maravigliate, padre, di cosa che dica[6], che non ode e pargli qualche volta udire, e non risponde a proposito.

FRATE   Séguita pure, e lasciagli dire ciò che vuole.

LIGURIO   . de' quali danari, io ne ho una parte meco Ed hanno disegnato[7] che voi siate quello che li distribuiate.

FRATE   Molto volentieri.

LIGURIO   Ma e' gli è necessario, prima che questa limosina si faccia, che voi ci aiutiate d'un caso[8] strano intervenuto a Messere, che solo voi ci potete aiutare, dove ne va al tutto l'onore di casa sua[9].

FRATE   Che cosa è?

LIGURIO   Io non so se voi conosceste Cammillo Calfucci, nipote qui di Messere.

FRATE   Sí, conosco

LIGURIO   Costui n'andò per certe sua faccende, uno anno fa, in Francia, e non avendo donna[10], che era morta, lasciò una sua figliuola da marito in serbanza[11] in uno monistero, del quale non accade dirvi ora el nome.

FRATE   Che è seguito?

---

2 *Volgete .. a me* Parlate rivolto a me   3. *a volere che v'intendessi* se voleste davvero farvi sentire   4 *hanno a fare distribuire* dispongono, e intendono distribuirli, di .   5 *in malora* per la malora   6 *di cosa che dica* di qualunque cosa sentirete dirgli   7 *hanno disegnato* e hanno deciso tra loro   8 *d'un caso* in merito ad un caso   9 *dove sua* caso, da cui dipende interamente l'onore della sua famiglia   10 *donna* moglie   11 *in serbanza* in custodia, sotto tutela.

LIGURIO È seguito che, o per straccurataggine delle monache o per cervellinaggine[12] della fanciulla, la si truova gravida di quattro mesi. di modo che, se non ci si ripara con prudenzia, el dottore, le monache, la fanciulla, Cammillo, la casa de' Calfucci è vituperata. E il dottore stima tanto questa vergogna che s'è botato, quando la non si palesi, dare trecento ducati per l'amore di Dio...

NICIA Che chiacchiera![13]

LIGURIO (State cheto!) . e daragli per le vostre mani. E voi solo e la badessa ci potete rimediare.

FRATE Come?

LIGURIO Persuadere alla badessa che dia una pozione alla fanciulla, per farla sconciare[14].

FRATE Cotesta è cosa da pensarla[15]

LIGURIO Come, cosa da pensarla? Guardate, nel far questo, quanti beni ne resulta Voi mantenete l'onore al munistero, alla fanciulla, a' parenti[16], rendete al padre una figliuola; satisfate qui a Messere, a tanti sua parenti; fate tante elemosine, quante con questi trecento ducati potete fare E da altro canto, voi non offendete altro che un pezzo di carne non nata, senza senso[17], che in mille modi si può perdere. Ed io credo che quel sia bene che facci bene a' piú e che e piú se ne contentino[18]

FRATE Sia, col nome di Dio Faccisi ciò che voi volete, e per Dio e per carità sia fatto ogni cosa Ditemi il munistero, datemi la pozione, e, se vi pare, cotesti danari, da potere cominciare a fare qualche bene

LIGURIO Or mi parete voi[19] quel religioso che io credevo che voi fussi. Togliete questa parte de' danari. El mu-

12 *per cervellinaggine* per poco cervello, per leggerezza (si diceva *cervellina* una ragazza sventata) 13 *Che chiacchiera!* Che bella storia! 14 *per farla sconciare* per farla abortire 15 *da pensarla* da pensarci bene sopra, da rifletterci su 16 *Guardate parenti* il Martelli, *Vers*, 247, e il Raimondi, *Pol*, 175, hanno messo in rilievo l'accostamento di questo passo con quello dell'*A*, III, 3 « ma, se si corregge, guarda quanti beni in prima tu restituirai ad uno tuo amico uno figliuolo, tu arai uno genero fermo e la tua figliuola marito» 17 *sanza senso* priva ancora della minima sensibilità 18 *che quel contentino* che il vero bene sia il bene di piú persone, il bene che piú persone soddisfa 19 *Or voi* Ora sí che mi sembrate

nistero è... Ma aspettate E' gli è qui in chiesa una donna che mi accenna[20]. Io torno ora ora non vi partite da
messer Nicia. Io le vo' dire dua parole

SCENA QUINTA

Frate, messer Nicia.

FRATE   Questa fanciulla, che tempo ha[1]?
NICIA   Io strabilio.
FRATE   Dico: quanto tempo ha questa fanciulla?
NICIA   Mal che Dio gli dia![2].
FRATE   Perché?
NICIA   Perché se l'abbia[3]
FRATE   (E' mi pare essere nel gagno[4]. Io ho a fare con uno
         pazzo e con un sordo: l'un si fugge, l'altro non ode Ma
         se questi non sono quarteruoli[5], io ne farò meglio di lo-
         ro. Ecco Ligurio che torna in qua).

SCENA SESTA

Ligurio, frate, messer Nicia.

LIGURIO (State cheto, messere). Oh! io ho la gran nuo-
         va, frate

---

20. *che mi accenna* che mi fa cenno Il verbo, non più per allontanare, ma per
avvicinare e riunire i personaggi, ritorna in V, 6 *Accennategli*

v 1 *che tempo ha* quanti anni ha   2 *Mal che Dio gli dia!* Che Dio lo maledica! La «sordità» di Nicia è dovuta all'ira verso Ligurio di cui non riesce ad
apprezzare la strategia Lo ammetterà di qui a poco (III, 7) in un vibrante monologo . *e Dio il sa con che proposito!* 3 *Perché se l'abbia!* Perché se la tenga, la mia maledizione   4 *E' gagno* Mi sembra d'essere in un bel pasticcio
Gagno vale, letteralmente, tana, buca, giaciglio di bestie selvatiche   5 *se
quarteruoli* se queste monete (già versate da Ligurio) non sono false Il *quarte-
ruolo* era un gettone d'ottone con cui era facile falsificare un fiorino

FRATE   Quale?

LIGURIO   Quella donna con chi io ho parlato, mi ha detto che quella fanciulla si è sconcia per se stessa[1].

FRATE   Bene! (Questa limosina andrà alla grascia[2]).

LIGURIO   Che dite voi?

FRATE   Dico che voi tanto piú doverrete fare questa limosina

LIGURIO   La limosina si farà, quando voi vogliate. Ma e' bisogna che voi facciate un'altra cosa in benefizio qui del dottore

FRATE   Che cosa è?

LIGURIO   Cosa di minor carico, di minor scandolo, piú accetta a noi e piú utile a voi.

FRATE   Che è? Io sono in termine con voi[3], e parmi avere contratta tale dimestichezza, che non è cosa che io non facessi.

LIGURIO   Io ve lo vo' dire in chiesa, da me a voi[4], ed el dottore fia contento d'aspettare qui e prestarmi dua parole Aspettate qui. noi torniamo ora.

NICIA   Come disse la botta a l'erpice[5].

FRATE   Andiamo.

VI. 1 *si stessa* ha abortito da sola   2. *questa... grascia.* letteralmente questa elemosina andrà al fisco (la Grascia era la magistratura delle gabelle) Ma vuol dire «queste monete me le tengo e godo io»   3 *Io   con voi* Ho preso impegno con voi (*essere in termine* era espressione legata alla transazione commerciale)   4 *da me a voi* a tu per tu, senza testimoni   5 *Come disse la botta all'erpice* Come disse il rospo all'erpice Nella lettera del 16-20 ottobre 1525 al Guicciardini, Machiavelli spiegò che la frase veniva usata «quando si vuole che uno non torni» Il rospo, infatti, era stato grattato sulla schiena dai denti dell'erpice (un arnese in legno, che serviva a spianare il terreno prima della seminagione) e, secondo un'antica tradizione contadina toscana, aveva urlato «Senza tornata!»

SCENA SETTIMA

Messer Nicia solo.

NICIA   È egli di dí o di notte? Sono io desto o sogno? Sono io obliàco[1], e non ho beuto[2] ancora oggi, per ire drieto a questa chiacchiera? Noi rimangnàn[3] di dire al frate una cosa. e' ne dice un'altra. Poi volle che io facessi el sordo, e bisognava m'impeciassi gli orecchi, come
el Danese[4], a volere che io non avessi udite le pazzie
che gli ha dette, e Dio il sa con che proposito. Io mi
truovo meno[5] venticinque ducati e del fatto mio non si
è ancora ragionato. Ed ora m'hanno qui posto, come
un zugo, a piuolo[6]. Ma eccogli che tornano in mala ora
per loro[7], se non hanno ragionato del fatto mio.

VII   1 *obliàco* ubriaco (il Martelli adotta questa forma, mentre altri editori
preferiscono la forma *imbriaco*)   2 *e non ho beuto* e dire che non ho bevu-
to   3 *Noi rimagnàn* Noi restiamo intesi   4 *bisognava   come el Danese* sarebbe stato necessario che mi turassi le orecchie con la pece, come Uggeri il Danese - Uggeri, principe di Danimarca, su consiglio di una fata, impeciò le orecchie sue e del proprio cavallo per non udire le urla di Bravieri, assistito dal demonio È leggenda ripresa in vari poemi cavallereschi   5 *Io mi truovo meno*
Io mi trovo alleggerito, ho in meno   6 *come un zugo, a piuolo* letteralmente
come una frittella infilata nel suo stecco Metaforicamente come un idiota che
se ne sta impalato ad aspettate Non dimentichiamo che, per la sua forma, quella frittella di pasta su uno stecchino stava anche a suggerire il membro, nel linguaggio popolaresco, ripreso da molta poesia burlesca   7 *in mala ora per loro*
una rapida ripresa del *Mal che Dio gli dia*[1] di III, 5

SCENA OTTAVA

Frate, Ligurio, messer Nicia.

FRATE   Fate che[1] le donne venghino: io so quello ch'i' ho
a dire, e, se l'autorità mia varrà, noi concluderemo que-
sto parentado questa sera
LIGURIO   Messer Nicia, fra Timoteo è per fare ogni cosa
Bisogna vedere che le donne venghino.
NICIA   Tu mi ricrii[2] tutto quanto. Fia egli maschio?
LIGURIO   Maschio
NICIA   Io lacrimo per la tenerezza
FRATE   Andatevene in chiesa Io aspetterò qui le donne.
State in lato che le non vi vegghino; e, partite che le
fieno, vi dirò quello che io arò fatto.

SCENA NONA

Frate Timoteo solo

FRATE   Io non so chi si abbi giuntato l'uno l'altro[1]. Questo tristo di Ligurio ne venne a me con quella prima novella per tentarmi, acciò, se io li consentivo quella[2],
m'inducessi piú facilmente a questa; se io non gliene
consentivo, non mi arebbe detta questa per non palesa-
re e disegni loro sanza utile· e di quella[3] che era falsa non

VIII   1 *Fate che* Fate in modo che come, qui sotto, *Bisogna vedere che* «È
necessario essere sicuri che »   2 *Tu mi ricrii* Tu mi ricrei mi infondi nuova vita

IX   1 *Io   l'altro* Io non so chi di noi due, Ligurio ed io, abbia truffato l'altro   2 *se   quella* se io ero disposto ad acconsentire (cioè ad accordarmi e a
collaborare) circa quella prima faccenda   3 *e di quella* e delle possibili conseguenze di quella prima storia

si curavano. E' gli è vero che io ci sono suto giuntato. nondimeno, questo giunto[4] è con mio utile. Messer Nicia e Callimaco sono ricchi, e da ciascuno, per diversi rispetti, sono per trarre assai[5]. La cosa convien stia secreta, perché l'importa cosí a loro, a dirla, come a me[6]. Sia come si voglia, io non me ne pento. È ben vero che io dubito non ci avere difficultà[7], perché madonna Lucrezia è savia e buona. Ma io la giugnerò in sulla bontà[8] E tutte le donne hanno alla fine poco cervello, e, come ne è una sappi dire dua parole, e' se ne predica[9], perché in terra di ciechi chi vi ha un occhio è signore[10] Ed eccola con la madre, la quale è bene una bestia[11], e sarammi uno grande adiuto a condurla alle mia voglie.

SCENA DECIMA

Sostrata, Lucrezia.

SOSTRATA   Io credo che tu creda, figliuola mia, che io stimi l'onore ed el bene tuo quanto persona del mondo[1], e che io non ti consiglierei[2] di cosa che non stessi bene. Io ti ho detto e ridicoti, che se fra Timoteo ti dice che non ti sia carico di conscienzia, che tu lo faccia sanza pensarvi.

LUCREZIA   Io ho sempre mai dubitato che la voglia che messer Nicia ha d'avere figliuoli, non ci facci fare qual-

4 *questo giunto* la beffa che (apparentemente) ho patito   5 *per trarre assai* sott in denari   6 *l'importa   me* sia loro che io, non abbiamo nessun interesse che la cosa si sappia   7 *dubito   difficultà* temo che incontrerò degli ostacoli   8 *la   bontà* la coglierò sulla bontà puntando sulla sua bontà d'animo   9 *e' se ne predica* se ne parla in giro e con molta lode   10 *in   signore* è il motto del latino medievale «Monoculus in regno caecorum»   11 *la quale   bestia* che ha una malvagità d'animo quasi ferina

x   1 *Io credo   mondo* il Martelli, *Vers*, 271, e Raimondi, *Pol*, 174, hanno accostato questo *incipit* di Sostrata ad analogo nell'*A*, V, 4 Martelli ha anche ricordato in *C*, V, 2 «Io credo che tu creda che m'incresca di te e di me»   2 *non ti consiglierei* e non ti suggerirei di fare

che errore. E per questo, sempre che lui mi ha parlato di
alcuna cosa, io ne sono stata in gelosia³ e sospesa⁴, massime poi che m'intervenne quello che vi sapete, per andare a' Servi⁵. Ma di tutte le cose che si sono tentate,
questa mi pare la piú strana, di avere a sottomettere el
corpo mio a questo vituperio⁶, ad esser cagione che uno
uomo muoia per vituperarmi. Perché io non crederrei,
se io fussi sola rimasa nel mondo e da me avessi a risurge-
re l'umana natura⁷, che mi fussi simile partito concesso
SOSTRATA   Io non ti so dire tante cose, figliuola mia. Tu
parlerai al frate, vedrai quello che ti dirà, e farai quello che tu dipoi sarai consigliata da lui, da noi, da chi ti
vòle bene.
LUCREZIA   Io sudo per la passione

SCENA UNDECIMA

Frate, Lucrezia, Sostrata.

FRATE   Voi siate le benvenute. Io so quello che voi volete intendere da me, perché messer Nicia mi ha parlato. Veramente io sono stato in su' libri piú di dua ore
a studiare questo caso, e dopo molte essamina¹ io truovo di molte cose che in particulare ed in generale, fanno per noi
LUCREZIA   Parlate voi da vero, o motteggiate²?
FRATE   Ah!, madonna Lucrezia, sono queste cose da
motteggiare? Avetemi voi a conoscere ora?

3 *in gelosia* con un'ombra di sospetto   4 *sospesa* tutta in apprensione Nicia ha già anticipato che *ella sia in orecchi come la lepre*, in III, 2   5 *per andare a' Servi* è lo sgradevole incidente di cui è stata vittima, dopo aver seguito,
forse venti mattine la prima messa de' Servi come ha spiegato Nicia (III, 2)   6
a questo vituperio alla vergogna d'essere posseduta da uno sconosciuto   7 *e
da me   natura* ed io fossi, per assurdo, una nuova Eva, la progenitrice degli
uomini

XI   1 *dopo   essamina* dopo molte verifiche   2 *motteggiate* scherzate (*motto* era battuta spiritosa, detta per ridere)

LUCREZIA   Padre, no. Ma questa mi pare la piú strana cosa che mai si udissi.

FRATE   Madonna, io ve lo credo[3]. Ma io non voglio che voi diciate piú cosí. E' sono molte cose che discosto paiano terribili, insopportabili, strane, che, quando tu ti appressi loro, le riescono umane, sopportabili, domestiche[4]: e però si dice che sono maggiori li spaventi che e mali; e questa è una di quelle.

LUCREZIA   Dio el voglia.

FRATE   Io voglio tornare a quello ch'io dicevo prima. Voi avete, quanto alla conscienzia, a pigliare questa generalità[5]· che dove è un bene certo ed un male incerto, non si debbe mai lasciare quel bene per paura di quel male[6] Qui è un bene certo, che voi ingraviderete, acquisterete una anima a messer Domenedio. El male incerto è che colui che iacerà con voi dopo la pozione, si muoia; e' si truova anche di quelli che non muoiano[7], ma, perché la cosa è dubia, però è bene che messer Nicia non corra quel periculo Quanto allo atto, che sia peccato, questo è una favola: perché la volontà è quella che pecca, non el corpo; e la cagion del peccato è dispiacere al marito, e voi li compiacete; pigliarne piacere, e voi ne avete dispiacere. Oltra di questo, el fine si ha a riguardare in tutte le cose: e 'l fine vostro è riempiere una sedia in paradiso e contentare el marito vostro. Dice la Bibia che le figliuole di Lotto, credendosi essere rimase sole nel mondo, usorono con el padre; e perché la loro intenzione fu buona, non peccorono[8]

3 io ve lo credo. posso credervi 4 dimestiche consuete, normali. contrapposto all'ultimo nella terna di aggettivi precedenti, strane, cioè inconsuete, anormali. 5 a pigliare questa generalità ad attenervi a questa regola d'ordine generale 6 che, dove male il Raimondi, Pol 183, ha richiamato, in proposito, il passo di una lettera del 20 dicembre 1514 al Vettori «e se io vegga che accostandomi con l'altro glie ne dia dubbia, credo che sarà da pigliare la certa » 7 ma non muoiono Timoteo, per persuadere la donna, ha, per cosí dire, attenuato le statistiche Per impressionare Nicia, Callimaco era stato altrimenti rigido che quello uomo che ha prima a fare seco, presa che l'ha, cotesta pozione, muore infra otto giorni, e non lo camperebbe el mondo (II, 6) 8 Dice non peccorono l'episodio delle figlie di Lot che si giacciono col padre perché convinte che non vivesse piú altro uomo sulla faccia della terra è narrato in Genesi, 19 30-37

LUCREZIA   Che cosa⁹ mi persuadete voi?

SOSTRATA   Làsciati persuadere, figliuola mia. Non vedi
tu che una donna che non ha figliuoli non ha casa?
muorsi el marito, resta come una bestia, abandonata da
ognuno.

FRATE   Io vi giuro, Madonna, per questo petto sacro¹⁰,
che tanta conscienzia¹¹ vi è ottemperare in questo caso
al marito vostro, quanto vi è mangiare carne el merco-
ledí, che è un peccato che se ne va con l'acqua bene-
detta¹².

LUCREZIA   A che mi conducete voi, padre?

FRATE   Conducovi a cose, che¹³ voi sempre arete cagio-
ne¹⁴ di pregare Dio per me, e piú vi satisfarà questo altro anno¹⁵ che ora.

SOSTRATA   Ella farà ciò che voi volete. Io la voglio mettere stasera al letto io. Di che hai tu paura, moccico-
na¹⁶? E' ci è cinquanta donne, in questa terra, che ne
alzerebbono le mani al cielo¹⁷.

LUCREZIA   Io sono contenta ma io non credo mai essere
viva domattina.

FRATE   Non dubitare, figliuola mia, io pregherrò Iddio
per te; io dirò l'orazione dell'Angiolo Raffaello¹⁸, che
ti accompagni. Andate in buona ora e preparatevi a questo misterio, che si fa sera.

---

9 *Che cosa* A quale atto   10 *per   sacro* su questo petto consacrato   11
tanta conscienzia tanto carico di coscienza, tanta responsabilità morale Ancora una connessione all'interno del testo è qui che Timoteo scioglie il dubbio,
calcolatamente sollevato da Sostrata in apertura della scena precedente (III,
10) *Io ti ho detto e ridicoti, che se fra' Timoteo ti dice che non ti sia carico di conscienzia   12 *che   benedetta* cioè, veniale   13 *che* a seguito delle quali,
una volta che siano accadute   14 *arete cagione* avrete motivo   15 *questo
altro anno* l'anno prossimo   16 *moccicona* bambinona   17 *che   al cielo*
che ringrazierebbero Dio a palme levate   18 *l'orazione dell'Angiolo Raffaello* il Raimondi, *Pol*, 203-4, ha additato in un passo del libro di Tobia (6, 14-22)
il brano cui intende riferirsi, parodicamente, Timoteo È un brano di dialogo
tra Tobia e l'arcangelo Raffaele, in cui questi detta a Tobia le disposizioni di-
vine che regoleranno i suoi rapporti con la casta Sara Egli potrà accostarsi alla donna (i cui sette mariti, per intervento del demonio Asmodeo, sono morti
nell'appressarsi alla copula) solo «transacta autem tertia nocte» e, naturalmente, «amore filiorum magis quam libidine ductus» Nella *Mandragola* chi dovrebbe morire non muore (Callimaco) e la libidine non fa difetto

SOSTRATA   Rimanete in pace, padre

LUCREZIA   Dio m'aiuti e la Nostra Donna, che io non capiti male.

SCENA DUODECIMA

Frate, Ligurio, messer Nicia.

FRATE   O Ligurio, uscite qua!

LIGURIO   Come va?

FRATE   Bene. Le ne sono ite a casa disposte a fare ogni
cosa, e non ci fia difficultà[1] perché la madre s'andrà a
stare seco e vuolla mettere al letto lei[2].

NICIA   Dite voi el vero?

FRATE   Benbè[3], voi sète guarito del sordo?

LIGURIO   Santo Chimenti[4] gli ha fatto grazia

FRATE   E' si vuol porvi una immagine[5] per rizzarci un poco di baccanella[6], acciò che io abbia fatto quest'altro
guadagno con voi.

NICIA   No' entriano in cetere[7]. Farà difficultà la donna,
di fare quel ch'io voglio?

XII   1 *e non ci fia difficultà* Timoteo ha superato le perplessità di III, 9 *È ben
vero che io dubito non ci avere difficulta*   2 *vuolla mettere al letto lei* per la
verità, di questa ferma intenzione materna (*Io la voglio mettere stasera al letto
io*, ha detto Sostrata in III, 11) non troveremo traccia nel resoconto «a posteriori» di Nicia *Mogliama era nel letto al buio Sostrata m'aspettava al fuoco* Lo
spettatore, attento alla rievocazione di ciò ch'era accaduto fuori scena, si dovrà contentare di immaginare Nicia e la suocera *alle man' seco*, cioè alle prese
con Lucrezia, senz'altra specificazione (vedi V, 2)   3. *Bembè* Embè, ebbene. 4. *Santo Chimenti*. San Clemente   5 *È una immagine* circolarmente,
mediante questa battuta, la scena finale del terzo si collega al monologo iniziale del quinto atto *Io mi ricordo esservi cinquecento immagine, e non ve ne sono
oggi venti* (V, 1)   6 per *baccanella* per farci un po' di chiasso intorno (*baccanella* è diminutivo di baccano) e trarci altro lucro, come da un culto rinvigo-
rito (*acciò che io abbia fatto quest'altro guadagno*), grazie alla vostra inattesa gua-
rigione (*con voi*)   7 *Non in cetere* Non entriamo in altri argomenti, non di-
vaghiamo (è sempre il piccolo formulario delle pandette, lo stesso richiamo alla pertinenza del discorso giuridico – parodizzato, s'intende – è nel *Ma torniamo ad rem nostram* di II, 2).

FRATE   No, vi dico.

NICIA   Io sono el piú contento uomo del mondo.

FRATE   Credolo. Voi vi beccherete un fanciul mastio, e chi non ha non abbia[8].

LIGURIO   Andate, frate, a le vostre orazioni, e se bisognerà altro vi verreno a trovare. Voi, messere, andate a la donna, per tenerla ferma in questa oppinione[9], ed io andrò a trovare maestro Callimaco, che vi mandi la pozione; ed a l'un'ora fate che io vi rivegga per ordinare quello che si de' fare alle quattro.

NICIA   Tu di' bene. Addio!

FRATE   Andate sani.

Canzone
dopo il terzo atto

Sí suave è lo inganno
al fin condotto imaginato e caro[1],
ch'altrui spoglia d'affanno,
e dolce face[2] ogni gustato amaro[3]
O rimedio alto e raro,
tu mostri il dritto calle[4] all'alme erranti;
tu, col tuo gran valore,
nel far beato altrui, fai ricco Amore;
tu vinci, sol co' tuoi consigli santi,
pietre, veneni[5] e incanti.

---

8 *e chi non ha non abbia* e chi non può averne, peggio per lui Ma è evidente l'ironia di questo proverbio, almeno nel dettato, assurdamente tautologico   9 *per opinione* perché non muti parere

CANZONE   1 *al fin   caro* condotto a quegli esiti che si erano vagheggiati e ci son cari   2 *face* è verbo fa, rende   3. *ogni gustato amaro* ogni sapore amaro, cioè, ogni amarezza che siamo stati costretti ad assaporare   4 *il dritto calle* la diritta via Le quattro canzoni oscillano, per lessico ed immagini, tra dantismo e petrarchismo.   5. *veneni* viene da pensare (ancora una volta *a contrario*) alla pozione, e alla mandragola

ATTO QUARTO

SCENA PRIMA

Callimaco solo.

CALLIMACO   Io vorrei pure intendere quello che costoro
hanno fatto – Può egli essere che io non rivegga Ligurio? e, non che le ventitré, le sono le ventiquattro ore
In quanta ansietà d'animo[1] sono io stato e sto! Ed è vero che la fortuna e la natura tiene el conto per bilancio[2]· la non ti fa mai un bene che a l'incontro non surga un male[3]. Quanto piú mi è cresciuta la speranza, tanto mi è cresciuto el timore. Misero a me[1] sarà egli mai
possibile che io viva in tanti affanni e perturbato da
questi timori e queste speranze? Io sono una nave ves-
sata da dua diversi venti, che tanto piú teme, quanto
ella è piú presso al porto[4]. La simplicità di messer Nicia mi fa sperare; la prudenzia e durezza[5] di Lucrezia
mi fa temere. Ohimè, che io non truovo requie[6] in alcun loco! Talvolta io cerco di vincere me stesso, ri-
prendomi[7] di questo mio furore, e dico meco: «Che fai

1   1 ansietà d'animo angoscia   2 Ed è vero   bilancio Ed è vero che la fortuna e la natura scrivono il dare accanto all'avere (tenere il conto per bilancio è
verbo del computo mercantile medievale designa l'atto di trascrivere, nel libro di bilancio, i crediti a fianco dei debiti)   3 la   un male esse non ti elar-
giscono mai un bene senza che poi, a contrasto, non ne nasca un male. «Sull'alternanza fatale di bene e di male, si è ricondotti alle massime dei Discorsi, I, vi
e III, XXXVII» (Raimondi)   4 Io sono una nave   porto Io sono come una nave che patisce la furia di due venti opposti e che teme tanto piú quanto piú è
prossima al porto C'è un indubbio riscontro, suggerito dal Raimondi, Pol,
183, con una lettera del 31 gennaio 1515 «   unici miei porti e miei refugi al
mio legno già rimaso per la continova tempesta sanza timone e sanza ve-
le   » 5 la prudenzia e durezza «la saggezza e l'intransigenza» (Berardi) In
I, 1, Callimaco aveva sottolineato la natura di lei, che è onestissima ed al tutto
aliena dalle cose d'amore   6 non truovo requie· non trovo quiete, non mi rac-
quieto   7 riprendomi· mi rimprovero

tu? se' tu impazzato? quando tu l'ottenga, che fia? Conoscerai el tuo errore, pentira'ti delle fatiche e de' pensieri che hai auti. Non sai tu quanto poco bene si truova nelle cose che l'uomo desidera, rispetto a quello che l'uomo ha presupposto trovarvi? Dall'altro canto[8], el peggio che te ne va è morire ed andare in inferno: e' son morti tanti degli altri, e' sono in inferno tanti uomini da bene[9]! Ha'ti tu da vergognare d'andarvi tu? Volgi el viso alla sorte[10], fuggi el male, o, non lo potendo fuggire, sopportalo come uomo[11]. Non ti prosternere, non ti invilire[12] come una donna». E così mi fo di buon cuore[13]. Ma io ci sto poco su, perché da ogni parte mi assalta tanto disio d'essere una volta con costei[14], che io mi sento dalle piante de' piè al capo tutto alterare: le gambe triemano, le viscere si commuovano, el cuore mi si sbarba del petto, le braccia s'abandonono, la lingua diventa muta, gli occhi abarbagliano, el cervello mi gira[15]. Pure, se io trovassi Ligurio, io arei con chi sfogarmi[16]. Ma ecco che ne viene verso me ratto: el rapporto di costui[17] mi farà o vivere allegro qualche poco o morire affatto.

8 *Da l'altro canto* sott «Mi dico » 9 *e' sono bene* vien da pensare all'epigramma machiavelliano *La notte che morí Pier Soderini*, con «l'anima sciocca» del gonfaloniere, che all'ingresso dell'Inferno è ricacciata da Plutone «su nel limbo fra gli altri bambini» 10 *Volgi sorte* Guarda in faccia la Fortuna, non temerla «La locuzione appartiene al lessico politico-eroico del Machiavelli, a indicare uno dei gesti essenziali dell'uomo "virtuoso"» (Raimondi) 11 *come uomo* da vero uomo 12 *non ti invilire* non piegarti, non avvilirti 13 *mi fo di buon cuore* riprendo coraggio 14 *d'essere una volta con costei* di giacere una volta con costei Ha la stessa pregnanza del «fare seco» di II, 6 15 *che mi gira* il Raimondi, *Pol*, 201, ha situato questo autoritratto amoroso di Callimaco «nell'area dell'elegia erotica, da Catullo a Tibullo», ed ha aggiunto che «può poi accostarsi agli esametri del *De rerum natura* (III, 152-58), in cui il canto di Saffo diventa analisi fisiologica, semeiotica clinica » - *Mi si sbarba* sta per mi si svelle (le *barbe* sono le radici «Di poi, li stati che vengano subito, come tutte le altre cose della natura che nascono e crescono presto, non possono avere le barbe e corrispondenzie loro », leggiamo nel settimo capitolo del *Principe*) 16 *arei con chi sfogarmi* si pensa a III, 3 *e' mi basta essermi sfogata un poco* 17 *el rapporto di costui* quanto costui mi riferirà, - Il Martelli, *Vers*, 211, ha ricordato, per questa battuta, una analoga di Terenzio (*Phormio*, 483) «Nam per eius unam, ut audio, aut vivam aut moriar sententiam . »

SCENA SECONDA

Ligurio, Callimaco

LIGURIO   Io non desiderai mai piú tanto di trovare Callimaco e non penai mai piú tanto[1] a trovarlo. Se io li portassi triste novelle, io l'arei riscontro[2] al primo. Io sono stato a casa, in Piazza, in Mercato, al Pancone delli Spini, alla Loggia de' Tornaquinci[3], e non l'ho trovato. questi innamorati hanno l'ariento vivo sotto e piedi[4] e non si possono fermare.

CALLIMACO   (Che sto io[5] ch'io non lo chiamo? E' mi par
pure allegro) Oh, Ligurio, Ligurio!

LIGURIO   Oh Callimaco, dove sei tu stato?

CALLIMACO   Che novelle?

LIGURIO   Buone

CALLIMACO   Buone in verità?

LIGURIO   Ottime

CALLIMACO   El frate fece el bisogno[6]?

LIGURIO   Fece

CALLIMACO   È Lucrezia contenta?

LIGURIO   Sí.

CALLIMACO   Oh, benedetto frate, io pregherrò sempre
Dio per lui[7].

LIGURIO   (Buono! Come se Idio facessi le grazie del male, come del bene!) El frate vorrà altro che prieghi[8].

CALLIMACO   Che vorrà?

II   1 *mai piú tanto* nessuna altra volta tanto quanto questa   2 *l'arei riscontro* l'avrei incontrato di primo acchito (*al primo*)   3 *al Pancone delli Spini, alla Loggia de' Tornaquinci* gli Spini e i Tornaquinci sono due nobili casati fiorentini.   4 *hanno l'ariento piedi* è come se avessero del mercurio, di continuo mobile, sotto i piedi   5 *Che sto io* «Perché indugio?» (Gaeta).   6. *fece
el bisogno.* fece quant'era necessario   7. *Io... lui.* viene spontaneo accostare
questa battuta a quella di Timoteo a Lucrezia (in III, 11). *io pregherrò Iddio per
te...* . ed è fuor di dubbio che Machiavelli puntasse sull'effetto comico di queste preci reciproche, in ambiente tutt'altro che caritativo come subito replica
Ligurio   8 *altro che prieghi* cioè, denari

LIGURIO   Danari.

CALLIMACO   Darégliene? Quanti ne gli hai tu promessi?

LIGURIO   Trecento ducati

CALLIMACO   Hai fatto bene

LIGURIO   El dottore ne ha sborsati venticinque

CALLIMACO   Come?

LIGURIO   Bastiti che gli ha sborsati.

CALLIMACO   La madre di Lucrezia che ha fatto?

LIGURIO   Quasi el tutto Come la 'ntese che la sua figliuola doveva avere questa buona notte senza peccato[10], la non restò mai di pregare, comandare, infestare[11]
Lucrezia, tanto che ella la condusse al frate, e quivi
operò in modo che la li consentí

CALLIMACO   Oh Iddio, per quali mia meriti debbo io avere tanti beni! Io ho a morire per l'alegrezza

LIGURIO   (Che gente è questa? Ora per l'alegrezza, ora
pel dolore, costui vuole morire in ogni modo[12]). Hai tu
ad ordine[13] la pozione?

CALLIMACO   Sí, ho.

LIGURIO   Che li manderai?

CALLIMACO   Un bicchiere d'ipocrasso[14], che è a proposito. e' netta lo stomaco, rallegra el cuore... – Ohimè,
ohimè, ohimè, i' sono spacciato!

LIGURIO   Che è? che sarà?

CALLIMACO   E' non ci è remedio

LIGURIO   Che diavol fia?

CALLIMACO   E' non si è fatto nulla[15]. I' mi son murato in
un forno[16]!

---

9 Darégliene E glieli daremo   10 senza peccato se non, al massimo, un peccato che se ne va con l'acqua benedetta (III, 11).   11 pregare, comandare, infestare non sono, come qualcuno ha scritto, «tre verbi in disordine» Sostrata
prima prega, poi ordina, e infine la opprime con le sue insistenze   12 costui .
modo ancora un gioco di incastri, giustamente per bocca di Ligurio giacché è
partendosi da lui che Callimaco (II, 6) aveva pronunciato il fatidico Io son morto.   13. Hai . ordine Hai tu preparata, e l'hai pronta   14 ipocrasso l'hy-
pocras era un vin brulé, un vino bollito con zucchero e spezie Aveva proprietà
digestive (è a proposito a racconciare lo stomaco) e blandamente energetiche (rallegra el cervello)   15 E' nulla si può leggere la battuta secondo un'intona-
zione autoironica «Non è successo niente, non è niente», o, più semplicemente,
in tono di sconforto «Non abbiamo concluso nulla»   16 i' mi forno «mi
sono precluso ogni via d'uscita» (Gaeta)

LIGURIO   Perché? che non lo di'[17]? Levati le mani dal viso.

CALLIMACO   O non sai tu che io ho detto a messer Nicia che tu, lui, Siro ed io piglieremo uno per metterlo a lato a la moglie[18]?

LIGURIO   Che importa?

CALLIMACO   Come, che importa? Se io sono con voi, non potrò essere quel che sia preso, s'io non sono[19], e' s'avvedrà dello inganno

LIGURIO   Tu di' el vero. Ma non c'è egli rimedio?

CALLIMACO   Non credo io.

LIGURIO   Sí, sarà bene

CALLIMACO   Quale?

LIGURIO   Io voglio un po' pensallo[20].

CALLIMACO   Tu m'ha' chiaro[21]! io sto fresco, se tu l'hai a pensare ora!

LIGURIO   Io l'ho trovato[22]

CALLIMACO   Che cosa?

LIGURIO   Farò che 'l frate, che ci ha aiutato in fino a qui, farà questo resto

CALLIMACO   In che modo?

LIGURIO   Noi abbiamo tutti a travestirci. Io farò travestire el frate, contraffarà la voce, el viso, l'abito, e dirò al dottore che tu sia quello; e' se 'l crederrà.

CALLIMACO   Piacemi, ma io che farò?

LIGURIO   Fo conto che tu ti metta un pitocchino[23] in dosso, e con u' liuto in mano te ne venga costí, dal canto della sua casa, cantando un canzoncino.

CALLIMACO   A viso scoperto?

---

17 *Ché non lo di'?* Perché non lo dici, non parli esplicitamente? 18 *Per moglie* quando aveva delineato a Nicia il progetto, Callimaco aveva detto· *non ci fia difficultà veruna*   (II, 6) Ora non vede alcun rimedio a quella specie di trappola   19 *s'io non sono* se non sarò con voi, susciterò i suoi sospetti   20 *Io pensallo* Un altro rinvio interno alla battuta di Timoteo (III, 4)· *Cotesta è cosa da pensarla*   21 *Tu m'ha' chiaro* Mi hai spiegato tutto È detto ironicamente, come un «Ho bell'e capito»   22 *Io l'ho trovato* Per lo scambio che precede, il Raimondi, *Pol*, 175, ha richiamato analogo passo dell'*A*, IV, 1 «Io vo pensando» «Hem? or ci pensi?» «Io l'ho già trovato»   23 *pitocchino* mantelletta corta

LIGURIO   Sí, che, se tu portassi una maschera, egli li en-
terrebbe sospetto.

CALLIMACO   E' mi conoscerà

LIGURIO   Non farà, perché io voglio che tu ti storca el viso, che tu apra, aguzzi o digrigni la bocca²⁴, chiugga un
occhio   Pruova un poco.

CALLIMACO   Fo io cosí?

LIGURIO   No

CALLIMACO   Cosí?

LIGURIO   Non basta.

CALLIMACO   A questo modo?

LIGURIO   Sí, sí! tieni a mente cotesto²⁵. Io ho un naso²⁶
in casa. i' voglio che tu te l'appicchi.

CALLIMACO   Or bé, che sarà poi?

LIGURIO   Come tu sarai comparso in sul canto, noi saren
quivi, torrénti²⁷ el liuto, piglierenti, aggirerenti, con-
durrenti in casa, metterenti al letto. El resto doverrai
fare tu da te!

CALLIMACO   Fatto sta condursi costí²⁸.

LIGURIO   Qui ti condurrai tu²⁹, ma a fare che³⁰ tu vi possa ritornare, sta a te, e non a noi.

CALLIMACO   Come?

LIGURIO   Che tu te la guadagni in questa notte: che, innanzi che tu ti parta, te le dia a conoscere, scuoprale lo
'nganno, mostrile l'amore li porti, dicale el bene le vòi,
e come sanza sua infamia la può esser tua amica, e con
sua grande infamia tua nimica È impossibile che la non
convenga teco e che la voglia che questa notte sia sola.

CALLIMACO   Credi tu cotesto?

24- 10 *bocca* sono, a ben guardare, i quattro movimenti-base della mimica
buccale. bocca storta, bocca aperta, bocca a punta, bocca tesa, cioè dilatata al
massimo verso i due zigomi, con effetto di ghigno (*o digrigni la bocca*) - Come
ha suggerito il Martelli, *Vers*, 211, la fonte è ancora terenziana (*Phormio*,
210-12). 25 *tieni a mente cotesto* ricordati questa smorfia 26. *un naso* un
naso posticcio 27 *torrénti* ti toglieremo il liuto 28 *Fatto. costí* L'importante è arrivare fin qui Callimaco pensa, probabilmente, alla notturna tra-
versata di Firenze, in mantellina, liuto, e naso finto 29 *Qui tu* Arrivare
qui sono fatti tuoi, te la devi veder tu 30 *Ma a fare che* In quel *ma* c'è una
specie di «Ed ancor piú », una sfumatura accrescitiva

LIGURIO   Io ne son certo. Ma non perdiam piú tempo. e'
son già dua ore. Chiama Siro, manda la pozione a Messere e me aspetta in casa Io andrò per il frate, farollo
travestire e condurrollo qui, e troverreno el dottore e
fareno quello manca.

CALLIMACO   Tu di' bene. Va' via.

Callimaco, Siro

CALLIMACO   O Siro!

SIRO   Messere...

CALLIMACO   Fatti costí.

SIRO   Eccomi

CALLIMACO   Piglia quel bicchiere d'argento che è drento
allo armario di camera, e, coperto con un poco di drap-
po, portamelo, e guarda a non lo versare per la via.

SIRO   Sarà fatto.

CALLIMACO   Costui è stato dieci anni meco e sempre m'ha
servito fedelmente[1]. Io credo trovare anche in questo
caso fede in lui; e, benché io non gli abbi comunicato
questo inganno, e' se lo indovina, che gli è cattivo bene[2], e veggo che si va accomodando[3].

SIRO   Eccolo.

CALLIMACO   Sta bene. Tira[4], va' a casa messer Nicia e digli che questa è la medicina che ha a pigliare la donna
di po' cena subito, e quanto prima cena tanto sarà meglio; e come noi sareno in sul canto ad ordine al tempo, che facci d'esservi. Va' ratto.

SIRO   Io vo.

III   1 e sempre. fedelmente in I, 1, 71, è stato Siro stesso a proclamare che e
servi debbono servirgli (i padroni) con fede   2 gli bene molto malizioso,
quasi maligno   3 che accomodando che si va adeguando a quanto sta per
succedere   4 Tira Callimaco verrà apostrofato nello stesso modo da Ligurio,
in V, 2 Via, ribaldo, tira via'

CALLIMACO   Odi qua Se vòle che tu l'aspetti, aspettalo
   e vientene quivi con lui; se non vuole, torna qui a me,
   dato che tu glien'hai⁵ e fatto che tu gli hai l'ambasciata. Intendi?
SIRO   Messer sí.

SCENA QUARTA

Callimaco solo

CALLIMACO   Io aspetto che Ligurio torni col frate; e chi
   dice che gli è dura cosa l'aspettare, dice el vero Io sce-
   mo¹ ad ogni ora dieci libre, pensando dove io sono ora,
   dove io potrei essere di qui a due ore, temendo che non
   nasca qualche caso che interrompa el mio disegno: che
   se fussi², e' fia l'utima notte della vita mia, perché o io
   mi gitterò in Arno, o io m'impiccherò, o io mi gitterò
   da quelle finestre, o io mi darò d'un coltello³ in sul-
   l'uscio suo. Qualche cosa farò io, perché io non viva
   piú. Ma veggo io Ligurio? Egli è desso, egli ha seco uno
   che pare scrignuto⁴, zoppo: e' fia certo el frate travestito. Oh, frati¹ conoscine uno e conoscigli tutti⁵. Chi
   è quell'altro che si è accostato a loro? E' mi pare Siro,
   che arà già fatto l'ambasciata al dottore. Egli è esso. Io
   gli voglio aspettare qui, per convenire con loro⁶.

---

5 *dato hai* una volta che tu gli avrai consegnato la pozione

IV   1 *scemo* perdo (e quindi dimagro)   2 *Che . fussi* Perché se ciò dovesse accadere   3 *mi darò d'un coltello* mi prenderò a coltellate   4 *scrignuto*
gobbo.   5 *Oh   tutti* È un probabile ricalco terenziano, come ha suggerito il
Martelli, *Vers*, 211 («Unum cognoris omnis noris», dal *Phormio*, 265) Ma c'è
anche una possibile eco virgiliana (*Aeneis*, II, 65-66 « et crimine ab uno | di-
sce ommis»)   6 *per convenire con loro* per unirmi a loro

SCENA QUINTA

Siro, Ligurio, Frate travestito, Callimaco.

SIRO   Chi è teco, Ligurio?
LIGURIO   Un uom da bene.
SIRO   E' gli è zoppo, o fa le vista¹?
LIGURIO   Bada ad altro
SIRO   Oh¹ gli ha 'l viso del gran ribaldo.
LIGURIO   Deh! sta' cheto, che ci hai fracido². Ove è Cal-
    limaco?
CALLIMACO   Io son qui. Voi sète e benvenuti!
LIGURIO   O Callimaco, avvertisci questo pazzerello di Si-
    ro; egli ha detto già mille pazzie.
CALLIMACO   Siro, odi qua. Tu hai questa sera a fare tut-
    to quello che ti dirà Ligurio, e fa conto, quando e' ti
    comanda, che sia io; e ciò che tu vedi, senti o odi, hai
    a tenere segretissimo, per quanto tu stimi la roba, l'ono-
    re, la vita mia ed il bene tuo.
SIRO   Cosí si farà.
CALLIMACO   Desti tu el bicchiere al dottore?
SIRO   Messer sí.
CALLIMACO   Che disse?
SIRO   Che sarà ora ad ordine di tutto.
FRATE   È questo Callimaco?
CALLIMACO   Sono a' comandi vostri. Le proferte tra noi
    sien fatte³ voi avete a disporre di me e di tutte le for-
    tune mia⁴, come di voi.
FRATE   Io l'ho inteso e credolo; e sommi mosso a fare
    quel, per te, che io non arei fatto per uom del mondo.
CALLIMACO   Voi non perderete la fatica.

---

v   1 *fa le vista* fa finta, simula   2 *Che ci   fracido* in II, 5, Nicia usa la
stessa espressione (*Che buone parole¹ ché mi ha fracido*) a proposito della moglie   3 *Le   fatte* Facciamoci subito le nostre promesse reciproche   In quel
proferte c'è un richiamo implicito, ma per Timoteo molto chiaro, al *Quanti ne
gli hai tu promessi?* di poco prima (IV, 2)   4 *di tutte le fortune mia* Callimaco
ribadisce l'allusione alle sue disponibilità finanziarie

FRATE   E' basta che tu mi voglia bene.

LIGURIO   Lasciamo stare le cirimonie⁵. Noi andreno a travestirci, Siro ed io, tu, Callimaco, vien con noi, per potere ire a fare e fatti tua. El frate ci aspetterà qui. noi torneren subito ed andreno a trovare messer Nicia

CALLIMACO   Tu di' bene andiamo

FRATE   Io vi aspetto

SCENA SESTA

Frate travestito solo

FRATE   E' dicono el vero quelli che dicono che le cattive compagnie conducono li uomini alle forche¹. E molte volte uno capita male cosí per essere troppo facile² e troppo buono, come per essere troppo tristo Dio sa che io non pensava ad iniuriare persona³: stavomi nella mia cella, dicevo el mio ufizio, intrattenevo e mia devoti. Capitòmmi innanzi questo diavol di Ligurio⁴, che mi fece intignere el dito in uno errore⁵ donde io vi ho messo el braccio e tutta la persona, e non so ancora dove io mi abbia a capitare. Pure mi conforto che, quando una cosa importa a molti, molti ne hanno ' aver cura⁶ Ma ecco Ligurio e quel servo che tornano.

---

5 *le cirimonie* cerimoniosità Ligurio, che sa che Timoteo vuole *altro che prieghi* (IV, 2), lo richiama ad una maggior praticità

VI 1 *alle forche*. al patibolo, come i criminali cioè, alla rovina morale e fisica. 2. *troppo facile*. troppo arrendevole. È lo stesso aggettivo con cui Nicia aveva connotato la Lucrezia «prima maniera». *Ella era la piú dolce persona del mondo e la piú facile* (III, 2) Machiavelli lo replica apposta, con intento ironico 3 *ad iniuriare persona* a recare offesa ad alcuno 4 *capitòmmi Ligurio* nel suo precedente monologo (III, 9), Timoteo aveva detto *Questo tristo di Ligurio ne venne a me* 5 *intignere errore* intingere il dito, cioè lambire appena È, in ogni caso, metafora scelta (col consueto rigore del Machiavelli) nella sfera della «professionalità» di Timoteo, e si pensa subito a III, 11 (*che è un peccato che se ne va con l'acqua benedetta*) 6 *Pure cura* Timoteo modifica e ribalta *a parte subiecti* la massima di Ligurio (III, 4), che era concepita *a parte obiecti*   *ed io credo che quel sia bene, che facci bene a' piú, e che e piú se ne contentino*

SCENA SETTIMA

Frate, Ligurio, Siro.

FRATE   Voi sete e ben tornati
LIGURIO   Stiàn noi bene?[1].
FRATE   Benissimo.
LIGURIO   E' ci manca el dottore. Andian verso casa sua· e' son piú di tre ore, andian via!
SIRO   Chi apre l'uscio suo? È egli el famiglio?[2]
LIGURIO   No. gli è lui. Ah, ah, ah, uh!
SIRO   Tu ridi?
LIGURIO   Chi non riderebbe? Egli ha un guarnacchino[3] indosso, che non gli cuopre el culo Che diavolo ha egli in capo? E' mi pare un di questi gufi de' canonici[4], ed uno spadaccin sotto· ah, ah! e' borbotta non so che Tirianci da parte, ed udireno qualche sciagura della moglie[5].

SCENA OTTAVA

Messer Nicia.

NICIA   Quanti lezzi[1] ha fatto questa mia pazza! Ella ha mandato la fante[2] a casa la madre e 'l famiglio in villa di questa io la laudo, ma io non la laudo già che, innanzi

VII   1 *Stiàn noi bene?*. Stiamo bene? È la domanda d'obbligo dei mascherati. 2 *È egli el famiglio?*. È forse il servo (di Nicia)? 3 *un guarnacchino* la guarnacca (o guarnaccia) era, di norma, un mantello lungo talvolta foderato (le donne lo indossavano sopra la gonnella). Quello di Nicia, all'opposto, *non gli cuopre el culo* 4 *un canonici* «pellicce portate dai canonici» (Blasucci). 5 *qualche sciagura* qualche sventurata (è detto ironicamente) reazione

VIII   1 *lezzi* leziosaggini, capricci 2 *la fante* la fantesca, la serva

che la ne sia voluta ire al letto, ell'abbi fatto tante schi-
filtà³· «Io non voglio! Come farò io? Che mi fate voi
fare?⁴ Ohimè, mamma mia!» E se non che la madre le
disse el padre del porro⁵, la non entrava in quel letto.
che le venga la contina⁶! Io vorrei ben vedere le donne
schizzinose, ma non tanto. ci ha tolto la testa, cervel di
gatto⁷! Poi, chi dicessi· «Che impiccata sia la piú savia
donna di Firenze», la direbbe· «Che t'ho io fatto?⁸»,
Io so che la Pasquina enterrà in Arezzo, ed, innanzi che
io mi parta da giuoco, io potrò dire, come mona Ghinga «Di veduta, con queste mani⁹». Io sto pur bene¹⁰:
chi mi conoscerebbe? Io paio maggiore¹¹, piú giovane,
piú scarzo¹². e' non sarebbe donna, che mi togliessi danari di letto¹³ Ma dove troverrò io costoro?

SCENA NONA

Ligurio, messer Nicia, frate, Siro.

LIGURIO   Buona sera, messere.
NICIA   Oh! uh! eh!
LIGURIO   Non abbiate paura· noi sian noi!

---

3 *schifilta* schifiltosità riprende e aggrava i *lezzi*   4 *Che   fare?·* È la versione, piú enfatica, di *A che mi conducete voi*   (III, 11)   5 *se   porro* e se non
fosse stato perché la madre la riprese con asprezza Nell'espressione (chiarita,
tra gli altri, dal Varchi) è evidente l'allusione oscena si pensa, intanto, a *ché io
arei   qualche porro di drieto* dello stesso Nicia (II, 3)   6 *la contina* la febbre
continua, cronica   7 *cervel di gatto*: si pensa alla *cervellinaggine* della fanciulla
gravida (III, 4) e al *tutte le donne hanno . poco cervello* di Timoteo (III, 9)   8
Poi   fatto? E se qualcuno la mandasse al diavolo, sarebbe capace di cascare
dalle nuvole   9. *Io .. con queste mani* Io sono certo che la nostra faccenda andrà a buon fine, e prima che io mi stacchi dall'impresa, potrò dire, come monna Ghinga «L'ho visto coi miei occhi, l'ho toccato con mano» – L'entrata della Pasquina in Arezzo era l'ovvio «lieto fine» d'ogni conquista amorosa. quella
di monna Ghinga era una «storiella salace» (Bonfantini), probabilmente assai
corrente   10 *Io sto pur bene!* Nicia, che è solo, se lo dice da sé (gli altri se lo
sono chiesto reciprocamente «Stiàn noi bene?»)   11 *maggiore* interpreterei
«piú alto»   12 *piú scarzo* piú snello   13 *che   letto* che si farebbe pagare,
dopo essersi giaciuta con me (tanto sto bene)

NICIA   Oh! voi sète tutti qui? S'io non vi conoscevo presto, io vi davo con questo stocco[1] el piú diritto[2] che io sapevo! Tu, se' Ligurio e tu Siro, e quell'altro è 'l maestro[3], eh?

LIGURIO   Messer sí.

NICIA   Togli, oh! e' si è contraffatto bene e' non lo conoscerebbe Va'-qua-tu[4]!

LIGURIO   Io gli ho fatto mettere dua noce in bocca perché non sia conosciuto alla boce

NICIA   Tu se' ignorante!

LIGURIO   Perché?

NICIA   Che non me 'l dicevi tu prima? ed are'mene messo anch'io dua. E sai s'e' gli importa[5] non essere conosciuto alla favella!

LIGURIO   Togliete, mettetevi in bocca questo

NICIA   Che è ella?

LIGURIO   Una palla di cera.

NICIA   Dàlla qua. . Ca! pu! ca! co! che! cu! cu! spu! Che ti venga la seccaggine, pezzo di manigoldo!

LIGURIO   Perdonatemi. io ve ne ho data una in scambio, che io non me ne sono avveduto.

NICIA   Ca! ca! pu! Di che . che .. che era?

LIGURIO   D'aloe[6].

NICIA   Sia in malora! Spu! pu! Maestro, voi non dite nulla?

FRATE   Ligurio m'ha fatto adirare[7].

NICIA   Oh! voi contraffate bene la voce!

LIGURIO   Non perdiam piú tempo qui. Io voglio essere el capitano ed ordinare l'essercito per la giornata. Al de-

---

IX   1 con questo stocco è lo spadaccin che gli altri hanno intravisto appena si è fatto sull'uscio Un altro stocco, non propriamente da schermidore, fa la sua comparsa nel resoconto di Nicomaco in C , V, 2 «Ben sai che, ad un tratto, io mi sento stoccheggiare un fianco   »   2 el piú diritto menando il colpo piú diretto   3 el maestro cioè, Callimaco, il magister in medicina   4 Va-qua-tu un leggendario carceriere fiorentino, capace d'ogni impresa, di cui si discorre anche nella Novella del Grasso legnaiuolo   5 se gli importa· quanto sia importante   6 Togliete D'aloe Com'è stato piú volte osservato, tutta questa sequenza farsesca è ispirata alla scena analoga nella novella di Calandrino e il porco imbolato (Decameron, VIII, 6)   7 Ligurio adirare Timoteo, nel «ruolo» di Callimaco, dirà in tutto due battute. questa è la prima.

stro corno sia preposto Callimaco, al sinistro io: intra
le dua corna starà qui el dottore; Siro fia retroguardo,
per dar sussidio a quella banda che inclinassi[8] El nome
sia: san Cuccú.

NICIA   Chi è san Cuccú?

LIGURIO   È el piú onorato santo che sia in Francia[9]. Andian via: mettian l'aguato a questo canto. State a udire io sento un liuto.

NICIA   Egli è esso. Che vogliàn fare?

LIGURIO   Vuolsi mandare innanzi uno esploratore a sco-
prire chi egli è, e secondo ci riferirà, secondo fareno.

NICIA   Chi v'andrà?

LIGURIO   Va' via, Siro tu sai quello hai a fare. Conside-
ra, essamina, torna presto, referisci.

SIRO   Io vo.

NICIA   Io non vorrei che noi pigliassimo un granchio, che
fussi qualche vecchio[10] debole o infermiccio, e che questo giuoco si avessi a rifare doman da sera.

LIGURIO   Non dubitate, Siro è valent'uomo. Eccolo, e'
torna Che truovi, Siro?

SIRO   Egli è el piú bello garzonaccio che voi vedessi mai.
Non ha venticinque anni e viensene solo in pitocchino,
sonando el liuto

NICIA   E' gli è el caso[11], se tu di' el vero. Ma guarda[12], che
questa broda sarebbe tutta gittata addosso a te[13]!

SIRO   E' gli è quel ch'io vi ho detto.

LIGURIO   Aspettian ch'egli spunti questo canto e subito
gli sareno addosso

---

8 *Io voglio essere inclinassi* il Raimondi ha ricordato, «a proposito di queste immagini belliche il monologo di Cleandro nella *Clizia*» (è a I, 2) – Il
Martelli, *Vers*, 211, ha individuato il probabile «modello» del brano in Terenzio, *Eunuchus*, 774-81 La *giornata* è la battaglia campale; *le dua corna* sono le due ali dell'esercito, ma anche le corna (imminenti) di Nicia, Siro, che
rappresenta la retroguardia, dovrà aiutare quell'ala che arretrasse (*dar sussidio
a quella banda che inclinassi*) 9 *che sia in Francia* è in francese, infatti, che
cornuto si dice *cocu* 10 *qualche vecchio*: la premessa, perché l'impresa andasse in porto, era di trovare un *garzonaccio* (II, 6) e questo per ovvi moti-
vi. 11 *Egli è el caso* Costui fa il caso nostro 12 *Ma guarda*. sott.. Che se
non e cosí, se hai visto male 13 *che te* la vergogna e la colpa cadrebbero
su di te

NICIA   Tiratevi in qua, maestro Voi mi parete uno uom di legno. Eccolo.

CALLIMACO   «Venir vi possa el diavolo allo letto, da poi ch'i' non vi posso venir'io!»[14].

LIGURIO   Sta' forte! Da' qua questo liuto

CALLIMACO   Ohimè, che ho io fatto?

NICIA   Tu 'l vedrai. Cuoprigli el capo, imbavaglialo!

LIGURIO   Aggiralo

NICIA   Dàgli un'altra volta! dagliene un'altra! Mettete-lo in casa[15]!

FRATE   Messer Nicia, io m'andrò a riposare, che mi duo-le la testa che io muoio; e, se non bisogna[16], io non tor-nerò domattina.

NICIA   Sí, maestro, non tornate· noi potren far da noi.

SCENA DECIMA

Frate travestito solo.

FRATE   E' sono intanati in casa, ed io me n'andrò al con-vento E voi spettatori non ci appuntate: perché[1] que-sta notte non ci dormirà persona, sí che gli atti non so-no interrotti dal tempo[2] Io dirò l'uffizio, Ligurio e Si-ro ceneranno, che non hanno mangiato oggi. El dotto-

14 «Venir io'» L'attacco della canzone allude a Nicia Il testo seguita «. . e rompieti due costole del petto | e l'altre membra che t'ha fatto Iddio | e tiri ti per monti e per valli, | e spiccati il capo dalle spalle » (Debenedetti) Agli spettatori bastava sentire i primissimi versi, perché era piuttosto nota   15 Da' qua... in casa. Quest'insieme di battute, che si traduce in una serie ben pre-cisa di gesti, era racchiuso nel minuzioso progetto di Ligurio (IV, 2) Come tu sarai comparso in sul canto, noi saren quivi, torrénti el liuto, piglierénti, aggirerén-ti, condurrénti in casa – Dagli un'altra volta' vuol dire «Dagli un'altra gira-ta'» (per intontirlo)   16 se non bisogna se non c'è bisogno di me

X 1. non ci appuntate, perche · non ci biasimate per il fatto che   2 sí che dal tempo in modo che, tra l'altro, tra il quarto e il quinto atto non ci sarà nep-pure intervallo Timoteo «attraverso questa difesa di "regolarità" teatrale, ri-chiama maliziosamente il pensiero degli spettatori ai ludi notturni di Callima-co e Lucrezia» (Blasucci)

re andrà di camera in sala, perché la cucina vadia netta. Callimaco e madonna Lucrezia non dormiranno: perché io so, se io fussi lui e se voi fussi lei, che noi non dormiremo.

Canzone
dopo il quarto atto

Oh dolce notte, oh sante
ore notturne e quete,
ch'i disiosi[1] amanti accompagnate;
in voi s'adunan tante
letizie, onde voi siete
sole cagion di far l'alme beate.
Voi giusti premii date
all'amorose schiere[2]
delle lunghe fatiche;
voi fate, o felici ore,
ogni gelato petto arder di amore.

CANZONE   1 *disiosi* desiderosi   2 schiere come, nel leggere la canzone dopo il terzo atto, a quel *veneni* si pensa alla *pozione* di mandragola, qui si pensa all'*esercito* guidato da Ligurio

ATTO QUINTO

SCENA PRIMA

Frate.

FRATE   Io non ho potuto questa notte chiudere occhio, tanto è el desiderio che io ho d'intendere come Callimaco e gli altri l'abbino fatta¹. Ed ho atteso a consumare el tempo in varie cose. io dissi mattutino, lessi una vita de' Santi Padri, andai in chiesa ed accesi una lampana² che era spenta, mutai un velo ad una Nostra Donna che fa miracoli³. Quante volte ho io detto a questi frati che la tenghino pulita! E' si maravigliono poi se la divozione manca! Io mi ricordo esservi cinquecento immagine: e' non ve ne sono oggi venti. Questo nasce da noi, che non le abbiamo saputa mantenere la reputazione⁴ Noi vi solavamo⁵ ogni sera, doppo la compieta, andare a processione, facevànvi cantare ogni sabato le laude, botavànci noi⁶ sempre quivi, perché vi si vedessi delle immagine fresche, confortavamo⁷ nelle confessioni gli uomini e le donne a botarvisi. Ora non si fa nulla di queste cose, e poi ci maravigliamo che le

1   1 *l'abbino fatta* siano riusciti nell'impresa   2 *lampana* lampada Era, probabilmente, «il vaso con il lume d'olio per il sacramento» (Raimondi)   3 *mutai miracoli* una statua della Madonna, in una nicchia dell'altare, con un velo «vero» sul capo (come in molte chiese di campagna, or oggi)   4 *Io reputazione* Ricordo che (un tempo) c'erano cinquecento quadri votivi (lasciati da miracolati o da fedeli che avevano esaudito il loro voto) e oggi non ce ne sono venti la colpa è nostra, che non abbiamo saputo mantenere alto il prestigio delle immagini sacre (e viva la pratica di donarle alla chiesa)   5 *solavamo* eravamo soliti   6 *Botavànci noi* Noi stessi (per dare il buon esempio ai fedeli) facevamo voti nella nostra chiesa (*quivi*), in modo che si vedessero appesi quadri votivi sempre nuovi (*fresche*)   7 *confortavamo* esortavamo, con parole di pio conforto

cose vadin fredde[8]. Oh quanto poco cervello è in questi mia frati! Ma io sento un gran romore da casa messer Nicia[9] Eccogli, per mia fé. e' cavon fuora el prigione[10]. Io sarò giunto a tempo Ben si sono indugiati alla sgocciolatura[11] e' si fa appunto l'alba. Io voglio stare ad udire quel che dicono, sanza scoprirmi

SCENA SECONDA

Messer Nicia, Ligurio, Siro, Callimaco travestito.

NICIA   Piglialo di costà ed io di qua, e tu Siro lo tieni per il pitocco[1] di drieto.

CALLIMACO   Non mi fate male!

LIGURIO   Non aver paura, va' pur via.

NICIA   Non andiam piú là[2]

LIGURIO   Voi dite bene lasciànl'ir qui Diàngli dua volte[3], che non sappi dond'e' si sia venuto Giralo, Siro[4].

SIRO   Ecco.

NICIA   Giralo un'altra volta

---

8 *che   fredde* che ci sia dell'apatia tra i fedeli È la ripresa di *se la divozione manca* di poco sopra Non mi sembra si possa interpretare «gli affari vanno lenti, e con difficoltà» (Raimondi) – Il Borsellino, *Roz*, 136, evoca, per questo monologo di Timoteo, alcuni versi dell'*Asino d'oro* (V, 119-21) «E' son ben necessarie l'orazioni | e matto al tutto è quel ch'al popol vieta | le cerimonie e le sue divozioni » 9 *da casa messer Nicia*. provenire dalla casa di messer Nicia   10 *el prigione* dovrebbe essere (e cosí crede Nicia) il garzonaccio scioperato, imbavagliato alla fine del quarto atto mentre è, ovviamente, Callimaco   11 *alla sgocciolatura* sino all'ultimo, come quando si attende che il mozzicone di candela lasci cadere l'ultima goccia e si spenga «Forse non è da escludere il doppio senso osceno» (Gaeta) a me pare evidente che Machiavelli intendesse sottolinearlo Timoteo può ragionevolmente prevedere che Callimaco sia riuscito nel suo incontro d'amore

II   1 *per il pitocco* per il lembo del corto mantello che Ligurio gli aveva ingiunto di indossare *Fo conto che tu li metta un pitocchino indosso* (IV, II, 115)   2 *Non andian piú là* Non dilunghiamoci *E' si fa appunto l'alba* e Nicia teme lo possano sorprendere.   3. *diàngli dua volte* facciamogli fare due giri su se stesso Le stesse parole di IV, 9· *Dàgli un'altra volta! Dàgliene un'altra!*   4 *Giralo, Siro* la stessa tecnica di IV, 9 *Aggiralo!*

SIRO   Ecco fatto.

CALLIMACO   El mio liuto[5]!

LIGURIO   Via, ribaldo, tira via: s'io ti sento favellare, io ti taglierò el collo!

NICIA   E' si è fuggito. Andianci a sbisacciare[6]. e' vuolsi[7] che noi usciàn fuori tutti a buona ora acciò che non si paia che noi abbiam questa notte vegghiato[8].

LIGURIO   Voi dite el vero.

NICIA   Andate, Ligurio e Siro, a trovar maestro Callimaco, e li dite che la cosa è proceduta bene.

LIGURIO   Che li possiamo noi dire? noi non sappiamo nulla. Voi sapete che, arrivati in casa, noi ce n'andamo nella volta[9] a bere. Voi e la suocera rimanesti alle man seco, e non vi rivedemo mai se non ora, quando voi ci chiamasti per mandarlo fuora

NICIA   Voi dite el vero. Oh! io vi ho da dire le belle cose! Mogliama era nel letto al buio. Sostrata m'aspettava al fuoco[10]. Io giunsi su con questo garzonaccio· e, perché non andassi nulla in capperuccia[11], io lo menai in una dispensa che io ho in sulla sala, dove era un certo lume annacquato[12] che gittava un poco d'albore[13], in modo che non mi poteva vedere in viso

LIGURIO   Saviamente.

NICIA   Io lo feci spogliare· e' nicchiava. Io me li volsi com'un cane[14], di modo che gli parve mille anni di avere fuora e panni, e rimase ignudo Egli è brutto di viso: egli aveva un nasaccio, una bocca torta .[15]. Ma tu non vedesti mai le più belle carne bianco, morbido, pastoso... e de l'altre cose non ne domandare.

---

5 *El mio liuto* battuta che risponde, in perfetta circolarità, al sopruso di Ligurio, in IV, 9 *Da' qua questo liuto*   6 *a sbisacciare* a toglierci di dosso questi travestimenti pesanti   7 *vuolsi* è necessario   8 *abbiam vegghiato·* siamo stati tutta la notte svegli   9 *nella volta* nel cantinato, che fungeva da cucina e dispensa.   10 *al fuoco* presso il caminetto   11 *non capperuccia andar in capperuccia* valeva «rimaner nascosto» (la *capperuccia* è il cappuccio del mantello)   Nicia vuole, insomma, aver tutto chiaro   12 *annacquato* pallido come il vino che si mescola coll'acqua   13 *un poco d'albore* una tenue chiarità   14 *come un cane* ringhioso, furibondo   15 *Egli torta* C'è stata dunque una perfetta rispondenza, nel travestimento e nella mimica di Callimaco, alle istruzioni di Ligurio *Io ho un naso in casa i' voglio che tu te l'appicchi e io voglio che tu ti storca el viso, che tu apra, aguzzi o digrigni la bocca*   (IV, 2)

LIGURIO   E' non è bene ragionarne. Che bisognava[16] vederlo tutto?

NICIA   Tu vòi el giambo![17]. Poi che io avevo messo mano in pasta, io ne volli toccare el fondo[18]. poi, volli vedere se gli era sano: s'egli avessi auto le bolle[19], dove mi trovavo io? Tu ci metti parole![20].

LIGURIO   Avevi ragion voi.

NICIA   Come io ebbi veduto che gli era sano, io me lo tirai drieto ed al buio lo menai in camera, messilo[21] al letto; ed innanzi che io mi partissi, volli toccare con mano come la cosa andava, che io non sono uso[22] ad essermi dato ad intendere lucciole per lanterne

LIGURIO   Con quanta prudenzia avete voi governata questa cosa!

NICIA   Tocco e sentito che io ebbi ogni cosa, mi usci' di camera e serrai l'uscio, e me n'andai dalla suocera, che era al fuoco, e tutta notte abbiamo atteso a ragionare.

LIGURIO   Che ragionamenti son suti e' vostri?

NICIA   Della sciocchezza di Lucrezia, e quanto e' gli era meglio che sanza tanti andirivieni ella avessi ceduto al primo[23]. Dipoi ragionamo del bambino, che me lo pare tuttavia[24] avere in braccio, el naccherino[25]! Tanto che io senti' sonare le tredici ore, e, dubitando[26] che il dí non sopragiugnessi, me n'andai in camera Che direte voi, che io non potevo fare levare[27] quel ribaldone[28]?

LIGURIO   Credolo

NICIA   E' gli era piaciuto l'unto[29]! Pure, e' si levò, io vi
        chiamai, e lo abbiamo condutto fuora.

LIGURIO   La cosa è ita bene.

NICIA   Che dirai tu, che me ne incresce[30]?

LIGURIO   Di che?

NICIA   Di quel povero giovane, che gli abbia a morire sí
        presto[31], e che questa notte gli abbia a costar sí cara.

LIGURIO   Oh! voi avete e pochi pensieri[32]! Lasciàtene la
        cura a lui.

NICIA   Tu di' el vero. Ma e' mi par ben mille anni di tro-
        vare maestro Callimaco e rallegrarmi seco

LIGURIO   E' sarà fra una ora fuora Ma e' gli è già chiaro
        el giorno Noi ci andreno a spogliare. Voi che farete?

NICIA   Andronne anch'io in casa a mettermi e panni buo-
        ni. Farò levare e lavare la donna[33], farolla venire alla
        chiesa ad entrare in santo[34]. Io vorrei che voi e Calli-
        maco fussi là e che noi parlassimo al frate per ringra-
        ziarlo e ristorarlo[35] del bene che ci ha fatto

LIGURIO   Voi dite bene; cosí si farà. A Dio.

---

29 *l'unto* letteralmente il grasso (di carni o intingoli) Ma qui (e dal *Decame-ron* in poi, come in VII, 1) l'allusione è all'atto sessuale   30 *Che dirai in-cresce* Come sopra *Che direte voi, che io   Incresce*, mi dispiace   31 *sí presto* c'è in Nicia l'eco enfatizzata delle previsioni di Callimaco (II, 6) *che quello uo-mo che ha prima a fare seco, presa che l'ha, cotesta pozione, muore infra otto gior-ni, e non lo camperebbe el mondo   32 avete e pochi pensieri* ne avete pochi di fastidi   33 *Farò   e lavare la donna* Ancora una rispondenza interna· Calli-maco gli aveva raccomandato (II, 6) *farete lavare la vostra donna   34 entrare in santo* andar in santo era il verbo con cui si indicava la cerimonia della puri-ficazione delle puerpere Costoro, la prima volta che mettevano piede in chie-sa dopo il parto, dovevano infatti essere benedette   35 *ristorarlo* dargli, a ri-storo, un compenso, ricompensarlo

SCENA TERZA

Frate solo.

FRATE   Io ho udito[1] questo ragionamento e mi è piaciuto tutto, considerando quanta scioccheria[2] sia in questo dottore, ma la conclusione utima[3] mi ha sopra modo dilettato. E poi che debbono venire a trovarmi a casa, io non voglio stare piú qui, ma aspettargli alla chiesa, dove la mia mercatanzia varrà piú. Ma chi esce di quella casa? E' mi pare Ligurio e con lui debb'essere Callimaco. Io non voglio che mi vegghino, per le ragioni dette; pur, quando e' non venissino a trovarmi, sempre sarò a tempo ad andare a trovare loro.

SCENA QUARTA

Callimaco, Ligurio.

CALLIMACO   Come io ti ho detto, Ligurio mio, io stetti di malavoglia infino alle nove ore; e benché io avessi gran piacere[1], e' non mi parve buono Ma poi che io me le fu' dato a conoscere, e ch'io l'ebbi dato ad intendere l'amore che io le portavo[2], e quanto facilmente, per

III   1 *Io ho udito* Secondo una consuetudine scenica, che data da Plauto e Terenzio, Timoteo, come decine di personaggi di commedia, ha udito non visto   2. *quanta sciocheria* c'è forse un malizioso richiamo alla battuta di Nicia di poco prima *Che ragionamenti son suti e vostri? – Della sciocchezza di Lucrezia* (IV, 2)   3 *la conclusione utima* cioè, l'accenno al ristoro che Nicia vuol dargli

IV   1 *gran piacere* dal possedere l'amata piacere che, tuttavia, non mi parve onesto (*buono*)   2 *Ma, poi portavo* Callimaco ha attuato i suggerimenti avuti da Ligurio (IV, 2)   *e che, innanzi che tu ti parta, te le dia a conoscere, scuoprale lo 'nganno, mostrile l'amore le porti, dicale el bene le vuoi*

la semplicità³ del marito, noi potavamo viver felici sanza infamia alcuna⁴, promettendole che, qualunque volta Dio facessi altro di luí⁵, di prenderla per donna⁶; ed avendo ella, oltre alle vere ragioni, gustato che differenzia è dalla ghiacitura mia a quella di Nicia, e da e baci d'uno amante giovane a quelli d'uno marito vecchio⁷, doppo qualche sospiro disse: «Poiché l'astuzia tua, la sciocchezza del mio marito, la semplicità di mia madre e la tristizia⁸ del mio confessoro mi hanno condutto a fare quello che mai, per me medesima⁹, arei fatto, io voglio giudicare¹⁰ ch'e' venga da una celeste disposizione che abbi voluto cosí, e non sono sufficiente¹¹ a recusare quello che 'l Cielo vuole che io accetti. Però io ti prendo per signore, patrone, guida: tu mio padre, tu mio defensore, e tu voglio che sia ogni mio bene¹². E quel che mio marito ha voluto per una sera, voglio che gli abbia sempre¹³. Fara'ti adunque suo compare¹⁴, e verrai questa mattina a la chiesa; e di quivi ne verrai a desinare con esso noi; e l'andare e lo stare starà a te¹⁵, e poteremo ad ogni ora e senza sospetto convenire insieme¹⁶». Io fui, udendo queste parole, per mo-

3 *semplicità* ritorna la parola-chiave per definire Nicia (e si ripensa subito a I, 1 *Dua cose l'una, la semplicità di messer Nicia*.) 4 *sanza infamia alcuna* senza nostro disonore È una ripresa da Ligurio, IV, 2 *e come sanza sua infamia la può esser tua amica, e con sua grande infamia tua nimica* 5 *qualunque lui* se per caso ed in qualsiasi momento Dio avesse disposto altrimenti di lui se, cioè, lo avesse chiamato a sé. 6 *per donna* per moglie 7 *ed avendo vecchio* avendo lei potuto apprezzare la differenza che c'è tra il mio modo di fare l'amore e quello di Nicia - Raimondi, *Pol*, 181, richiama qui un passo della sesta novella della giornata terza del *Decameron* «E conoscendo allora la donna quanto più saporiti fossero i basci dello amante che quegli del marito » 8 *tristizia* malvagità (*tristo* è cattivo moralmente) 9 *per me medesima* se fosse dipeso da me sola 10 *giudicare* ritenere 11 *non sono sufficiente* non ho la forza, non sono in grado C'è una contrapposizione, in quel *sufficiente*, tra individuo e destino (*celeste disposizione*) 12 *e bene* e voglio che tu rappresenti per me tutta la mia felicità - Raimondi, *Pol*, 176, ha accostato la battuta a quella di *A*, I, 5 «io ti do a costei marito, amico, tutore, padre, tutti questi nostri beni io commetto in te e a la tua fede gli raccomando» 13 *e quello sempre* Lucrezia assume a programma, con preciso ricalco di parole, quella che con Ligurio era, tutto sommato, una speranza *È impossibile che la voglia che questa notte sia sola* (IV, 2). 14 *suo compare* come grado di intimità, il *compare* era molto più dell'amico e poco meno del parente. 15 *starà a te* dipenderà da te 16 *convenire insieme* trovare l'uno con l'altra

rirmi per la dolcezza. Non potetti rispondere a la minima parte di quello che io arei desiderato. Tanto che io mi truovo el piú felice e contento uomo che fussi mai nel mondo; e se questa felicità non mi mancassi[17], o per morte o per tempo, io sarei piú beato che' beati, piú santo che' santi

LIGURIO   Io ho gran piacere d'ogni tuo bene, ed ètti intervenuto quello che io ti dissi appunto[18]. Ma che facciàn noi ora?

CALLIMACO   Andian verso la chiesa, perché io le promissi d'essere là, dove la verrà lei, la madre ed il dottore

LIGURIO   Io sento toccare l'uscio suo: le sono esse, che escono fuora, ed hanno el dottore drieto.

CALLIMACO   Avviànci in chiesa e là aspetteremole

SCENA QUINTA

Messer Nicia, Lucrezia, Sostrata.

NICIA   Lucrezia, io credo che sia bene fare le cose con timore di Dio e non alla pazzeresca[1].

LUCREZIA   Che s'ha egli a fare[2] ora?

NICIA   Guarda, come la risponde! La pare un gallo[3].

SOSTRATA   Non ve ne maravigliate: ella è un poco alterata[4]

LUCREZIA   Che volete voi dire?

---

17 *non mi mancassi* non venisse mai meno, come invece accadrà, o per lo scorrere del tempo o per il sopravvenire della morte (*o per morte o per tempo*)   18 *quello appunto* esattamente quello che ti avevo promesso

V   1 *non alla pazzeresca* non all'impazzata, come fossimo ammattiti   2 *Che fare* Cosa dobbiamo fare   3 *La gallo* È tutta ringalluzzita Oggi diremmo «Ha alzato la cresta»   4 *un poco alterata* un poco fuori di sé, come chi è reduce da uno choc in questo caso, la notte con Callimaco E si pensa proprio a lui quando, al termine del suo ardente monologo (IV, 1), aveva confessato di sentirsi *tutto alterare*

NICIA   Dico che gli è bene che io vadia innanzi a parlate al frate e dirli che ti si facci incontro in sull'uscio della chiesa per menarti in santo, perché gli è proprio, stamani, come se tu rinascessi.

LUCREZIA   Che non andate?

NICIA   Tu se' stamani molto ardita: ella pareva iersera mezza morta⁵!

LUCREZIA   E' gli è la grazia vostra!

SOSTRATA   Andate a trovare el frate. Ma e' non bisogna⁶: egli è fuora di chiesa

NICIA   Voi dite el vero.

SCENA SESTA

Frate, Nicia, Lucrezia, Callimaco, Ligurio, Sostrata.

FRATE   Io vengo fuora, perché Callimaco e Ligurio m'hanno detto che el dottore e le donne vengono alla chiesa¹. Eccole.

NICIA   Bona dies², padre!

FRATE   Voi sète le benvenute³ e buon pro vi faccia, madonna, che Dio vi dia a fare un bel fanciul mastio.

LUCREZIA   Dio el voglia.

FRATE   E' lo vorrà in ogni modo.

NICIA   Veggh'io in chiesa Ligurio e maestro Callimaco?

FRATE   Messer sí.

NICIA   Accennategli⁴.

---

5. *Ella . mezza morta.* Raimondi, *Pol*, 174, ricorda, in *A*, I, 4 «veggo io Panfilo mezzo morto» Ma, ancora una volta, colpisce la perfetta rispondenza interna Lucrezia, in III, 11, aveva proclamato *ma io non credo mai essere viva domattina* 6 *e' non bisogna* non ce n'è piú bisogno

vi 1 *Io chiesa* La frase è pronunciata tra sé e sé 2 *Bona dies* Ancora un rinvio interno, in funzione parodica, al saluto dello stesso Nicia a Callimaco in II, 2 3 *Voi sete le ben venute* Voi sete e ben venuti, in IV, 5, aveva detto Callimaco ai beffatori riuniti, prima di mettersi in azione Timoteo replica il saluto agli stessi, oltreché al beffato, a beffa conclusa 4 *Accennategli* Fate loro cenno che vengano qui.

FRATE   Venite!

CALLIMACO   Dio vi salvi!

NICIA   Maestro, toccate la mano qui alla donna mia.

CALLIMACO   Volentieri.

NICIA   Lucrezia, costui è quello che sarà cagione che noi aremo uno bastone che sostenga la nostra vecchiezza

LUCREZIA   Io l'ho molto caro; e' vuolsi che sia nostro compare.

NICIA   Or benedetta sia tu! E voglio che lui e Ligurio venghino stamani a desinare con esso noi.

LUCREZIA   In ogni modo.

NICIA   E vo' dar loro la chiave della camera terrena, d'in su la loggia, perché possino tornarsi quivi a loro comodità⁵. ch'e' non hanno donne in casa e stanno come bestie⁶.

CALLIMACO   Io l'accetto, per usarla quando mi accaggia⁷.

FRATE   Io ho' avere⁸ e danari per la limosina.

NICIA   Ben sapete come, domine, oggi vi si manderanno.

LIGURIO   Di Siro non è uomo⁹ che si ricordi?

NICIA   Chiegga! ciò ch'i' ho è suo. Tu, Lucrezia, quanti grossi ha' a dare al frate per entrare in santo?

LUCREZIA   Io non me ne ricordo

NICIA   Pure, quanti?

LUCREZIA   Dategliene dieci

NICIA   Affogaggine!¹⁰.

FRATE   E voi, madonna Sostrata, avete, secondo che mi pare, messo un tallo in sul vecchio¹¹.

SOSTRATA   Chi non sarebbe allegra?

FRATE   Andianne tutti in chiesa, e quivi direno l'orazione ordinaria¹². Dipoi, doppo l'ufizio, ne andrete a de-

---

5 *a loro comodità* secondo il comodo loro   6 *stanno come bestie* vivono, da scapoli, in condizioni di grande trascuratezza Anche la vedova, una volta che *muorsi el marito, resta come una bestia, abandonata da ognuno* così almeno ha argomentato Sostrata, quando si è trattato di persuadere Lucrezia (III, 11)   7 *quando mi accaggia* quando mi capiti (d'averne bisogno)   8 *Io ho avere* Io devo ricevere   9 *non è uomo* non c'è nessuno   10 *Affogaggine!* Letteralmente, affogamento ma sta per «Accipicchia!»   11 *avete   messo   vecchio* avete innestato un pollone nuovo su un vecchio tronco cioè, sembrate ringiovanita Ma in *tallo* c'è anche un'evidente allusione erotica   12 *l'orazione ordinaria* la preghiera che è di rito (per purificare la puerpera)

sinare a vostra posta. – Voi, spettatori, non aspettate
che noi usciam piú fuora: l'ufizio è lungo, io mi rimarrò
in chiesa e loro per l'uscio del fianco se n'andranno a
casa. Valete[13]

13 *Valete* State bene! – Il Martelli, *Vers* , 274, ricorda la chiusa in *A* , V, 6
«o voi non aspettate che costoro eschino fuora Drento si sposerà e drento si
farà ogni altra cosa che mancassi Andate, al nome di Dio, e godete!» e rinvia
poi a quella di *C* , V, 6 «E voi, spettatori, ve ne potrete andare a casa, perché,
sanza uscir piú fuora, si ordineranno le nuove nozze »

Canzone

Quanto sia lieto el giorno,
che le memorie antiche
fa ch'or per voi sien mostre e celebrate[1],
si vede, perché intorno
tutte le gente amiche
si sono in questa parte[2] ragunate.
Noi, che la nostra etate
ne' boschi e nelle selve consumiamo,
venuti ancor qui siamo,
io Ninfa e noi pastori,
e giàm[3] cantando insieme e nostri amori.
    Chiari giorni e quieti!
Felice e bel paese,
dove del nostro canto el suon s'udìa!
Pertanto, allegri e lieti,
a queste vostre imprese
faren col cantar nostro compagnia,
con sí dolce armonia
qual mai sentita piú non fu da voi.
e partirenci poi,
io Ninfa e noi pastori,
e tornerenci a' nostri antichi amori

CANZONE   1 *che   celebrate* che concede che per mezzo nostro vengano messe in scena e celebrate vicende del tempo antico   2 *in questa parte* qui, nella
villa di un ospite, attrezzata a teatro   3 *giàm* andiamo Chi canta, come già
nell'avvio della M , sono una ninfa e tre pastori

PROLOGO

PROLOGO   Se nel mondo tornassino i medesimi uomini,
come tornano i medesimi casi, non passerebbono mai
cento anni che noi non ci trovassimo un'altra volta insieme, a fare le medesime cose che ora. Questo si dice
perché già in Atene, nobile ed antichissima città in Gre-
cia, fu un gentile uomo al quale, non avendo altri figliuoli che uno maschio, capitò a sorte una picciola fanciulla in casa, la quale da lui infino alla età di diciassette anni fu onestissimamente allevata Occorse di poi
che in uno tratto[1] egli ed il figliuolo se ne innamoror-
no, nella concorrenzia[2] del quale amore assai casi e strani accidenti nacqueno; i quali trapassati[3], il figliuolo la
prese per donna[4], e con quella gran tempo felicissima-
mente visse. Che direte voi che questo medesimo caso,
pochi anni sono, seguí ancora in Firenze? E volendo
questo nostro autore l'uno delli dui rappresentarvi, ha
eletto[5] el fiorentino, iudicando che voi siate per prendere maggiore piacere di questo che di quello: perché
Atene è rovinata, le vie le piazze i luoghi non vi si ri-
cognoscono; di poi quelli cittadini parlavano in greco,
e voi quella lingua non intenderesti. Prendete pertanto el caso seguito in Firenze, e non aspettate di rico-
noscere o il casato o gli uomini, perché lo autore, per
fuggire carico[6], ha convertiti i nomi veri in nomi fitti[7].
Vuol bene, avanti che la comedia cominci, voi veggiate le persone[8], acciò che meglio nel recitarla le cogno-
sciate. – Uscite qua fuora tutti, che 'l popolo vi vegga.
– Eccogli. Vedete come e' ne vengono suavi[9]! Ponetevi costí in fila, l'uno propinquo all'altro. – Voi vedete.
Quel primo è Nicomaco, un vecchio tutto pieno d'amo-

PROLOGO   1 *in uno tratto* nello stesso momento   2 *nella concorrenzia* nella coincidenza   3 *trapassati* trascorsi   4 *per donna* per moglie   5 *ha eletto* ha scelto (lat *eligere*)   6 *per fuggire carico* ad evitare responsabilità   7
fitti. finti, fittizi   8. *le persone* i vari personaggi   9 *suavi* mansueti e genti-
li d'aspetto

re Quello che gli è a lato è Cleandro, suo figliuolo e suo rivale. L'altro si chiama Palamede, amico a Cleandro. Quelli dua che seguono, l'uno è Pirro, servo, l'altro Eustachio, fattore: de' quali ciascuno vorrebbe essere marito della dama[10] del suo padrone. Quella donna che vien poi è Sofronia, moglie di Nicomaco; quella appresso è Doria, sua servente Di quegli ultimi duoi che restano, l'uno è Damone, l'altra è Sostrata, sua donna. Ècci[11] un'altra persona, la quale, per avere a venire ancora da Napoli, non vi si monstrerrà. Io credo che basti, e che voi gli abbiate veduti assai – Il popolo vi licenzia: tornate dentro. –

Questa favola si chiama «Clizia», perché cosí ha nome la fanciulla che si combatte[12]. Non aspettate di vederla, perché Sofronia, che l'ha allevata, non vuole per onestà che la venga fuora. Pertanto, se ci fussi alcuno che la vagheggiassi[13], arà pazienza. E' mi resta a dirvi come lo autore di questa commedia è uomo molto costumato, e saprebbegli male[14] se vi paressi, nel vederla recitare, che ci fussi qualche disonestà. Egli non crede che la ci sia; pure, quando e' paressi a voi, si escusa in questo modo. Sono trovate[15] le commedie per giovare e per dilettare alli spettatori Giova veramente assai a qualunque uomo, e massimamente a' giovanetti, cognoscere la avarizia d'un vecchio, il furore d'uno innamorato, l'inganni d'un servo, la gola[16] d'un parassito, la miseria d'un povero, l'ambizione d'un ricco, le lusinghe d'una meretrice, la poca fede di tutti gli uomini – de' quali essempli le commedie sono piene. E possonsi tutte queste cose con onestà grandissima rappresentare. ma volendo dilettare è necessario muovere gli spettatori a riso, il che non si può fare mantenendo il parlare grave e severo, perché le parole che fanno ridere sono o sciocche o iniuriose o amorose; è necessa-

___

10 *della dama* dell'amante, «ganza» (Gaeta) mi pare eccessivo 11 *Ecci* C'è 12 *che si combatte* che è al centro della contesa 13 *che la vagheggiassi* che desiderasse corteggiarla 14 *saprebbegli male* gli riuscirebbe sgradito (gli sarebbe amaro, letteralmente) 15 *Sono trovate* S'inventano (e vengono scritte) 16 *la gola* l'ingordigia

rio per tanto rappresentare persone sciocche, malediche[17] o innamorate. E perciò quelle commedie che sono piene di queste tre qualità di parole sono piene di
risa; quelle che ne mancano non truovano chi con il ridere le accompagni

Volendo adunque questo nostro autore dilettare e fare
in qualche parte gli spettatori ridere, non inducendo[18]
in questa sua commedia persone sciocche ed essendosi
rimasto[19] di dire male, è stato necessitato ricorrere alle
persone innamorate ed alli accidenti che nello amore
nascano Dove se fia alcuna cosa non onesta, sarà in
modo detta che queste donne potranno sanza arrossire
ascoltarla Siate contenti adunque prestarci gli orecchi
benigni; e se voi ci satisfarete ascoltando[20], noi ci sfor-
zeremo recitando di satisfare a voi

---

17 *malediche* maldicenti   18 *non inducendo* non introducendo, non met-
tendo in scena   19 *essendosi rimasto* avendo deciso di trattenersi   20 *ascoltando* prestandoci intera la vostra attenzione nell'ascoltare

ATTO PRIMO

SCENA PRIMA

Palamede, Cleandro.

PALAMEDE   Tu esci sí a buonora di casa?

CLEANDRO   Tu donde vieni sí a buonora?

PALAMEDE   Da fare una mia faccenda

CLEANDRO   Ed io vo a farne un'altra, o, a dir meglio, a cercarla di fare, perché, s'io la farò, non ne ho certezza alcuna.

PALAMEDE   È ella cosa che si possa dire?

CLEANDRO   Non so; ma io so bene che la è cosa che con difficultà si può fare.

PALAMEDE   Orsú, io me ne voglio ire, ché io veggo come lo stare accompagnato t'infastidisce; e per questo io ho sempre fuggito la pratica tua[1], perché sempre ti ho trovato mal disposto e fantastico[2].

CLEANDRO   Fantastico no, ma innamorato sí.

PALAMEDE   Togli! tu mi racconci la cappellina in capo![3]

CLEANDRO   Palamede mio, tu non sai mezze le messe[4]. Io sono sempre vivuto disperato ed ora vivo piú che mai

PALAMEDE   Come cosí?

CLEANDRO   Quello ch'io t'ho celato per lo addrieto[5], io ti voglio manifestare ora, poiché mi sono redutto al termine che mi bisogna soccorso da ciascuno.

PALAMEDE   Se io stavo mal volentieri teco in prima, io starò peggio ora, perché io ho sempre inteso, che tre sorte di uomini si debbono fuggire: cantori, vecchi ed

---

1   1 *ho sempre   tua* ho sempre evitato di frequentarti   2 *fantastico·* lunatico, capriccioso   3 *mi racconci   in capo* mi assesti il berrettino in capo· cioè, rimetti le cose al loro posto, con questa precisazione   4 *tu non sai   le messe·* non sai nemmeno la metà di quanto dovresti sapere.   5 *per lo adrieto·* in passato

innamorati. Perché, se usi con uno cantore e nàrrigli uno tuo fatto, quando tu credi che e' t'oda, e' ti spicca uno «ut re mi fa sol la», e gorgogliasi una canzonetta in gola. Se tu sei con uno vecchio, e' ficca el capo in quante chiese e' truova e va a tutti gli altari a borbottare uno paternostro. Ma di questi duoi lo innamorato è peggio, perché non basta che, se tu gli parli, e' pone una vigna[6], che e' t'empie gli orecchi di rammarichii e di tanti suo' affanni che tu sei sforzato a moverti a compassione; perché[7] s'egli usa con una cantoniera[8], o ella lo assassina troppo, o ella lo ha cacciato di casa, sempre vi è qualcosa che dire; s'egli ama una donna da bene, mille invidie, mille gelosie, mille dispetti lo perturbano: mai non vi manca cagione di dolersi. Pertanto, Cleandro mio, io userò tanto teco[9] quanto tu arai bisogno di me, altrimenti io fuggirò questi tuoi dolori.

CLEANDRO   Io ho tenute occulte queste mie passioni infino ad ora, per coteste cagioni, per non essere fuggito come fastidioso o uccellato[10] come ridiculo, perché io so che molti, sotto spezie di carità[11], ti fanno parlare e poi ti ghignano drieto. Ma, poiché ora la fortuna m'ha condotto in lato[12] che mi pare avere pochi rimedii, io te lo voglio conferire[13], per sfogarmi in parte e anche perché, se mi bisognassi il tuo aiuto, che tu me lo presti

PALAMEDE   Io sono parato, poi che tu vuoi, ad ascoltar tutto e cosí a non fuggire né disagi né pericoli per aiutarti

CLEANDRO   Io lo so. Io credo che tu abbia notizia di quella fanciulla che noi ci abbiamo allevata.

PALAMEDE   I' l'ho veduta Donde venne?

CLEANDRO   Dirottelo Quando, dodici anni sono, nel mille quattrocento novantaquattro, passò il re Carlo[14] per

---

6 *e' pone una vigna* è occupato in tutt'altri pensieri, che sono d'amore, e non ti presta la minima attenzione   7 *perché* il peggio è ch'egli (contrapposto, per sottinteso, al *non basta* di poco sopra)   8 *cantoniera* donna da strada   9 *userò teco* ti frequenterò   10. *uccellato.* messo alla berlina   11 *sotto spezie di carità* col pretesto di compassionarti   12 *in lato* ad un tale frangente   13 *conferire* riferire, raccontate per filo e per segno   14 *il re Carlo* Carlo VIII (1470-98), re di Francia, successe al padre, Luigi XI, nel 1483

Firenze, che andava con uno grande essercito alla impresa del Regno[15], alloggiò in casa nostra uno gentile uomo della compagnia di monsignor di Fois[16], chiamato Beltramo di Guascogna Fu costui da mio padre onorato ed egli, perché uomo da bene era, riguardò[17] ed onorò la casa nostra; e dove molti feciono una inimicizia con quelli francesi[18] avevano in casa, mio padre e costui contrassono una amicizia grandissima.

PALAMEDE   Voi avesti una gran ventura piú che gli altri, perché quelli che furono messi in casa nostra ci feciono infiniti mali

CLEANDRO   Credolo, ma a noi non intervenne cosí. Questo Beltramo ne andò con il suo re a Napoli, e come tu sai, vinto che Carlo ebbe quel regno, fu constretto a partirsi perché 'l papa, imperadore, viniziani e duca di Milano se gli erano conlegati contro[19] Lasciate per tanto parte delle sue gente a Napoli, con il resto se ne venne verso Toscana, e, giunto a Siena, perch'egli intese la lega avere uno grossissimo essercito sopra il Taro, per combatterlo allo scendere de' monti, gli parve da non perdere tempo in Toscana; e perciò, non per Firenze,

---

15 *del Regno* sollecitato da fuorusciti napoletani, sfuggiti alle feroci repressioni ordinate da Ferdinando I d'Aragona dopo la «congiura dei baroni», Carlo VIII pensò di rivendicare l'eredità angioina sul regno di Napoli Assicuratasi la neutralità dell'imperatore e dei re d'Inghilterra e d'Aragona, mediante gli onerosi trattati di Senlis, di Etaples e di Barcellona (1493), e procacciatosi l'appoggio del duca di Milano, Ludovico Sforza, Carlo scese in Italia conquistando il regno di Napoli con facilità divenuta proverbiale   16 *monsignor di Fois* Jean de Foix, conte di Narbonne e di Etampes, comandava cinquanta lance al seguito di Carlo VIII nella sua spedizione in Italia Aveva sposato Maria, sorella maggiore di Luigi, duca d'Orleans e poi re di Francia col nome di Luigi XII. Da questo matrimonio nacque il celebre Gaston, duca di Nemours. Morí intorno al 1500   17 *riguardò* usò ogni riguardo, rispetto   18 *francesi* sott che   19 *se gli erano conlegati contro* il 31 marzo 1495 venne conclusa a Verona una lega contro il re di Francia, ormai padrone del regno di Napoli ad essa aderirono, oltre a quella repubblica, il papa, il duca di Milano, l'imperatore e il re d'Aragona, mentre Ferrara e Firenze rifiutavano ogni appoggio I confederati misero insieme un esercito, al comando di Francesco Gonzaga, marchese di Mantova, costringendo Carlo VIII a ritirarsi da Napoli A Fornovo il 6 luglio 1495 ebbe luogo uno scontro fra i due eserciti assai impari per forze e, sebbene le sorti della battaglia non fossero affatto decise, Carlo VIII abbandonò nottetempo il campo, ritirandosi verso il Piemonte Rientrato in Francia, si preparava a un'altra spedizione, quando morí di apoplessia il 7 aprile 1498

ma per la via di Pisa e di Pontremoli passò in Lombardia[20]. Beltramo, sentito il romore de' nimici e dubitando, come intervenne, non avere a fare la giornata[21] con quelli, avendo in tra la preda fatta a Napoli questa fanciulla, che allora doveva avere cinque anni, d'una bella aria[22] e tutta gentile, deliberò di tòrla d'inanzi a' pericoli; e per uno suo servidore la mandò a mio padre, pregandolo che per suo amore dovessi tanto tenerla che a più commodo tempo mandassi per lei; né mandò a dire se la era nobile o ignobile[23]: solo ci significò che la si chiamava Clizia. Mio padre e mia madre, perché non avevano altri figliuoli che me, subito se ne innamororono ..

PALAMEDE   Innamorato te ne sarai tu!

CLEANDRO   Lasciami dire. –... e come loro cara figliuola la trattorono. Io, che allora avevo dieci anni, mi cominciai, come fanno e fanciulli, a trastullare seco, e le posi uno amore estraordinario, il quale sempre con la età crebbe; di modo che, quando ella arrivò alla età di dodici anni, mio padre e mia madre cominciorono ad avermi gli occhi alle mani[24], in modo che, se io solo gli parlavo, andava sotto sopra la casa. Questa strettezza[25], perché sempre si desidera più ciò che si può avere meno, raddoppiò lo amore ed hammi fatto e fa tanta guerra ch'io vivo con più affanni che s'io fussi in inferno.

PALAMEDE   Beltramo mandò mai per lei?

CLEANDRO   Di cotestui non si intese mai nulla: crediamo che morissi nella giornata del Taro[26].

PALAMEDE   Cosí dovette essere. Ma dimmi: che vuoi tu fare? a che termine sei? vuo'la tu tòr per moglie o vorrestila per amica? che t'impedisce, avendola in casa? può essere che tu non ci abbia rimedio?

---

20 *ma per la via ... passò in .' ombardia* Carlo VIII risalí da Pisa a Sarzana e valicò l'Appennino al passo della Cisa, ritrovando gli avversari in campo ad una trentina di chilometri, a Fornovo, cui si accenna sotto (cfr nota 26)   21 *a fare la giornata* a scontrarsi in battaglia campale   22 *d'una bella aria* bella d'aspetto.   23 *ignobile* di natali bassi   24. *ad avermi gli occhi alle mani* a controllarmi a vista come si fa con un ladro, che non s'ha da perder d'occhio   25 *Questa strettezza* L'impaccio che mi veniva da questa rigida sorveglianza   26 *nella giornata del Taro* nella battaglia campale di Fornovo

CLEANDRO   Io t'ho a dire dell'altre cose, che saranno con mia vergogna, per ciò ch'io voglio che tu sappi ogni cosa

PALAMEDE   Di' pure.

CLEANDRO   «E' mi vien voglia – disse colei – di ridere, ed ho male¹» Mio padre se n'è innamorato anch'egli

PALAMEDE   Chi, Nicomaco?

CLEANDRO   Nicomaco, sí.

PALAMEDE   Puollo fare Iddio?

CLEANDRO   E' lo può fare Iddio e 'santi!

PALAMEDE   Oh! questo è il piú bel caso ch'io sentissi mai e' non se ne guasta se non una casa²⁷. Come vivete insieme? Che fate? A che pensate? Tua madre sa queste cose?

CLEANDRO   E' lo sa mia madre, le fante, e famigli. E' gli è una tresca el fatto nostro²⁸!

PALAMEDE   Dimmi, infine. dove è ridotta la cosa?

CLEANDRO   Dirottelo. Mio padre per moglie, quando bene e' non ne fussi innamorato, non me la concederebbe mai, perché è avaro ed ella è senza dota. Dubita anche che la non sia ignobile. Io per me la torrei per moglie, per amica, ed in tutti quelli modi ch'io la potessi avere. Ma di questo non accade ragionare ora, solo ti dirò dove noi ci troviamo.

PALAMEDE   Io l'arò caro

CLEANDRO   Tosto che mio padre si innamorò di costei, che debbe essere circa uno anno, e desiderando di cavarsi questa voglia che lo fa proprio spasimare, pensò che non c'era altro rimedio che maritarla ad uno che poi gliene accomunassi²⁹: perché tentare d'averla prima che maritata gli debbe parere cosa impia e brutta, e, non sapendo dove si gittare, ha eletto, per il piú fidato a questa cosa, Pirro, nostro servo; e menò tanta segreta questa sua fantasia, che ad uno pelo la fu per con-

---

27 e' non .. una casa credo che il senso di questa battuta sia, ironicamente «Il minimo che può succedere è che vada in rovina tutta una famiglia, un casato».   28 egli è   nostro le nostre faccende sono di dominio pubblico come pubblica è una tresca, danza popolare collettiva   29 gliene accomunassi gliene facesse parte, come di un bene comune

dursi[30], prima che altri se ne accorgessi. Ma Sofronia, mia madre, che prima un pezzo[31] dello innamoramento si era avveduta, scoperse questo agguato e con ogni industria, mossa da gelosia ed invidia, attende a guastare[32]. Il che non ha potuto far meglio, che mettere in campo un altro marito e biasimare quello[33], e dice volerla dare ad Eustachio, nostro fattore. E benché Nicomaco sia di piú autorità, non di meno l'astuzia di mia madre, gli aiuti di noi altri, che senza molto scoprirci gli facciamo, ha tenuta la cosa in ponte[34] piú settimane. Tuttavia Nicomaco ci serra forte[35] ed ha deliberato, a dispetto di mare e di vento, fare oggi questo parentado, e vuol ch'e' la meni questa sera, ed ha tolto a pigione quella casetta dove abita Damone, vicino a noi, e dice che gliene vuole comperare, fornirla di masserizie, aprirgli una bottega e farlo ricco.

PALAMEDE   A te che importa che l'abbia piú Pirro che Eustachio?

CLEANDRO   Come, che m'importa? Questo Pirro è il maggiore ribaldello[36] che sia in Firenze, perché, oltre ad averla pattuita con mio padre, è uomo che mi ebbe sempre in odio, di modo ch'io vorrei che l'avessi piú tosto el diavol dell'inferno. Io scrissi ieri al fattore che venissi a Firenze: maravigliomi che non venne iersera. Io voglio star qui a vedere s'io lo vedessi comparire. Tu che farai?

PALAMEDE   Andrò a fare una mia faccenda.

CLEANDRO   Va' in buonora.

PALAMEDE   Addio. Temporéggiati[37] al meglio puoi, e, se vuoi cosa alcuna, parla.

---

30 per condursi: per concludersi, per andare in porto   31 prima un pezzo già da un bel po' di tempo   32 attende a guastare si impegna con ogni forza a mandar all'aria il disegno del consorte   33 quello l'altro candidato alle nozze, cioè Pirro   34 in ponte in sospeso   35 ci serra forte ci mette alle strette, con la sua ostinazione   36 ribaldello briccone, truffatore   37 Temporéggiati Guadagna tempo

SCENA SECONDA

Cleandro

CLEANDRO   Veramente chi ha detto che lo innamorato ed
il soldato si somigliono, ha detto il vero. El capitano
vuole che i suo' soldati sien giovani; le donne vogliono
che i loro amanti non siano vecchi. Brutta cosa vedere
un vecchio soldato[1]: bruttissima è vederlo innamorato.
I soldati temono lo sdegno del capitano; gli amanti, non
meno, quello delle lor donne. I soldati dormono in terra allo scoperto; gli amanti, su per muricciuoli[2] I soldati perseguano infino a morte i lor nimici; gli amanti,
i lor rivali. I soldati, per la oscura notte, nel piú gelato
verno vanno per il fango, esposti alle acque ed a' venti, per vincere una impresa che faccia loro acquistare la
vittoria; gli amanti, per simil' vie e con simili e maggior' disagi, di acquistare[3] la loro amata cercano. Ugualmente nella milizia e nello amore è necessario il secre-
to, la fede e l'animo Sono e pericoli uguali ed il fine il
piú delle volte è simile· il soldato more in una fossa, lo
amante more disperato. Cosí dubito io che non intervenga a me· ed ho la dama in casa, veggola quanto io
voglio, mangio sempre seco; il che credo che mi sia maggior dolore, perché quanto è piú propinquo l'uomo ad
uno suo desiderio, piú lo desidera, e, non lo avendo,
maggior dolore sente A me bisogna pensare per ora di
sturbare queste nozze; di poi nuovi accidenti mi arre-
cheranno nuovi consigli e nuova fortuna[4]. – È egli possibile che Eustachio non venga di villa? E scrissigli che
ci fussi infino iersera[5]! Ma io lo veggo spuntare là, da
quel canto Eustachio! o Eustachio!

II   1 *soldato* nei panni di un soldato   2 *su per muricciuoli* sui quali s'iner-
picano per approssimarsi all'amata   3 *acquistare* conquistare.   4 *fortuna*
come precisa il Martelli, il monologo è esemplato su Ovidio, *Amores*, I, 9, 1-
30   5 *infino iersera* fino da ieri sera

SCENA TERZA

Eustachio, Cleandro

EUSTACHIO   Chi mi chiama? O Cleandro!

CLEANDRO   Tu hai penato tanto a comparire.

EUSTACHIO   Io venni infino iersera, ma io non mi sono appalesato[1] perché poco innanzi che io avessi la tua lettera ne avevo avuta una da Nicomaco, che mi imponeva uno monte di faccende. E perciò io non volevo capitargli innanzi se prima io non ti vedevo.

CLEANDRO   Hai ben fatto Io ho mandato per te, perché Nicomaco sollecita queste nozze di Pirro; le quale tu sai non piacciano a mia madre, perché, poi che di questa fanciulla si ha a fare bene ad uno uomo nostro, vorrebbe che la si dessi a chi la merita piú. Ed in vero le tue condizioni sono altrimenti fatte[2] che quelle di Pirro, che, a dirlo qui fra noi, e' gli è uno sciagurato

EUSTACHIO   Io ti ringrazio; e veramente io non avevo il capo a tòr donna, ma, poi che tu e madonna volete, io voglio ancora io. Vero è ch'io non vorrei anche arrecarmi nimico[3] Nicomaco, perché poi alla fine el padrone è egli.

CLEANDRO   Non dubitare, perché mia madre ed io non siamo per mancarti, e ti trarremo[4] d'ogni pericolo. Io vorrei bene che tu ti rassettassi un poco. Tu hai cotesto gabbano che ti cade di dosso, hai el tocco[5] polveroso, una barbaccia. Va' al barbieri, làvati el viso, sétolati[6] cotesti panni, acciò che Clizia non ti abbia a refutare per porco[7].

EUSTACHIO   Io non sono atto a rimbiondirmi[8].

III   1. *appalesato* fatto vedere   2 *altrimenti fatte* di un'altra levatura   3 *arrecarmi nimico* rendermi nemico   4 *ti trarremo* ti toglieremo   5 *tocco* berretto   6 *setolati* spàzzolati   7 *per porco* perché sei sporco   8 *rimbiondirmi* farmi bello

CLEANDRO Va', fa' quel ch'io ti dico, e poi te ne vai in quella chiesa vicina e quivi mi aspetta Io me ne andrò in casa, per vedere a quel che pensa el vecchio.

Canzone

    Chi non fa prova, Amore,
della tua gran possanza, indarno spera
di far mai fede vera
qual sia del Cielo il piú alto valore,
né sa come si vive insieme e more,
come si segue el danno[1], il ben si fugge,
come s'ama se stesso
men d'altrui, come spesso
paura e speme i cori adiaccia[2] e strugge
né sa come ugualmente uomini e dèi
paventan[3] l'arme di che armato sei.

CANZONE 1 *si segue el danno* si persegue la propria rovina 2 *adiaccia* agghiaccia 3 *paventan* temono fortemente

ATTO SECONDO

SCENA PRIMA

Nicomaco

NICOMACO   Che domine[1] ho io stamani intorno agli occhi? E' mi pare avere e bagliori, che non mi lasciono
vedere lume, e iersera io arei veduto el pelo nell'uovo.
Are' io beuto troppo? Forse che sí. O Dio, questa vecchiaia ne viene con ogni mal mendo[2]! Ma io non sono
ancora sí vecchio, ch'io non rompessi una lancia con
Clizia. È egli però possibile che io mi sia innamorato a
questo modo? E quello che è peggio, mógliama[3] se ne
è accorta ed indovinasi perch'io voglia dare questa fanciulla a Pirro. Infine, e' non mi va solco diritto[4]. Pure,
io ho a cercare di vincere la mia. – Pirro[1] o Pirro[1] vien
giú, esci fuora[1]

SCENA SECONDA

Pirro, Nicomaco

PIRRO   Eccomi!
NICOMACO   Pirro, io voglio che tu meni[1] questa sera moglie in ogni modo.

I   1 *Che domine* Che diamine, che cosa mai   2 *con ogni mal mendo*, con
ogni cattivo difetto (*menda* viene dall'omonimo latino, d'etimo incerto)   3.
mógliama mia moglie   4 *non mi va solco diritto* non me ne va una dritta

II   1 *meni* prenda

PIRRO Io la merrò ora

NICOMACO Adagio un poco A cosa a cosa, disse 'l Mir-
ra². E' bisogna anche far le cose in modo che la casa
non vada sotto sopra. Tu vedi mógliama non se ne contenta, Eustachio la vuole anch'egli, parmi che Cleandro lo favorisca, e' ci si è volto contro³ Iddio e 'l diavolo. Ma sta' tu pur forte nella fede di volerla. Non dubitare, ch'io varrò per tutti loro⁴, perché, al peggio fare, io te la darò a loro dispetto; e chi vuole ingrognare,
ingrogni⁵.

PIRRO Al nome di Dio, ditemi quel che voi volete che io
facci.

NICOMACO Che tu non ti parta di quinci oltre, acciò che
s'io ti voglio, che tu sia presto⁶.

PIRRO Cosí farò, ma mi era scordato dirvi una cosa.

NICOMACO Quale?

PIRRO Eustachio è in Firenze.

NICOMACO Come, in Firenze? Chi te l'ha detto?

PIRRO Ser Ambruogio, nostro vicino in villa; e' mi dice
che entrò dentro alla porta iersera con lui.

NICOMACO Come, iersera? Dove è egli stato stanotte?

PIRRO Chi lo sa?

NICOMACO Sia, in buonora, va' via, fa' quello ch'io t'ho
detto. – Sofronia arà mandato per Eustachio e questo
ribaldo ha stimato piú le lettere sue che le mie, che gli
scrissi che facessi mille cose che mi rovinano, se le non
si fanno. Al nome di Dio, io ne lo pagherò⁷ Almeno sapessi io dove e' gli è e quel che fa Ma ecco Sofronia
che esce di casa

---

2 *A cosa* *'l Mirra* È un wellerismo «Ogni cosa al momento giusto» 3 *e'
ci si e vòlto contro* si sono messi contro di noi 4 *varrò per tutti loro* saprò
fronteggiarli validamente, saprò tenere loro testa 5 *e chi vuole ingrogni* e
chi vuole mettere il muso, lo metta (*ingrugnare* vale fare il grugno) 6 *che
presto* che tu sia pronto e celere 7 *ne lo pagherò* gliela farò pagar cara

SCENA TERZA

Sofronia, Nicomaco.

SOFRONIA   (Io ho rinchiusa Clizia e Doria in camera. E'
mi bisogna guardare questa povera fanciulla dal figliuolo, dal marito, da' famigli: ognuno l'ha posto il
campo intorno[1].)
NICOMACO   Ove si va?
SOFRONIA   Alla messa
NICOMACO   Ed è per carnesciale[2]! pensa quel che tu farai
di quaresima
SOFRONIA   Io credo che s'abbia a fare bene d'ogni tempo; e tanto è piú accetto farlo in quelli tempi che gli altri fanno male. Ma e' mi pare che a fare bene noi ci facciamo da cattivo lato[3]
NICOMACO   Come? che vorrestú che si facessi?
SOFRONIA   Che non si pensassi a chiacchiere, e poi che
noi abbiamo in casa una fanciulla buona, d'assai e bella, abbiamo durato fatica ad allevalla, che si pensi di
nolla gittare or via; e, dove prima ogni uomo ci lodava,
ogni uomo ora ci biasimerà, veggendo che noi la diàno
ad uno ghiotto[4] senza cervello che non sa far altro che
un poco radere, che è un'arte che non ne viverebbe una
mosca[5].
NICOMACO   Sofronia mia, tu erri Costui è giovane, di
buono aspetto e, se non sa, è atto ad imparare, vuol bene a costei. Che son tre gran parte[6] in uno marito. gio-
ventú, bellezza ed amore. A me non pare che si possa
ire piú là, né che di questi partiti se ne truovi ad ogni
uscio. S'e' non ha roba, tu sai che la roba viene e va, e

III   1 l' ha posto   intorno «le ha posto l'assedio» (Gaeta)   2 Ed e per carnesciale E siamo solo a carnevale   3 ci facciamo . lato· incominciamo dalla
parte sbagliata, incominciamo male   4 ghiotto scioperato e poco di buono   5 che. mosca i proventi del mestiere (arte) di barbiere non gli basterebbe certo per vivere   6 tre gran parte tre grandi qualità

costui è uno di quegli che è atto a farne venire. Ed io non lo abbandonerò, perch'io fo pensiero, a dirti il vero, di comperarli quella casa, che per ora ho tolta a pigione da Damone nostro vicino: ed empierolla di masserizie, e di piú, quando mi costassi quattrocento fiorini, per metterliene...

SOFRONIA   Ah, ah, ah!

NICOMACO   Tu ridi?

SOFRONIA   Chi non riderebbe? dove liene vuoi tu mettere?

NICOMACO   Sí, che vuoi tu dire? – . per metterliene in su una bottega[7], non sono per guardarvi[8]

SOFRONIA   È egli possibile però che tu voglia con questo partito strano[9] tòrre al tuo figliuolo piú ch'e' non si conviene, e dare a costui piú ch'e' non merita? Io non so che mi dire Io dubito che non ci sia altro sotto.

NICOMACO   Che vuoi tu che ci sia? .

SOFRONIA   Se ci fussi chi non lo sapessi, io glielo direi; ma, perché tu lo sai, io non te lo dirò.

NICOMACO   Che so io?

SOFRONIA   Lasciamo ire. Che ti muove a darla a costui? Non si potrebbe, con questa dote o con minore[10], maritarla meglio?

NICOMACO   Sí, credo Non di meno, e' mi muove l'amore ch'io porto all'una ed all'altro, che, avendoceli allevati tutti a duoi, mi pare da benificarli tutti a duoi

SOFRONIA   Se cotesto ti muove, non ti hai tu ancora allevato Eustachio, tuo fattore?

NICOMACO   Sí, ho. Ma che vuoi tu che la faccia di cotestui[11], che non ha gentilezza veruna, ed è uso a stare in villa fra' buoi e tra le pecore? O! se noi gliene dessimo, la si morrebbe di dolore.

SOFRONIA   E con Pirro si morrà di fame. Io ti ricordo che le gentilezze delli uomini consistono in avere qualche

_____

7 *per metterliene in su 'n una bottega*. tutto questo scambio di battute è basato sull'ambiguità di quel *mettere*, in uno dei due usi ha valore di metafora erotica   8 *non sono per guardarvi* sono disposto a non badare a spese   9 *partito strano*. proposito inconsueto, fuori della norma   10. *o con minore* o anche con una dote minore   11 *che la faccia di cotestui* che la dia in moglie a costui

virtú, sapere fare qualche cosa, come sa Eustachio, che è uso alle faccende in su' mercati, a fare masserizia, ad avere cura delle cose d'altri e delle sua; ed è uno uomo che viverebbe in su l'acqua[12]· tanto che tu sai che gl' ha un buono capitale. Pirro, dall'altra parte, non è mai se non in sulle taverne, su pe' giuochi, un cagapensieri[13] che morrebbe di fame nello Altopascio[14].

NICOMACO   Non ti ho io detto quello che io li voglio dare?

SOFRONIA   Non ti ho io risposto, che tu lo getti via? Io ti concludo questo, Nicomaco, che tu hai speso in nutrire costei ed io ho durato fatica in allevarla; e per questo avendoci io parte, io voglio ancora io intendere come queste cose hanno ad andare, o io dirò tanto male e commetterò tanti scandoli che ti parrà essere in mal termine, che non so come tu ti alzi el viso. Va', ragiona di queste cose con la maschera[15].

NICOMACO   Che mi di' tu? se' tu impazata? Or mi fa' tu venir voglia di dargliene[16] in ogni modo; e, per cotesto amore, voglio io che la meni stasera: e merralla, se ti schizzassino gli occhi

SOFRONIA   O e' la merrà, o e' non la merrà.

NICOMACO   Tu mi minacci di chiacchiere: fa' ch'io non dica[17] Tu credi forse che io sia cieco, e che io non conosca e giuochi di queste tua bagatelle? Io sapevo bene che le madre volevano bene a' figliuoli, ma non credevo che le volessino tenere le mani[18] alle loro disonestà

SOFRONIA   Che di' tu? che cosa è disonesta?

NICOMACO   Deh¹ non mi far dire Tu m'intendi ed io t'intendo Ognuno di noi sa a quanti di è san Biagio[19]. Fac-

---

12 *viverebbe in su l'acqua* saprebbe cavarsela anche in situazioni disperate   13 *cacapensieri* vanerello, buono a nulla   14 *nello Altopascio* le terre d'Altopascio, nel Lucchese, erano note per essere particolarmente ubertose   15 *ragiona con la maschera* il senso è «Abbi il pudore di coprirti il viso nel dire simili scempiaggini»   16 *dargliene* di dar Clizia in moglie a Pirro   17 *fa' ch'io non dica* non farmi parlare   18 *le volessino tenere le mani* volessero prestar loro mano, farsi loro complici   19 *Ognuno . san Biagio* Modo di dire corrente per «Sappiamo tutti come stanno le cose» La festa di San Biagio (3 febbraio) era popolarissima

ciamo, per tuo fe', le cose d'accordo, che se noi entriamo in cetere[20], noi sareno la favola del popolo

SOFRONIA   Entra in che cetere tu vuoi. questa fanciulla non s'ha a gittar via, o io manderò sotto sopra, non che la casa, Firenze.

NICOMACO   Sofronia, Sofronia, chi ti pose questo nome non sognava: tu se' una soffiona[21] e se' piena di vento.

SOFRONIA   Al nome d'Iddio, io voglio ire alla messa Noi ci rivedreno

NICOMACO   Odi un poco Sarebbeci modo a raccapezzare[22] questa cosa, e che noi non ci facessimo tenere pazzi?

SOFRONIA   Pazzi no, ma tristi[23] sí.

NICOMACO   Ei ci sono in questa terra tanti uomini dabbene, noi abbiamo tanti parenti, e' ci sono tanti buoni religiosi! Di quello che noi non siamo d'accordo noi, domandianne loro, e per questa via o tu o io ci sgarereno[24].

SOFRONIA   Che? vogliamo noi cominciare a bandire[25] queste nostre pazzie?

NICOMACO   Se noi non vogliamo tòrre amici o parenti, togliamo uno religioso, e non si bandiranno, e rimettiamo in lui questa cosa in confessione[26].

SOFRONIA   A chi andremo?

NICOMACO   E' non si può andare ad altri che a fra' Timoteo, che è nostro confessoro di casa ed è uno santerello[27] ed ha fatto già qualche miracolo.

SOFRONIA   Quale?

NICOMACO   Come quale? Non sai tu che per le sue orazioni mona Lucrezia di messer Nicia Calfucci, che era sterile, ingravidò[28]?

---

20 *entriamo in cetere* caschiamo a parlare di cose inutili (*cetere* è il lat *coetera*, gli altri e minori argomenti, che di solito erano *praeterita*, passati sotto silenzio, tralasciati)   21 *soffiona* presuntuosa, boriosa (*soffione* è la canna di ferro per ravvivare il fuoco col soffio qui la forma aggettivale è assunta in senso figurato).   22 *raccapezzare* rappezzate, riaccomodare   23 *tristi* d'animo malvagio, pieni di cattive intenzioni   24 *ci sgarereno* ci caveremo d'inganno, ci smagheremo   25 *bandire* rendere di dominio pubblico, come se le annunciassimo per bando   26 *in confessione* sotto il segreto confessionale   27 *santerello* un mezzo santo   28 *Non sai tu . ingravidò* Il riferimento è alla *M* una sorta di ammicco d'intesa tra due diverse occasioni teatrali

SOFRONIA   Gran miracolo, un frate fare ingravidare una
    donna! Miracolo sarebbe se una monaca la facessi in-
    gravidare ella!
NICOMACO   È egli possibile che tu non mi attraversi sem-
    pre la via con queste novelle?
SOFRONIA   Io voglio ire alla messa, e non voglio rimette-
    re le cose mia in persona²⁹.
NICOMACO   Orsú, va' e torna io ti aspetterò in casa. (Io
    credo che sia bene non si discostare molto, perché non
    trafugassino Clizia in qualche lato.)

SCENA QUARTA

Sofronia

SOFRONIA   Chi conobbe Nicomaco uno anno fa e lo pra-
    tica ora¹, ne debbe restare maravigliato, considerando
    la gran mutazione che gl' ha fatta, perch'e' soleva es-
    sere uno uomo grave, resoluto, respettivo², dispensava
    il tempo suo onorevolmente: e' si levava la mattina di
    buonora, udiva la sua messa, provedeva al vitto del gior-
    no; dipoi, s'egli aveva faccenda in piazza, in mercato,
    o a' magistrati, e' le faceva; quanto che no, o e' si ridu-
    ceva³ con qualche cittadini tra ragionamenti onorevoli,
    o e' si ritirava in casa nello scrittoio⁴, dove raguagliava
    suo scritture⁵, riordinava suoi conti; di poi piacevol-
    mente con la sua brigata desinava; e, desinato, ragio-
    nava con il figliuolo, ammunivalo, davagli a conoscere
    gl' uomini, e con qualche essemplo antico e moderno
    gl'insegnava vivere. Andava di poi fuora, consumava

---

29. *rimettere   in persona* affidate a nessuno il compito di curare i miei interessi Voglio, cioè, riprendere io stessa il discorso su questo matrimonio

IV   1 *lo pratica ora* lo frequenta ora   2 *respettivo* rispettoso delle circostanze, prudente l'opposto di impetuoso   3 *si riduceva* si conduceva, si in-
tratteneva con   4 *scrittoio* studio   5 *raguagliava sue scritture* riordinava,
aggiornava le sue carte, i suoi conti

tutto il giorno o in faccende o in diporti gravi ed onesti. Venuta la sera, sempre l'Avemaria lo trovava in casa: stavasi un poco con esso noi al fuoco, s'e' gli era di verno; di poi se n'entrava nello scrittoio a rivedere le faccende sue; alle tre ore si cenava allegramente. Questo ordine⁶ della sua vita era uno essemplo a tutti gli altri di casa, e ciascuno si vergognava non lo imitare E così andavano le cose ordinate e liete Ma di poi che gli entrò questa fantasia di costei, le faccende sue si straccurano⁷; e poderi si guastono; e trafichi rovinano. Grida sempre, e non sa di che; entra ed esce di casa ogni dí mille volte, sanza sapere quello che si vada faccendo Non torna mai ad ora che si possa cenare o desinare a tempo; se tu gli parli, o e' non ti risponde, o e' ti risponde non a proposito I servi, vedendo questo, si fanno beffe di lui; il figliuolo ha posto giú la reverenzia⁸; ognuno fa a suo modo, ed infine niuno dubita di fare⁹ quello che vede fare a lui In modo che io dubito, se Iddio non ci remedia, che questa povera casa non rovini. Io voglio pure andare alla messa e raccomandarmi a Dio quanto io posso Io veggo Eustachio e Pirro che si bisticciano Be' mariti che si apparecchiano a Clizia!

SCENA QUINTA

Pirro, Eustachio

PIRRO   Che fa' tu in Firenze, trista cosa¹?
EUSTACHIO   Io non l'ho a dire a te.
PIRRO   Tu se' cosí razzimato²! tu mi pari un cesso ripulito

---

6. *Questo ordine* Questo ordinato svolgimento   7. *si straccurano* trascurano   8 *ha posto giú la reverenzia* ha messo da parte il dovuto rispetto filiale   9 *niuno dubita di fare* nessuno esita a fare

v   1 *trista cosa* si diceva anche *trista persona* sciagurato Ma quel *cosa* è ancor piú dispregiativo È questa la prima scena della *C* che risente di echi plautini, dalla *Casina*, dove leggiamo (I, 1, 98) «Quid in urbe reptas, vilice haud magni preti?»   2 *razzimato* azzimato

EUSTACHIO Tu hai sí poco cervello che io mi maraviglio che' fanciulli non ti gettino drieto³ e sassi.

PIRRO Presto ci avvedremo chi arà piú cervello, o tu o io

EUSTAGHIO Prega Iddio che 'l padron non muoia, ché tu andrai un dí accattando⁴.

PIRRO Hai tu veduto Nicomaco?

EUSTACHIO Che ne vuoi tu sapere se io l'ho veduto o no?

PIRRO E' toccherà bene a te a saperlo, che, se e' non si rimuta⁵, se tu non torni in villa da te, e' vi ti farà portare a' birri.

EUSTACHIO E' ti dà una gran briga questo mio essere in Firenze!

PIRRO E' dà piú briga ad altri che a me.

EUSTACHIO E però ne lascia il pensiero ad altri.

PIRRO Pure le carne tirano⁶

EUSTACHIO Tu guardi e ghigni.

PIRRO Guardo, che tu saresti el bel marito.

EUSTACHIO Orbè, sai quello ch'io ti voglio dire? «Ed anche il duca murava!»⁷. Ma se la prende te, la sarà salita in su' muricciuoli⁸. Quanto sarebbe meglio che Nicomaco la affogassi in quel suo pozzo! Almeno la poverina morrebbe ad uno tratto⁹

PIRRO Do! villan poltrone profumato nel litame! Part'egli avere carni da dormire allato a sí dilicata figlia?

EUSTACHIO Ell'arà bene carni teco, che se la sua trista sorte te la dà, o ella in uno anno diventerà puttana, o ella si morrà di dolore· ma del primo¹⁰ ne sarai tu d'accordo seco, che per uno becco pappataci¹¹ tu sarai desso!

3 drieto dietro, alle terga   4 accattando chiedendo l'elemosina, come un accattone   5 se rimuta se egli non cambia parere.   6. Pure . tirano la beghina di M , III, 3, si dice con queste parole attaccata alla memoria del marito, «ancora che fussi un omaccio» Qui vorrebbe dire, con ironia insolente e amara. «Eppure la carne ha i suoi diritti»   7 «Ed anche il duca murava!» Detto proverbiale d'area toscana, che vale «Lavorano anche i nobili e i potenti, nessuno si è mai sottratto al lavoro»   8 la sarà muricciuoli come rivenduglioli e mendicanti, che in cambio di una elemosina esponevano la loro povera merce su bassi muretti (muricciolaro era detto il rivenditore di libri usati)   9 ad uno tratto d'un colpo   10. ma del primo ma se la sua sorte sarà la prima, di farsi cioè prostituta   11 per uno becco pappataci· se ci sarà un cornuto contento (che pappa e tace), quello sarai tu

PIRRO Lasciamo andare! Ognuno aguzzi e sua ferruzzi[12];
vedreno a chi e' dirà meglio. Io me ne voglio ire in casa, ch'io t'arei a rompere la testa.
EUSTACHIO Ed io mi tornerò in chiesa.
PIRRO Tu fai bene a non uscire di franchigia[13].

Canzona

Quanto in cor giovinile è bello amore,
tanto si disconviene
in chi degli anni suoi passato ha il fiore
Amore ha sua virtute agli anni uguale[1]
e nelle fresche etati assai s'onora
e nelle antiche poco o nulla vale.
Sí che, oh vecchi amorosi, el meglio fora
lasciar la impresa a giovinetti ardenti,
ch'a piú fort'opra intenti,
far ponno al suo signor[2] piú largo onore.

---

12. *Ognuno... ferruzzi.* espressione equivalente a «Ognuno aguzzi il proprio ingegno, i ferri del proprio acume» 13 *a non uscire di franchigia:* «In chiesa i
malfattori non potevano esser perseguiti vigeva il diritto d'asilo» (Gaeta)

CANZONA 1 *ha uguale* possiede una forza d'attrazione proporzionata agli
anni di chi ne è soggetto 2 *al suo signor* al loro signore, ad Amore

ATTO TERZO

SCENA PRIMA

Nicomaco, Cleandro

NICOMACO   Cleandro, o Cleandro!

CLEANDRO   Messere!

NICOMACO   Esci giú, esci giú, dico io! Che fai tu, tanto
el dí[1], in casa? Non te ne vergogni tu, che dài carico[2] a
cotesta fanciulla? Sogliano a simili dí di carnasciale e
giovani tuoi pari andarsi a spasso veggendo le maschere, o ire a fare al calcio[3]. Tu se' uno di quelli uomini che
non sai far nulla e non mi pari né morto né vivo.

CLEANDRO   Io non mi diletto di coteste cose, e non me
ne dilettai mai, e piacemi piú il star solo che con coteste compagnie; e tanto piú stavo ora volentieri in casa,
veggendovi stare voi, per potere, se voi volevi cosa alcuna, farla.

NICOMACO   Deh! guarda dove l'aveva![4] Tu se' el buon
figliuolo! Io non ho bisogno di averti tutto dí drieto,
io tengo dua famigli ed uno fattore, per non avere[5] a
comandare a te.

CLEANDRO   Al nome d'Iddio, e' non è però che quello
ch'io fo no 'l faccia per bene.

NICOMACO   Io non so per quel che tu tel fai, ma io so bene che tua madre è una pazza e rovinerà questa casa
Tu faresti el meglio a ripararci

1   1 *tanto el dí* tutto il giorno, tanto è lungo il dí   2 *dài carico*. puoi offri-
re, col tuo comportamento, «motivo di biasimo per la reputazione» (Blasucci)
della fanciulla   3 *ire a fare al calcio* andare a giocare al calcio Il gioco del calcio era sport assai praticato nella Firenze medicea e celebrato da letterati e poeti   4 *dove l'aveva!* dove teneva in serbo la risposta!   5 *per non avere* per
poter fare a meno

CLEANDRO   O lei, o altri[6].

NICOMACO   Chi altri?

CLEANDRO   Io non so

NICOMACO   E' mi pare bene che tu nol sappi. Ma che di' tu di questi casi di Clizia?

CLEANDRO   (Vedi che vi capitamo[7]!)

NICOMACO   Che di' tu? Di' forte, ch'io t'intenda.

CLEANDRO   Dico ch'io non so che me ne dire.

NICOMACO   Non ti par'egli che questa tua madre pigli un granchio a non volere che Clizia sia moglie di Pirro?

CLEANDRO   Io non me ne intendo.

NICOMACO   Io son chiaro[8]· tu hai preso la parte sua E' ci cova sotto altro che favole[9]. Parrebbet'egli però che la stessi bene con Eustachio?

CLEANDRO   Io non lo so, e non me ne intendo

NICOMACO   Di che diavolo t'intendi tu?

CLEANDRO   Non di cotesto.

NICOMACO   Tu ti sei pur inteso di far venire in Firenze Eustachio, e trafugarlo[10] perché io non lo vegga, e tendermi lacciuoli per guastare queste nozze: ma te e lui caccerò io nelle Stinche[11]; a Sofronia renderò io la sua dota e manderolla via, perché io voglio essere io signore di casa mia, e ognuno se ne sturi gli orecchi[12]! E voglio che questa sera queste nozze si faccino, o io, quando non arò altro rimedio, caccerò fuoco in questa casa. Io aspetterò qui tuo madre, per vedere s'io posso essere d'accordo con lei; ma quando io non possa, ad ogni modo io ci voglio l'onor mio, ché io non intendo che' paperi menino a bere l'oche[13]! Va', per tanto, se tu desideri el bene tuo e la pace di casa, a pregarla che facci a mio modo Tu la troverrai in chiesa, ed io aspetterò

---

6 *O lei, o altri* Sarà lei o saranno altri a condurci alla rovina   7 *vi capitamo*. ci caschiamo sopra, ci imbattiamo nel tema che gli sta a cuore.   8 *Io son chiaro* Ora capisco tutto, ora vedo chiaro nella faccenda   9 *altro che favole* altro che storie, vani pretesti o scuse   10 *trafugarlo* sottrarmelo alla vista   11. *nelle Stinche* erano le carceri di Firenze   12 *se ne sturi gli orecchi·* apra ben gli orecchi   13 *ch'e paperi   l'oche* che i più sciocchi comandino ai più saggi

te e lei qui in casa. E se tu vedi quel ribaldo di Eustachio, digli che venghi a me: altrimenti non farà bene e
casi suoi[14].

CLEANDRO   Io vo

SCENA SECONDA

Cleandro

CLEANDRO   O miseria di chi ama! Con quanti affanni passo io il mio tempo! Io so bene che qualunque[1] ama una
cosa bella, come è Clizia, ha di molti rivali che gli dànno infiniti dolori Ma io non intesi mai che ad alcuno
avvenissi[2] di avere per rivale il padre; e dove molti giovani hanno trovato appresso al padre qualche remedio,
io vi truovo el fondamento e la cagione del male mio.
E se mia madre mi favorisce, la non fa per favorire me,
ma per disfavorire la impresa del marito· e perciò io
non posso scoprirmi in questa cosa gagliardamente[3],
perché subito la crederrebbe che io avessi fatti quelli
patti, con Eustachio, che mio padre ha fatti con Pirro;
e come la credesse questo, mossa dalla conscienzia, la-
scerebbe ire l'acqua alla china[4], e non se ne travaglierebbe più[5], e io al tutto sarei spacciato e ne piglierei tanto dispiacere ch'io non crederrei più vivere. Io veggio
mia madre che esce di chiesa. io voglio parlar seco ed
intendere la fantasia sua e vedere quali rimedii ella ap-
parecchi contro a' disegni del vecchio.

14 *non . e casi suoi* non farà il proprio bene, la propria felicità

II   1 *qualunque* chiunque   2 *avvenissi* accadesse   3 *gagliardamente* con
ardire e bella franchezza   4 *ire l'acqua alla china* si dice anche andare le cose per il loro verso   5 *non se ne travaglierebbe più* non soffrirebbe più e perciò non vi si impegnerebbe più

SCENA TERZA

Cleandro, Sofronia.

CLEANDRO Dio vi salvi, madre mia!

SOFRONIA O Cleandro, vieni tu di casa?

CLEANDRO Madonna sí.

SOFRONIA Sevvi tu stato tuttavia¹, poi ch'io vi ti lasciai?

CLEANDRO Sono.

SOFRONIA Nicomaco dove è?

CLEANDRO È in casa, e per cosa che sia accaduta no'n'è uscito.

SOFRONIA Lascialo fare, al nome d'Iddio. Una ne pensa el ghiotto e l'altra el tavernaio². Hatt'egli detto cosa alcuna?

CLEANDRO Un monte di villanie; e parmi che gli sia entrato el diavolo addosso: e' vuole mettere nelle Stinche Eustachio e me, a voi vuole rendere la dota e cacciarvi via, e minaccia, nonché altro, di mettere fuoco in casa. E mi ha imposto ch'io vi truovi e vi persuada a consentire a queste nozze: altrimenti non si farà per voi³.

SOFRONIA Tu che ne di'?

CLEANDRO Dicone quello che voi, perché io amo Clizia come sorella, e dorrebbemi infino all'anima che la capitassi in mano di Pirro.

SOFRONIA Io non so come tu te la ami⁴, ma io ti dico bene questo, che s'io credessi trarla delle mani di Nicomaco e metterla nelle tua, che io non me ne impaccerei⁵. Ma io penso che Eustachio la vorrebbe per sé e che

III 1 *tuttavia* per tutto questo tempo 2 *Una ... el tavernaio* È proverbio e vale «Gli uomini vanno a gara a chi sa imbrogliare con piú malizia altro» Applicato a Nicomaco e Cleandro «Gareggiate a far peggio l'uno dell'altro» 3 *non si fara per voi* le cose non andranno nel vostro verso, andranno male per voi 4 *Io non ... la ami* Ironicamente io non ho ben chiaro come tu l'ami, se da fratello o da spasimante 5 *non me ne impaccerei* non me ne impiccerei

il tuo amore, per la sposa tua, che siamo per dartela presto, sì potessi cancellare[6].

CLEANDRO   Voi pensate bene e però io vi prego che voi facciate ogni cosa perché queste nozze non si faccino. E quando non si possa fare altrimenti che darla ad Eustachio, díesili[7]; ma, quando si possa, sarebbe meglio, secondo me, lasciarla stare così, perché l'è ancora giovinetta e non le fugge il tempo Potrebbono e cieli farle trovare e sua parenti, e, quando e' fussino nobili, arebbono un poco obligo[8] con voi, trovando che voi l'avessi maritata o ad uno famiglio o ad uno contadino.

SOFRONIA   Tu di' bene. Io ancora ci avevo pensato, ma la rabbia di questo vecchio mi sbigottisce; non di meno, e' mi si aggirano tante cose per il capo che io credo che qualcuna gli guasterà ogni suo disegno. Io me ne voglio ire in casa perché io veggo Nicomaco aliare[9] intorno all'uscio Tu va' in chiesa e di' ad Eustachio che venga a casa e non abbia paura di cosa alcuna.

CLEANDRO   Così farò.

SCENA QUARTA

Nicomaco, Sofronia

NICOMACO   (Io veggo mógliama, che torna; io la voglio un poco berteggiare[1] per vedere se le buone parole mi giovano) O fanciulla mia, ha' tu però a stare sí malinconosa[2], quando tu vedi la tua speranza? Sta' un poco meco[1]

6 *il tuo amore   cancellare* giustamente Blasucci «il tuo amore [per Clizia] possa [ma, meglio *potrebbe*] essere cancellato da parte della tua sposa» (Il *per* in sostanza è ablativale)   7 *díesili* gliela si dia   8 *arebbono un poco obligo* avrebbero motivo di un qualche risentimento   9 *aliare* letteralmente aggirarsi a volo

IV   1 *berteggiare* come *dar la berta o sbertare* prendere in giro   2 *malinconosa* malinconica. Nella *Casina* (II, 3, 228) «Tristem astare aspicio»

SOFRONIA   Lasciami ire.

NICOMACO   Férmati, dico.

SOFRONIA   Io non voglio: tu mi par' cotto³

NICOMACO   Io ti verrò drieto.

SOFRONIA   Se' tu impazzato?

NICOMACO   Pazzo? perch'io ti voglio troppo bene

SOFRONIA   Io non voglio che tu me ne voglia

NICOMACO   Questo non può essere

SOFRONIA   Tu m'uccidi⁴: hu, fastidioso!

NICOMACO   (Io vorrei che tu dicessi il vero.)

SOFRONIA   (Credotelo.)

NICOMACO   Eh! guatami un poco, amor mio

SOFRONIA   Io ti guato, ed odoroti anche: tu sai sí di buono! Bembè, tu mi riesci⁵!

NICOMACO   (Ohimè, ché la se ne è avveduta! Che mala-
detto sia quel poltrone, che me l'arrecò dinanzi.)

SOFRONIA   Onde son venuti questi odori⁶ di che sai tu,
vecchio impazzato?

NICOMACO   E' passò dianzi uno di qui, che ne vendeva·
io gli trassinai, e mi rimase di quello odore addosso.

SOFRONIA   (E' gli ha già trovato la bugia: non dissi io?)
E ti vergogni tu di quello che tu fai da uno anno in qua?
Usi sempre con sei giovanetti, vai alla taverna, ripàriti
in casa femmine⁷ e dove si giuoca, spendi sanza modo.
begli essempli che tu dài al tuo figliuolo! Date moglie
a questi valenti uomini!

NICOMACO   Ah! moglie mia, non mi dir tutti e mali ad un
tratto: serba qualche cosa a domani. Ma non è egli ragionevole che tu faccia piú tosto a mio modo, che io a tuo?

SOFRONIA   Sí, delle cose oneste

NICOMACO   Non è egli onesto maritare una fanciulla?

SOFRONIA   Sí, quando ella si marita bene.

NICOMACO   Non starà ella bene con Pirro?

SOFRONIA   No.

3 *cotto* instupidito dall'ubriachezza (cottura)   4 *m'uccidi* mi farai morire,
tanto m'infastidisci   5 *mi riesci* quasi quasi mi persuadi, riesci a convincer-
mi (è detto con ironia)   6 *odori* sono profumi   7. *ripariti in casa femmine*
vai a cercare asilo in casa di donne di malaffare

NICOMACO   Perché?

SOFRONIA   Per quelle cagioni ch'io t'ho dette altre volte.

NICOMACO   Io m'intendo di queste cose piú di te Ma, se io facessi tanto con Eustachio ch'e' non la volessi?

SOFRONIA   E se io facessi con Pirro tanto che non la volessi anch'egli?

NICOMACO   Da ora innanzi ciascuno di noi si pruovi⁸, e chi di noi dispone el suo⁹, abbi vinto

SOFRONIA   Io son contenta Io vo in casa a parlare a Pirro e tu parlerai con Eustachio, che io lo veggo uscir di chiesa

NICOMACO   Sia fatto.

SCENA QUINTA

Eustachio, Nicomaco

EUSTACHIO   (Poiché Cleandro mi ha detto che io vadia a casa e non dubiti, io voglio fare buon cuore¹ ed andarvi.)

NICOMACO   (Io volevo dire a questo ribaldo una carta² di villanie, e non potrò, poiché io l'ho a pregare.) Eustachio!

EUSTACHIO   O padrone?

NICOMACO   Quando fustú in Firenze?

EUSTACHIO   Iersera.

NICOMACO   Tu hai penato tanto a lasciarti rivedere! Dove se' tu stato tanto?

EUSTACHIO   Io vi dirò Io mi cominciai iermattina a sentir male: e' mi doleva el capo, avevo una anguinaia³, e parevami avere la febre Ed essendo questi tempi so-

---

8 *si pruovi* faccia prova di sé, si cimenti   9 *dispone el suo* riesce a convincere il suo uomo, cioè il candidato dell'avversario Questa scena risente, con sufficiente aderenza, della scena 3 dell'atto II della *Casina*

v   1 *fare buono cuore* farmi coraggio   2 *una carta* «una pagina intera, una gran quantità» (Blasucci)   3 *anguinaia* o *inguinaglia* dolore all'inguine

spetti di peste, io ne dubitai forte e iersera venni a Firenze e mi stetti all'osteria, né mi volli rappresentare[4], per non fare male a voi o a la famiglia vostra, se pure e' fussi stato desso[5]. Ma, grazia di Dio, ogni cosa è passata via e sentomi bene.

NICOMACO   (E' mi bisogna fare vista di crederlo.) Ben facesti tu: se' orbene guarito?

EUSTACHIO   Messer sí.

NICOMACO   (Non del tristo[6]) Io ho caro che tu ci sia. Tu sai la contenzione[7] che è tra me e mógliama, circa al dar marito a Clizia. Ella la vuole dare a te ed io la vorrei dare a Pirro

EUSTACHIO   E dunque volete meglio a Pirro che a me.

NICOMACO   Anzi, voglio meglio a te che a lui. Ascolta un poco. Che vuoi tu fare di moglie? Tu hai oggimai trentotto anni, ed una fanciulla non ti sta bene; ed è ragionevole[8] che, come la fussi stata teco qualche mese, che la cercassi un piú giovane di te, e viveresti disperato. Di poi, io non mi potrei piú fidare di te; perderesti lo aviamento[9], diventeresti povero, ed andresti tu ed ella accattando

EUSTACHIO   In questa terra chi ha bella moglie non può essere povero: e del fuoco e della moglie si può essere liberale con ognuno, perché quanto piú ne dài, piú te ne rimane.

NICOMACO   Dunque vuoi tu fare questo parentado per farmi dispiacere?

EUSTACHIO   Anzi, lo vo' fare per fare piacere a me

NICOMACO   Or tira[10], vanne in casa (Io ero pazzo s'io credevo avere da questo villano una risposta piacevole.) Io muterò teco verso[11]. Ordina di rimettermi e conti e di andarti con Dio, e fa' stima d'essere il maggior nimico ch'io abbia e ch'io ti abbia a fare il peggio, che io posso.

---

4 *rappresentare* presentare   5 *se   desso* nel caso che quel malessere fosse stato realmente (*pure*) il segno della peste   6. *Non del tristo* «Ma non sei guarito dalla tua tristizia» (Blasucci)   7 *contenzione* contesa   8 *è ragionevole* sott · supporre, prevedere   9 *perderesti lo aviamento*: perderesti i benefici di un lavoro già avviato   10 *Or tira* Or tira via, vattene   11 *Io   verso* «Cambierò con te il mio modo di fare» (Gaeta)

EUSTACHIO   A me non dà briga nulla[12], pur ch'io abbia
Clizia.

NICOMACO   Tu arai le forche.

SCENA SESTA

Pirro, Nicomaco.

PIRRO   Prima ch'io facessi ciò che voi volete, io mi lascerei scorticare[1]

NICOMACO   (La cosa va bene! Pirro sta nella fede[2].) Che
hai tu? Con chi combatti tu, Pirro?

PIRRO   Combatto ora con chi voi combattete sempre.

NICOMACO   Che dic'ella? Che vuol ella?

PIRRO   Pregami che io non tolga Clizia per donna.

NICOMACO   Che l'hai tu detto?

PIRRO   Che io mi lascerei prima ammazzare, che io la ri-
fiutassi

NICOMACO   Ben dicesti

PIRRO   Se i' ho ben detto, io dubito non avere mal fatto[3], perché io mi sono fatto nimico la vostra donna ed
il vostro figliuolo e tutti gli altri di casa.

NICOMACO   Che importa? Sta bene con Cristo e fatti beffe de' santi[4]

PIRRO   Sí, ma, se voi morissi, i santi mi tratterebbono assai male.

NICOMACO   Non dubitare. Io ti farò tal parte[5] che' santi
ti potranno dare poca briga, e, se pur e' volessino, e ma-
gistrati e le legge ti difenderanno, – pure ch'io abbia
facultà per tuo mezzo di dormire con Clizia

---

12 *non   nulla* niente mi preoccupa Si veda, per questa scena, *Casina*, II, 4

VI   1 *Prima   scorticare* La frase è rivolta a Sofronia, rimasta all'interno di
casa   2 *sta nella fede* sta saldo, non demorde dalla parola data   3 *dubito .
mal fatto* temo di aver fatto male È la costruzione alla latina   4 *Sta' bene.
santi* Sii in buoni rapporti col capofamiglia e non curarti degli altri «numi»   5
ti farò tal parte ti sistemerò in modo tale

PIRRO   Io dubito che voi non possiate, tanta infiammata
vi veggio contro la donna[6].

NICOMACO   Io ho pensato che sarà bene, per uscire una
volta di questo farnetico[7], che si getti per sorte[8] di chi
sia Clizia: da che la donna non si potrà discostare.

PIRRO   Se la sorte vi venissi contro?

NICOMACO   Io ho speranza in Dio, che la non verrà.

PIRRO   (O vecchio impazzato! vuol che Dio tenga le mani[9] a queste sua disonestà!) Io credo, che se Dio s'im-
paccia di simil' cose, che Sofronia ancora[10] speri in Dio.

NICOMACO   Ella si speri! E, se pur la sorte mi venissi contro, io ho pensato al rimedio Va', chiamala, e dilli che
venga fuora con Eustachio.

PIRRO   O Sofronia, venite, voi ed Eustachio, al padrone.

SCENA SETTIMA

Sofronia, Nicomaco, Eustachio, Pirro.

SOFRONIA   Eccomi. Che sarà di nuovo?

NICOMACO   E' bisogna pure pigliare verso[1] a questa cosa.
Tu vedi, poi che costoro non si accordano, e' conviene
che noi ci accordiano

SOFRONIA   Questa tua furia è estraordinaria. Quel che
non si farà oggi, si farà domani.

NICOMACO   Io voglio farla oggi.

SOFRONIA   Faccisi, in buonora. Ecco qui tutti a duoi e
competitori[2]. Ma come vuoi tu fare?

NICOMACO   Io ho pensato, poiché noi non consentiàno
l'uno all'altro, che la si rimetta nella fortuna[3]

---

6 *la donna* Sofronia, irata contro Nicomaco   7 *farnetico* grande agitazione
e confusione generale   8 *si getti per sorte* si tiri a sorte   9 *tenga le mani* gli
sia complice   10 *Sofronia ancora*. anche Sofronia per parte sua Anche questa scena rieccheggia una scena della *Casina*, e precisamente la 5 dell'atto II

VII   Echi, in questa scena, da *Casina*, II, 6   1 *pigliare verso* pigliare una decisione risolutiva   2 *competitori* contendenti   3 *la   nella Fortuna* la si af-
fidi alla sorte

SOFRONIA   Come, nella fortuna?

NICOMACO   Che si ponga in una borsa e nomi loro ed in
un'altra el nome di Clizia ed una polizza⁴ bianca; e che
si tragga prima el nome d'uno di loro, e che a chi tocca Clizia, se l'abbia, e l'altro abbi pazienza. Che pensi
tu? Non rispondi?

SOFRONIA   Orsú: io son contenta

EUSTACHIO   Guardate quel che voi fate.

SOFRONIA   Io guardo, e so quel ch'io fo Va' 'n casa, scri-
vi le polizze e reca duo borse, ch'io voglio uscire di questo travaglio, – o io enterrò⁵ in uno maggiore.

EUSTACHIO   Io vo.

NICOMACO   A questo modo ci accordereno noi. Prega
Dio, Pirro, per te

PIRRO   Per voi!

NICOMACO   Tu di' bene a dire per me: io arò una gran
consolazione che tu l'abbia.

EUSTACHIO   Ecco le borse e le sorte⁶.

NICOMACO   Da' qua; questa che dice? Clizia. E quest'altra? è bianca. Sta bene. Mettile in questa borsa di qua.
Questa che dice? Eustachio. E quest'altra? Pirro Ri-
piegale e mettile in quest'altra. Serrale; tienvi sú gli occhi, Pirro, che non ci andassi nulla in capperuccia⁷: e'
ci è chi sa giucare di magatelle⁸!

SOFRONIA   Gli uomini sfiducciati non son buoni

NICOMACO   Son parole coteste Tu sai che non è ingannato, se non chi si fida. Chi vogliàn noi che tragga?

SOFRONIA   Tragga chi ti pare.

NICOMACO   Vien qua, fanciullo

SOFRONIA   E' bisognerebbe che fussi vergine

NICOMACO   O vergine, o no, io non v'ho tenute le mani
Tra' di questa borsa una polizza, detto che io ho certe
orazioni. O santa Apollonia⁹, io prego te e tutti e santi

4 *polizza* scheda   5 *enterro* entreró   6 *le sorte* le polizze, le schede.   7
che in capperuccia si pensa a M , V, 2 «Io giunsi su con questo garzonaccio,
e, perché e' non andassi nulla in capperuccia, io lo menai » La frase vuol dire. «in modo che nulla ci possa sfuggire»   8 *giucare di magatelle* giocare di
astuzia (*magatella* stava per magagna, marachella)   9 *O santa Apollonia* «Per
capire quest'invocazione, bisogna tener presente che Apollonia era considera-
to proverbialmente un nome di ruffiane (forse per un gioco di parole con "pol-

e le sante avvocate de' matrimonii, che concediate a Clizia tanta grazia, che di questa borsa esca la polizza di
colui, che sia per essere più a piacere nostro. – Trài, col
nome di Dio. Dàlla qua. Ohimè, io son morto! Eustachio.

SOFRONIA   Che avesti? O Dio, fa' questo miracolo, acciò
che costui si disperi

NICOMACO   Tra' di quell'altra; dàlla qua Bianca! Oh, io
sono risucitato! Noi abbiam vinto, Pirro buon pro ti
faccia! Eustachio è caduto morto. Sofronia, poiché Dio
ha voluto che Clizia sia di Pirro, vogli anche tu.

SOFRONIA   Io voglio.

NICOMACO   Ordina le nozze.

SOFRONIA   Tu hai sí gran fretta. Non si potrebb'egli in-
dugiare a domane?

NICOMACO   No, no, no! Non odi tu che no? Che? vuoi
tu pensare a qualche trappola?

SOFRONIA   Vogliàn noi fare le cose da bestie? non ha ella a udir la messa del congiunto[10]?

NICOMACO   La messa della fava![11] La la può udire un altro dí Non sai tu che si dà le perdonanze[12] a chi si con-
fessa poi, come a chi s'è confessato prima?

SOFRONIA   Io dubito che la non abbia l'ordinario[13] delle
donne.

NICOMACO   Adoperi lo strasordinario[14] delli uomini! Io
voglio ch'e' la meni stasera. e' par che tu non mi intenda.

SOFRONIA   Menila, in malora Andianne in casa e fa' questa imbasciata tu a questa povera fanciulla, che non fia
da calze[15]

NICOMACO   La fia da calzoni. Andiàn dentro.

SOFRONIA   Io non voglio già venire, perché io vo' trovare Cleandro, perch'e' pensi se a questo male è rimedio
alcuno.

lo", in quanto delle ruffiane si diceva che "portano i polli")» (Blasucci)   10
la messa del congiunto la messa che propiziava, qualche giorno prima, le nozze   11   *La messa della fava!* Nicomaco risponde tre volte, a controcanto, con
tre pesanti allusioni sessuali alle eccezioni sollevate da Sofronia La *fava* è l'or-
gano sessuale maschile   12 *perdonanze* perdono, assoluzione   13 *l'ordinario* il ciclo mestruale   14 *lo strasordinario* il membro virile   15 *non fia da
calze* non le farà piacere si donavano calze a chi recava buone notizie

Canzone

Chi già mai donna offende,
a torto o a ragion, folle è se crede
trovar per prieghi o pianti in lei merzede[1]
    Come la scende in questa mortal vita,
con l'alma insieme porta
superbia, ingengno e di perdono oblio;
inganno e crudeltà le sono scorta,
e tal le dànno aita[2]
che d'ogni impresa appaga el suo desio[3],
e, se sdengno aspro e rio
la muove, o gelosia, addopra e vede[4],
e la sua forza immortal forza eccede[5]

CANZONE   1 *merzede* mercé, perdono   2 *le dànno aita* le sono di appoggio, e di conforto   3 *appaga el suo desio* trae appagamento secondo il proprio desiderio   4 *addopra e vede* «agisce e provvede» (Gaeta)   5 *e eccede* e la propria forza supera quella degli dèi

ATTO QUARTO

SCENA PRIMA

Cleandro, Eustachio.

CLEANDRO   Come è egli possibile che mia madre sia stata sí poco avveduta, che la si sia rimessa a questo modo alla sorta[1] d'una cosa che ne vadi in tutto l'onore di
casa nostra?
EUSTACHIO   E' gli è come io t'ho detto.
CLEANDRO   Ben sono io sventurato! ben sono io infelice!
Vedi s'i' trovai[2] appunto uno che mi tenne tanto a bada, che si è, senza mia saputa, concluso el parentado e
deliberate le nozze· ed ogni cosa è seguita secondo el
desiderio del vecchio. O fortuna! tu suòi[3] pure, sendo
donna, essere amica de' giovani, ma a questa volta tu
se' stata amica de' vecchi. Come non ti vergogni tu ad
avere ordinato che sí dilicato viso sia da sí fetida bocca scombavato[4], sí dilicate carne da sí tremanti mani,
da sí grinze e puzzolente membra tocche ⸮ perché non
Pirro, ma Nicomaco, come io mi stimo, la possederà
Tu non mi possevi fare la maggior ingiuria, avendomi
con questo colpo tolto ad un tratto l'amata e la roba,
perché Nicomaco, se questo amore dura, è per lasciare[5] delle sue sustanze piú a Pirro che a me. E' mi par
mille anni[6] di vedere mia madre, per dolermi e sfogarmi con lei di questo partito[7].

---

1   1 alla sorta «circa» (Blasucci) ma a me sembra piuttosto «in balia»   2
Vedi s'i' trovai Guarda un po' se mi doveva accadere di trovare   3 suòi
suoli, sei solita Si legge nel Principe, XXV «E però sempre, come donna, è
amica de' giovani, perché sono meno respettivi, piú feroci, e con piú audacia
la comandano».   4 scombavato sbavato in tutto e per tutto   5 è per lasciare finirà per lasciare   6 E' anni Non vedo l'ora   7 di questo partito di
questo piano deliberatamente accettato

EUSTACHIO Confòrtati, Cleandro, che mi parve che la ne andassi in casa ghignando, in modo che mi pare essere certo che 'l vecchio non abbia ad avere questa pera monda, come e' crede Ma ecco che vien fuora, egli e Pirro, e son tutti allegri.

CLEANDRO Vanne, Eustachio, in casa. Io voglio stare da parte per intendere qualche loro consiglio[8], che facessi per me

EUSTACHIO Io vo

SCENA SECONDA

Nicomaco, Cleandro, Pirro.

NICOMACO O! come è ella ita bene! Hai tu veduto come la brigata sta malinconosa, come mógliama sta disperata? Tutte queste cose accrescono la mia allegrezza. Ma molto piú sarò allegro quando io terrò in braccio Clizia, quando io la toccherò, bacerò, strignerò. O dolce notte, giugnerovv'io mai? E questo obligo, che io ho teco, io sono per pagarlo a doppio

CLEANDRO (O vecchio impazzato!)

PIRRO Io lo credo, ma io non credo già che voi possiate fare cosa nessuna questa sera, né ci veggo commodità alcuna.

NICOMACO Come? Io ti vo' dire come io ho pensato di governare[1] la cosa

PIRRO Io l'arò caro.

CLEANDRO (Ed io molto piú, che potrei udir cosa che guasterebbe e fatti d'altri e racconcerebbe[2] e mia)

NICOMACO Tu cognosci Damone, nostro vicino, da chi io ho tolto la casa a pigione per tuo conto?

---

8 *consiglio* deliberazione Questa scena della *C* e la 1 dell'atto II della *Casina* sono legate da molteplici rinvii.

II 1 *governare* guidare 2 *racconcerebbe* sistemerebbe

PIRRO   Sí, cognosco

NICOMACO   Io fo pensiero che tu la meni stasera in quella casa, ancora ch'egli vi abiti e che non l'abbia sgombra, perch'io dirò ch'io voglio che tu la meni in casa dove l'ha a stare.

PIRRO   Che sarà poi?

CLEANDRO   (Rizza gli orecchi, Cleandro!)

NICOMACO   Io ho imposto a mógliama che chiami Sostrata, moglie di Damone, perché gli aiuti ad ordinare queste nozze ed acconciare la nuova sposa; ed a Damone dirò che solleciti che la donna vi vada. Fatto questo e cenato che si sarà, la sposa sarà menata da queste donne in casa di Damone, e messa teco in camera e nel letto, ed io dirò di volere restare con Damone ad abbergo, e Sostrata ne verrà con Sofronia qui in casa. Tu, rimaso solo in camera, spegnerai il lume, e ti baloccherai[3] per camera faccendo vista di spogliarti; intanto io pian piano me ne verrò in camera, e mi spoglierò ed entrerrò allato a Clizia. Tu ti potrai stare pianamente in sul lettuccio. La mattina avanti giorno io mi uscirò del letto, mostrando di volere ire ad orinare; rivestirommi; e tu entrerrai nel letto.

CLEANDRO   (O vecchio poltrone! Quanta è stata la mia felicità, intendere questo tuo disegno! Quanta la tua disgrazia ch'io l'intenda!)

PIRRO   E' mi pare che voi abbiate divisata[4] bene questa faccenda. Ma e' conviene che voi vi armiate in modo che voi paiate giovane, perché io dubito che la vecchiaia non[5] si riconosca al buio.

CLEANDRO   (E' mi basta quel che io ho inteso. Io voglio ire a raguagliare mia madre.)

NICOMACO   Io ho pensato a tutto e fo conto, a dirti il vero, di cenare con Damone, ed ho ordinato una cena a mio modo. Io piglierò prima una presa d'uno lattovaro, che si chiama satirion[6].

---

3. *baloccherai* indugerai, fingendoti impegnato in banali operazioni   4 *abbiate divisata* abbiate immaginata e architettata   5 *dubito . non* è la costruzione latina, che vale temo che   6 *d'uno lattovaro satirion* d'un elettuario, uno sciroppo energetico, a base di satirio, estratto afrodisiaco dal fiore di orchidea

PIRRO   Che nome bizzarro è cotesto!

NICOMACO   E' gl'ha più bizzarri e fatti, perché e' gli è un
    lattovaro che farebbe, quanto a quella faccenda, rin-
    giovanire uno uomo di novanta anni, non che di set-
    tanta, come ho io. Preso questo lattovaro, io cenerò po-
    che cose, ma tutte sustanzievole⁷: in prima, una insala-
    ta di cipolle cotte, di poi una mistura di fave e spezie-
    rie...

PIRRO   Che fa cotesto?

NICOMACO   Che fa? Queste cipolle, fave e spezierie, per-
    ché sono cose calde e ventose, farebbono far vela ad
    una caracca⁸ genovese! Sopra queste cose, si vuole uno
    pippione grosso arrosto, cosí verdemezzo⁹, che sangui-
    ni un poco...

PIRRO   Guardate ch'e' non vi guasti lo stomaco, perché
    bisognerà o ch'e' vi sia masticato o che voi lo 'ngoiate
    intero. Io non vi vegg'io tanti o sí gagliardi denti in
    bocca

NICOMACO   Io non dubito di cotesto, che, bench'io non
    abbia molti denti, io ho le mascella che paiono d'ac-
    ciaio.

PIRRO   Io penso che, poi che voi ne sarete ito ed io entra-
    to nel letto, che io potrò fare senza toccarla, perché io
    ho viso¹⁰ di trovare quella povera fanciulla fracassata

NICOMACO   Bàstiti ch'io arò fatto l'ufficio tuo e quel d'un
    compagno.

PIRRO   Io ringrazio Dio, poiché mi ha dato una moglie in
    modo fatta ch'io non arò a durare fatica né a 'mpre-
    gnarla, né a darli le spese.

NICOMACO   Vanne in casa, sollecita le nozze, ed io par-
    lerò un poco con Damone, ch'io lo veggo uscire di ca-
    sa sua

PIRRO   Cosí farò

---

7 *sustanzievole.* sostanziose, nutrienti   8 *caracca* dall'arabo *harrāqa*, desi-
gnava una grossa nave da carico o da guerra di alto bordo, con due castelli   9
uno pippione . verdemezzo un grosso piccione arrosto, ma non cotto del tutto   10 *ho viso* mi aspetto e ne sono già certo

SCENA TERZA

Nicomaco, Damone.

NICOMACO   E' gli è venuto quel tempo[1], o Damone, che
tu mi hai a mostrare se tu mi ami. E' bisogna che tu
sgomberi la casa, e non vi rimanga né la tua donna né
altra persona, perché io vo' governare questa cosa come io t'ho già detto

DAMONE   Io son parato a fare ogni cosa pur che io ti contenti.

NICOMACO   Io ho detto a mógliama che chiami Sostrata
tua che vadia ad aiutarla ordinare le nozze. Fa' che la
vadia subito, come la chiama, e che vadia con lei la serva sopra tutto

DAMONE   Ogni cosa è ordinato. Chiamala a tua posta.

NICOMACO   Io voglio ire infino allo speziale a fare una
faccenda, e tornerò ora Tu aspetta qui che mógliama
eschi fuora e chiami la tua Ecco che la viene: sta' parato[2] Addio

III   1 *Egli   tempo* È giunto il momento È da qui sino a IV, VII, che si articola il nucleo piú consistente di scene che abbiano concreta rispondenza, in varia misura e a vario titolo, con un analogo nucleo di scene della *Casina* (atto III,
1-5) Sparse analogie (come diversi studiosi hanno già osservato) si trovano fra
i due testi per comodità di chi volesse verificare nel vivo del raffronto testua-
le queste «riprese», riassumiamo le possibili equivalenze *Casina*, I, 1 = *Clizia*,
II, 5, *Casina*, II, 3 = *Clizia*, III, 4, *Casina*, II, 6 = *Clizia*, III, 7, *Casina*, II, 5 =
Clizia, IV, 2, *Casina*, III, 1 = *Clizia*, IV, 3, *Casina*, III, 2 = *Clizia*, IV, 4, *Casina*, III, 3 = *Clizia*, IV, 5, *Casina*, III, 4 = *Clizia* IV, 6, *Casina*, III, 5 = *Clizia*,
IV, 7, *Casina*, V, 1 = *Clizia*, V, 1, *Casina*, V, 2 = *Clizia*, V, 2, *Casina*, V, 3 =
Clizia, V, 4   2 *parato* pronto

SCENA QUARTA

Sofronia, Damone.

SOFRONIA   (Non maraviglia che 'l mio marito mi solleci-
tava ch'io chiamassi Sostrata[1] di Damone. E' voleva la
casa libera, per potere giostrare a suo modo! Ecco Damone di qua. O specchio di questa città! o colonna del
suo quartieri[1] che accomoda la casa sua a sí disonesta
e vituperosa impresa. Ma io gli tratterò in modo che si
vergogneranno sempre di loro medesimi E voglio or
cominciare ad uccellare[2] costui.)

DAMONE   (Io mi maraviglio che Sofronia si sia ferma[3] e
non venga avanti a chiamare la mia donna. Ma ecco che
la viene.) Dio ti salvi, Sofronia.

SOFRONIA   E te, Damone Ove è la tua donna?

DAMONE   La è in casa ed è parata a venire, se tu la chiami, perché el tuo marito me ne ha pregato. Vo io a
chiamarla?

SOFRONIA   No, no. La debbe avere faccenda[4].

DAMONE   Non ha faccenda alcuna

SOFRONIA   Lasciala stare, io non le voglio dare briga. Io
la chiamerò quando fia tempo.

DAMONE   Non ordinate[5] voi le nozze?

SOFRONIA   Sí, ordiniamo.

DAMONE   Non hai tu necessità di chi ti aiuti?

SOFRONIA   E' vi è brigata un mondo[6], per ora.

DAMONE   (Che farò ora? Io ho fatto uno errore grandis-
simo, a cagione di questo vecchio impazzato, bavoso,
cisposo e senza denti. E' mi ha fatto offerire la donna
per aiuto a costei, che non la vuole, in modo che la cre-

IV   1 *Sostrata* sott consorte   2 *uccellare* beffare   3 *si sia ferma* si sia
fermata   4 *la debbe   faccenda* deve essere occupata   5 *Non ordinate* Non
state allestendo. .   6. *E'.. mondo* C'è un sacco di gente

derrà ch'io vadia mendicando un pasto, e terràmmi[7]
uno sciagurato)

SOFRONIA (Io ne rimando costui tutto inviluppato[8]· guarda come ne va ristretto nel mantello! E' mi resta ora
ad uccellare un poco el mio vecchio Eccolo che viene
dal mercato. Io voglio morire s'e' non ha comperato
qualche cosa, per parere gagliardo o odorifero.)

SCENA QUINTA

Nicomaco, Sofronia.

NICOMACO Io ho comperato el lattovaro e certa unzione
appropriata a fare risentire[1] le brigate Quando si va armato alla guerra, si va con piú animo la metà. (Io ho veduta la donna· ohimè, che la m'arà sentito!)

SOFRONIA (Sí, ch'io t'ho sentito, e con tuo danno e vergogna, s'io vivo insino a domattina)

NICOMACO Sono ad ordine le cose? Hai tu chiamata questa tua vicina che ti aiuti?

SOFRONIA Io la chiamai, come tu mi dicesti, ma questo
tuo caro amico le favellò non so che nell'orecchio, in
modo che la mi rispose che non poteva venire.

NICOMACO Io non me ne maraviglio, perché tu se' un poco rozza[2] e non sai accomodarti[3] con le persone, quando tu vuoi alcuna cosa da loro

SOFRONIA Che volevi tu? ch'io lo toccassi sotto 'l mento? Io non son usa a fare carezze a' mariti d'altri Va',
chiamala tu, poiché ti giova andare drieto[4] alle moglie
d'altri; ed io andrò in casa ad ordinare il resto.

---

7 *terrammi* mi riterrà   8 *tutto inviluppato* tutto confuso

v   1 *risentire* risvegliare è il verbo di chi torna alla vita dal coma o dalla ca-
talessi   2 *rozza* qui vuol dire ruvida, nel comportamento   3 *accomodarti*
non direi «comportarti a proposito» (Gaeta), ma metterti d'accordo   4 *Poiché   drieto* dal momento che ti piace andar dietro

SCENA SESTA

Damone, Nicomaco.

DAMONE   (Io vengo a vedere se questo amante è tornato
  dal mercato. Ma eccolo davanti all'uscio) Io venivo appunto a te
NICOMACO   Ed io a te, uomo da farne poco conto! Di che
  t'ho io pregato? Di che t'ho io richiesto? Tu m'hai servito cosí bene!
DAMONE   Che cosa è?
NICOMACO   Tu mandasti mógliata, tu hai vòta la casa di
  brigata¹ che fu un sollazzo! In modo che, alle tua cagione, io son morto e disfatto
DAMONE   Va', t'impicca! non mi dicestú, che mógliata
  chiamerebbe la mia?
NICOMACO   La l'ha chiamata e non è voluta venire.
DAMONE   Anzi, che² gliene offersi e la non volle che la
  venissi· e cosí mi fai uccellare e poi ti duoli di me. Ch'
  el diavol ne 'l porti te e le nozze ed ognuno!
NICOMACO   In fine: vuoi tu che la venga?
DAMONE   Sí, voglio, in malora³ ed ella e la fante e la gat-
  ta e chiunque vi è. Va', se tu hai a fare altro io andrò
  in casa, e, per l'orto, la farò venire or ora.
NICOMACO   Ora m'è costui amico! Ora andranno le cose
  bene Ohimè! ohimè! Che romore è quel che è in casa?

<hr />

VI.   1. *Tu hai .. brigata.* È detto ironicamente «Me ne hai mandato di gente
da casa tua »   2 *Anzi, che* Al contrario   3 *in mal'ora* per la malora

SCENA SETTIMA

Doria, Nicomaco.

DORIA   Io son morta, io son morta! Fuggite, fuggite! To-
glietele quel coltello di mano! Fuggitevi! Sofronia!
NICOMACO   Che hai tu, Doria? Che ci è?
DORIA   Io son morta
NICOMACO   Perché se' tu morta?
DORIA   Io son morta e voi spacciato.
NICOMACO   Dimmi quel che tu hai.
DORIA   Io non posso per lo affanno. Io sudo Fatemi un
poco di vento col mantello.
NICOMACO   Deh! dimmi quel che tu hai, ch'io ti romperò
la testa
DORIA   Ah! padron mio, voi siate troppo crudele¹
NICOMACO   Dimmi quel che tu hai e qual rimore¹ è in casa!
DORIA   Pirro aveva dato l'anello a Clizia, ed era ito ad ac-
compagnare el notaio infino all'uscio di drieto. Ben sai
che² Clizia, non so da che furore mossa, prese uno pugnale e tutta scapigliata, tutta furiosa, grida: ove è Nicomaco? ove è Pirro? io gli voglio ammazzare – Cleandro,
dro, Sofronia, tutte noi la volemo pigliare e non pote-
mo La si è arrecata in uno canto di camera e grida che
vi vuole ammazzare in ogni modo, e per paura chi fugge di qua e chi di là. Pirro si è fuggito in cucina e si è
nascosto drieto alla cesta de' capponi. Io son mandata
guí per avvertirvi che voi non entriate in casa.
NICOMACO   Io son el piú misero di tutti gli uomini. Non
si può egli trarle di mano il pugnale?
DORIA   Non, per ancora³.
NICOMACO   Chi minacc'ella?
DORIA   Voi e Pirro

VII   1. *qual rimore* che razza di baccano   2 *Ben sai che'* Ebbene, devi sapere che.   3 *Non, per ancora* No, per ora

NICOMACO   Oh! che disgrazia è questa Deh! figliuola
   mia, io ti prego che tu torni in casa e con buone parole vegga che se le cavi questa pazzia del capo e che la
   ponga giú il pugnale; ed io ti prometto ch'io ti compe-
   rerò⁴ un paio di pianelle ed uno fazzoletto. Deh! va',
   amor mio.
DORIA   Io vo, ma non venite in casa se io non vi chiamo.
NICOMACO   Oh miseria! oh infelicità mia! Quante cose
   mi si intraversano⁵, per fare infelice questa notte ch'io
   aspettavo felicissima – Ha ella posto giú il coltello?
   Vengo io?
DORIA   Non ancora, non venite.
NICOMACO   O Iddio, che sarà poi? Poss'io venire?
DORIA   Venite, ma non entrate in camera, dove ella è. Fa-
   te che la non vi vegga, andatene in cucina da Pirro.
NICOMACO   Io vo

SCENA OTTAVA

Doria.

DORIA   In quanti modi uccelliamo noi questo vecchio!
   Che festa¹ è egli, vedere e travagli di questa casa! Il
   vecchio e Pirro sono paurosi in cucina; in sala son quelli che apparecchiano la cena, ed in camera sono le donne, Cleandro, ed il resto della famiglia; ed hanno spo-
   gliato Siro, nostro servo, e de' sua panni vestita Clizia,
   e de' panni di Clizia vestito Siro, e vogliono che Siro
   ne vadia a marito² in scambio di Clizia; e, perché il vecchio e Pirro non scuoprino questa fraude, gli hanno,
   sotto ombra³ che Clizia sia cruciata⁴, confinati in cucina Che belle risa! Che bello inganno! Ma ecco fuora
   Nicomaco e Pirro.

4 *comprerò* comprerò   5 *mi si intraversano* mi si parano di traverso

VIII   1 *Che festa* Che divertimento.   2. *ne vadia a marito* vada a nozze, nei
panni della sposa   3 *sotto ombra* fingendo   4 *cruciata* corrucciata

SCENA NONA

Nicomaco, Doria, Pirro

NICOMACO   Che fai tu costí, Doria? Clizia è quietata?

DORIA   Messersí, ed ha promesso a Sofronia di volete fare ciò che voi volete. E' gli è ben vero[1] che Sofronia giudica che sia bene che voi e Pirro non li capitiate innanzi, acciò che non se li riaccendessi la collera. Poi, messa che la fia a letto, se Pirro non la saprà dimesticare, suo danno[2].

NICOMACO   Sofronia ci consiglia bene e cosí faremo Ora vattene in casa; e, perché gli è cotto ogni cosa, sollecita che si ceni, Pirro ed io cenerremo a casa Damone[3] E come gl' hanno cenato, fa che la menino fuora. Sollecita, Doria, per l'amor d'Iddio, ché sono già sonate le tre ore e non è bene stare tutta notte in queste pratiche.

DORIA   Voi dite el vero. Io vo

NICOMACO   Tu, Pirro, riman' qui. Io andrò a bere un tratto[4] con Damone. Non andare in casa, acciò che Clizia non si infuriassi di nuovo; e se cosa alcuna accade, corri a dirmelo.

PIRRO   Andate, io farò quanto mi imponete. – Poi che questo mio padrone vuole ch'io stia senza moglie e senza cena, io son contento; né credo che in uno anno intervenghino[5] tante cose quante sono intervenute oggi E dubito non[6] ne intervenghino dell'altre, perché io ho sentito per casa certi sghignazzamenti, che non mi piacciano. Ma ecco ch'io veggo apparire un torchio[7]: e' debbe uscir fuora la pompa[8], la sposa ne debbe venire. Io voglio correre per il vecchio. O Nicomaco, o Damone! venite da basso La sposa ne viene.

IX   1. *Egli è ben vero* È per altro vero   2 *suo danno!* peggio per lui!   3 *a casa Damone* a casa di Damone.   4 *bere un tratto·* bere un sorso   5 *intervenghino* accadano   6 *dubito non* temo che   7 *un torchio* una torcia   8 *la pompa* il corteo nuziale

SCENA DECIMA

Nicomaco, Sofronia, Sostrata, Damone.

NICOMACO   Eccoci. Vanne, Pirro, in casa, perché io credo che sia bene chè la non ti vegga, Tu, Damone, pà-
ramiti¹ innanzi e parla tu con queste donne. Eccole tutte fuora.
SOFRONIA   O povera fanciulla! La ne va piangendo. Vedi che la non si lieva el fazzoletto da gli occhi.
SOSTRATA   Ella riderà domattina Cosí usano di fare le
fanciulle. Dio vi dia la buona sera, Nicomaco e Damone.
DAMONE   Voi siate le benvenute. Andatene sú, voi donne, mettete al letto la fanciulla e tornate giú. Intanto
Pirro sarà ad ordine² anche egli
SOSTRATA   Andiamo, col nome d'Iddio.

SCENA UNDECIMA

Nicomaco, Damone.

NICOMACO   Ella ne va molto malinconosa Ma hai tu veduto come l'è grande ? La si debbe essere aiutata con le
pianelle¹.
DAMONE   La pare anche a me maggiore² che la non suo-
le O Nicomaco, tu se' pur felice! La cosa è condotta
dove tu vuoi Pòrtati bene, altrimenti tu non vi potrai
tornare piú.

x   1 *pàramiti* fatti avanti e fammi da schermo   2 *sarà ad ordine* sarà pronto e vestito
xi   1 *con le pianelle* con le scarpine a tacco   2 *maggiore*. piú alta

NICOMACO Non dubitare. Io sono per fare el debito³, che poi ch'io presi il cibo, io mi sento gagliardo come una spada. Ma ecco le donne che tornano

SCENA DUODECIMA

Nicomaco, Sostrata, Damone, Sofronia

NICOMACO Avetela voi messa al letto?

SOSTRATA Sí, abbiamo.

DAMONE Bene sta. Noi fareno questo resto: tu, Sostrata, vanne con Sofronia a dormire, e Nicomaco rimarrà qui meco.

SOFRONIA Andiànne, che pare lor mille anni di avercisi levate dinanzi.

DAMONE Ed a voi il simile¹. Guardate a non vi far male.

SOSTRATA Guardatevi pur voi, che avete l'arme: noi siamo disarmate

DAMONE Andiamone in casa.

SOFRONIA E noi ancora. Va' pur là, Nicomaco: tu troverrai riscontro², perché questa tua dama sarà come le mezzine da Santa Maria Impruneta³.

---

3 *el debito* il mio dovere

XII 1 *Ed... simile.* E voi provate le stesse reazioni   2 *troverrai riscontro.* non direi intoppo, impedimento, ma «avrai il corrispettivo, la controparte di quello che stai per fare»   3 *sarà Impruneta* sarà un giovine gagliardo le brocche di terracotta, da mezzo boccale (*mezzine*), dell'Impruneta avevano il cannello che si ergeva diritto sulla pancia

Canzone[1]

Sí suave è lo inganno,
al fin condotto immaginato e caro,
ch'altri spoglia d'affanno,
e dolce face ogni gustato amaro.
O remedio alto e raro!
Tu monstri el dritto calle all'alme erranti;
tu col tuo gran valore
nel far beato altrui, fai ricco amore;
tu vinci, sol co' tua consigli santi,
pietre, veneni e incanti.

CANZONE   1 Questa canzonetta è la stessa impiegata alla fine del terzo atto
della *M* (qui a p 110) Non abbiamo, ovviamente, reiterato le note

ATTO QUINTO

SCENA PRIMA

Doria.

DORIA   Io non risi mai piú tanto, né credo mai piú ridere tanto, né in casa nostra questa notte si è fatto altro
che ridere. Sofronia, Sostrata, Cleandro, Eustachio,
ognuno ride; e si è consumata la notte in misurare el
tempo, e dicevàno[1]: ora entra in camera Nicomaco; or
si spoglia; or si corica allato alla sposa, or le dà la battaglia; ora è combattuto[2] gagliardamente E mentre noi
stavamo in su questi pensieri, giunsono in casa Siro e
Pirro e ci raddoppiorno le risa; e quel che era piú bel
vedere, era Pirro, che rideva piú di Siro. Tanto che io
non credo che ad alcuno sia tocco[3] questo anno ad avere il piú bello né il maggiore piacere. Quelle donne mi
hanno mandata fuora, sendo già giorno, per vedere quel
che fa il vecchio e come egli comporta[4] questa sciagura. Ma ecco fuora egli e Damone. Io mi voglio tirare da
parte, per vedergli ed avere materia di ridere di nuovo

1   1 dicevàno dicevamo   2 è combattuto dall'avversario, che lo contrasterà
da par suo   3 sia tocco sia toccato   4 comporta· sopporta

SCENA SECONDA

Damone, Nicomaco, Doria

DAMONE Che cosa è stata questa, tutta notte? Come è
ella ita? Tu stai cheto. Che rovigliamenti[1] di vestirsi,
di aprire uscia[2], di scender e salire in sul letto sono stati questi? che mai vi siate fermi. Ed io, che nella camera terrena vi[3] dormivo sotto, non ho mai potuto dormire; tanto che, per dispetto, mi levai, e truovoti che
tu esci fuori tutto turbato. Tu non parli? Tu mi par'
morto. Che diavolo hai tu?

NICOMACO Fratel mio, io non so dove io mi fugga, dove
io mi nasconda, o dove io occulti[4] la gran vergogna nella quale io sono incorso Io sono vituperato[5] in eterno,
non ho più rimedio, né potrò mai più innanzi a mógliama, a' figliuoli, a' parenti, a' servi capitare Io ho
cerco[6] il vituperio mio e la mia donna me lo ha aiutato
a trovare, tanto che io sono spacciato E tanto più mi
duole, quanto di questo carico tu anche ne partìcipi,
perché ciascuno sa che tu ci tenevi le mani[7]

DAMONE Che cosa è stata? Hai tu rotto nulla?

NICOMACO Che vuoi tu ch'io abbia rotto? Che rotto
avess'io el collo!

DAMONE Che è stato, adunque? perché non me lo di'?

NICOMACO Hu! hu! hu! Io ho tanto dolore, ch'io non
credo poterlo dire.

DAMONE Deh! tu mi pari un bambino! Che domin[8] può
egli essere?

NICOMACO Tu sai l'ordine dato[9], ed io secondo quell'ordine entrai in camera, e chetamente mi spogliai, ed in

II 1 rovigliamenti tramestii 2 uscia usci 3 vi a voi due amanti 4
occulti nasconda 5 vituperato disonorato 6 ho cerco ho cercato 7 Che
tu mani che tu eri mio complice 8 Che domin Che diavolo 9 l'ordine
dato il piano che si era tramato

cambio di Pirro, che sopra el lettuccio s'era posto a dormire, non vi essendo lume allato alla sposa mi coricai.

DAMONE Horbè, che fu poi?

NICOMACO Hu! hu! hu! Accostamigli secondo l'usanza de' nuovi mariti: vollile porre le mani sopra il petto, ed ella con la sua me le[10] prese e non mi lasciò Vollila baciare, ed ella con l'altra mano mi spinse el viso indrieto. Io me li volli gittare tutto addosso: ella mi porse un ginocchio, di qualità che la m'ha infranto una costola. Quando io viddi che la forza non bastava, io mi volsi a' prieghi e con dolce parole ed amorevole – pur sotto voce, che la non mi cognoscessi – la pregavo fussi contenta fare e piacer' miei, dicendoli. Deh! anima mia dolce, perché mi strazii tu? Deh! ben mio, perché non mi concedi tu volentieri quello che l'altre donne a' loro mariti volentieri concedano? Hu! hu! hu!

DAMONE Rasciúgati un poco gli occhi.

NICOMACO Io ho tanto dolore, ch'io non truovo luogo, né posso tenere[11] le lacrime. Io potetti cicalare: mai fece segno di volerme, nonché altro, parlare. Ora, veduto questo, io mi volsi alle minacce, e cominciai a dirli villania, e che le farei e che le direi. Ben sai che ad un tratto ella raccolse le gambe, e tirommi una coppia di calci, che, se la coperta del letto non mi teneva, io sbalsavo nel mezzo dello spazzo[12].

DAMONE Può egli essere?

NICOMACO E ben che può essere! Fatto questo ella si volse bocconi e stiacciossi col petto in su la coltrice, che tutte le manovelle dell'Opera[13] non l'arebbono rivolta. Io, veduto che forza, preghi e minacci non mi valevano, per disperato le volsi le stiene[14], e deliberai di lasciarla stare, pensando che verso el dí la fussi per[15] mutare proposito.

DAMONE O, come facesti bene. Tu dovevi el primo tratto pigliar cotesto partito, e chi non voleva te, non voler lui.

10 *me le* ha detto sopra *le mani* 11. *tenere* trattenere 12 *spazzo* pavimento 13 *tutte le manovelle dell'Opera* tutte le leve usate dagli operai dell'Opera del Duomo 14 *le stiene* la schiena 15. *la fussi per.* stesse per

NICOMACO   Sta' saldo[16]· la non è finita qui. Or ne viene
el bello. Stando cosí tutto smarrito, cominciai, fra per
il dolore e per lo affanno avuto, un poco a sonniferare.
Ben sai che ad un tratto io mi sento stoccheggiare[17] un
fianco, e darmi qua, sotto el codrione[18], cinque o sei colpi de' maladetti Io cosí fra il somno vi corsi súbito con
la mano e trovai una cosa soda ed acuta, di modo che
tutto spaventato mi gittai fuora del letto, ricordando-
mi di quello pugnale che Clizia aveva il dí preso per darmi con esso A questo romore Pirro, che dormiva, si ri-
sentí: al quale io dissi, cacciato piú dalla paura che dalla ragione, che corressi[19] per uno lume, ché costei era
armata per ammazzarci tutti a dui. Pirro corse, e, tornato con il lume, in scambio di Clizia vedemo Siro, mio
famiglio, ritto sopra il letto, tutto ignudo, che per di-
spregio – hu! hu! hu! – e' mi faceva bocchi[20] – hu! hu!
hu! – e manichetto dietro[21].

DAMONE   Ha! ha! ha!

NICOMACO   Ah! Damone, tu te ne ridi?

DAMONE   E' m'incresce assai di questo caso; non di meno e' gli è impossibile non ridere.

DORIA   (Io voglio andare a raguagliare, di quello che io ho
udito, la padrona, acciò che se le raddoppino le risa.)

NICOMACO   Questo è il mal mio, che toccherà a ridersé-
ne a ciascuno ed a me a piangnerne. E Pirro e Siro, alla mia presenzia, or si dicevano villania, or ridevano;
di poi cosí vestiti a bardosso[22] se n'andorno, e credo che
sieno iti a trovare le donne: e tutti debbono ridere. E
cosí ognuno rida e Nicomaco pianga!

DAMONE   Io credo che tu creda che m'incresca di te e di
me, che sono per tuo amore entrato in questo lecceto[23].

---

16 *Sta' saldo* Aspetta, aspetta   17 *stoccheggiare* letteralmente. colpire da
uno stocco, un pugnale   18 *qua, sotto el codrione* qui sotto il coccige (viene
da *coda*)   19 *che corressi* che corresse   20 *bocchi* boccacce   21. *manichetto dietro* piegando un braccio, con il pugno chiuso, e facendo leva con forza coll'altro nell'articolazione del primo È atto di scherno   22 *vestiti a bardosso andare a bardosso* vuol dire andare a cavallo, ma senza sella, qui vuol dire «vestitisi alla rinfusa»   23 *entrato . lecceto* come *cacciarsi in un ginepraio*.
mi sono cacciato in questo imbroglio

NICOMACO   Che mi consigli ch'io faccia? Non mi abbandonare, per lo amor d'Iddio!

DAMONE   A me pare, che, se altro di meglio non nasce,
che tu ti rimetta tutto nelle mani di Sofronia tua, e dicale che da ora innanzi e di Clizia e di te faccia ciò che
la vuole. La doverrebbe anch'ella pensare all'onore tuo,
perché sendo suo marito tu non puoi avere vergogna,
che quella non ne participi. Ecco che la vien fuora. Va',
parlale ed io n'andrò intanto in piazza ed in mercato
ad ascoltare s'io sento cosa alcuna di questo caso, e ti
verrò ricoprendo²⁴ el piú ch'io potrò

NICOMACO   Io te ne priego.

SCENA TERZA

Sofronia, Nicomaco.

SOFRONIA   (Doria, mia serva, mi ha detto che Nicomaco
è fuora e ch'e' gli è una compassione a vederlo. Io vorrei parlargli, per vedere quel ch'e' dice a me di questo
nuovo caso Eccolo di qua.) O Nicomaco!

NICOMACO   Che vuoi?

SOFRONIA   Dove va' tu sí a buonora? esci tu di casa senza fare motto¹ alla sposa? Hai tu saputo come l'abbia
fatto² questa notte con Pirro?

NICOMACO   Non so.

SOFRONIA   Chi lo sa, se tu non lo sai? che hai messo sottosopra Firenze per fare questo parentado Ora ch'e' è
fatto, tu te ne mostri nuovo³ e malcontento.

NICOMACO   Deh, lasciami stare Non mi straziare.

SOFRONIA   Tu se' quello che mi strazii, che dove tu dovresti racconsolarmi, io ho da racconsolare te; e quan-

---

24 *ricoprendo* proteggendo (dalle maldicenze)

III 1 *sanza fare motto* senza dire neppure una parola 2 *Come fatto* come
siano andate le cose 3 *nuovo* non direi «meravigliato» (Gaeta) ma, ignaro

do tu gli aresti a provedere[4], e' tocca a me, che vedi ch'io porto loro queste uova.

NICOMACO   Io crederei che fussi bene che tu non volessi il giuoco di me[5] affatto Bastiti averlo avuto tutto questo anno e ieri e stanotte piú che mai

SOFRONIA   Io non lo volli mai el giuoco di te; ma tu sei quello che lo hai voluto di tutti noi altri, ed alla fine di te medesimo. Come non ti vergognavi tu ad avere allevata in casa tua una fanciulla con tanta onestade, ed in quel modo che si allevano le fanciulle da bene, di[6] volerla maritare poi ad uno famiglio cattivo e disutile, perch'e' fussi contento che tu ti giacessi con lei? Credevi tu però avere a fare con ciechi o con gente che non sapessi interrompere le disonestà di questi tuoi disegni? Io confesso avere condotti[7] tutti quelli inganni che ti sono stati fatti, perché a volerti fare ravvedere non ci era altro modo, se non giugnerti in sul furto[8] con tanti testimonii che tu te ne vergognassi, e di poi la vergogna ti facessi fare quello che non ti arebbe potuto fare fare niuna altra cosa. Ora la cosa è qui: se tu vorrai ritornare al segno[9], ed essere quel Nicomaco che tu eri, da uno anno indrieto, tutti noi vi torneremo e la cosa non si risaprà; e quando la si risapessi, e' gli è usanza errare ed emendarsi.

NICOMACO   Sofronia mia, fa' ciò che tu vuoi: io sono parato a non uscire fuora de' tua ordini, pure che la cosa non si risappia.

SOFRONIA   Se tu vuoi fare cotesto, ogni cosa è acconcio.

NICOMACO   Clizia dove è?

SOFRONIA   Manda'la[10], subito che si fu cenato iersera, vestita co' panni di Siro, in uno monistero.

NICOMACO   Che dice Cleandro?

SOFRONIA   È allegro che queste nozze sien guaste, ma e' gli è ben doloroso che non vede come e' si possa avere Clizia.

---

4 *e quando   provedere* e mentre dovresti tu provvedere loro   5 *Io . di me* Penso sarebbe bene che la smettessi di burlarti di me   6 *di*· per, al fine di   7 *condotti*· guidati   8 *giugnerti in sul furto* coglierti sul fatto   9 *al segno* al punto di partenza   10 *Manda'la* L'ho mandata

NICOMACO Io lascio avere ora a te il pensiero delle cose di Cleandro. Non di meno, se non si sa chi costei è, non mi parrebbe da dargliene.

SOFRONIA E' non pare anche a me. Ma e' conviene differire il maritarla tanto che[11] si sappia di costei qualcosa, o che gli sia uscita questa fantasia. Ed intanto si farà annullare il parentado di Pirro.

NICOMACO Governala come tu vuoi. Io voglio andare in casa a riposarmi, che per la mala notte ch'io ho avuta io non mi reggo diritto, ed anche perché io veggo Cleandro ed Eustachio uscir fuora, con i quali io non mi voglio abboccare[12] Parla con loro tu: di' la conclusione fatta da noi, e che basti loro avere vinto e di questo caso più non me ne ragionino

SCENA QUARTA

Cleandro, Sofronia, Eustachio

CLEANDRO Tu hai udito come el vecchio n'è ito chiuso in casa. E' debbe averne tocco una rimesta[1] da Sofronia: e' par tutto umile. Accostianci a lei per intendere la cosa Dio vi salvi, mia madre! Che dice Nicomaco?

SOFRONIA È tutto scorbacchiato[2], il pover uomo! Pargli essere vituperato. Hammi dato il foglio bianco[3] e vole ch'io governi per lo avvenire a mio senno ogni cosa.

EUSTACHIO Ell'andrà bene! Io doverrò avere Clizia

CLEANDRO Adagio un poco! e' non è boccone da te.

EUSTACHIO O questa è bella ora! io credetti aver vinto, ed io arò perduto, come Pirro

SOFRONIA Né tu, né Pirro l'avete avere[4]; né tu, Cleandro, perché io voglio che la stia così

11 *tanto che* fintantoché 12 *abboccare* scambiar parola

IV. 1. *rimesta* rimenata una strapazzata 2 *scorbacchiato* svergognato (*corbacchio* è, letteralmente, un grosso corvo) 3. *hammi...bianco* mi ha dato carta bianca 4 *l'avete avere* la dovete avere.

CLEANDRO   Fate almeno che la torni a casa, acciò ch'io
non sia privo di vederla

SOFRONIA   La vi tornerà o non vi tornerà, come mi parrà
Andianne noi a rassettare la casa e tu, Cleandro, guarda se tu vedi Damone, perché gli è bene parlargli, per
rimanere⁵ come s'abbia a ricoprire⁶ il caso seguíto.

CLEANDRO   Io sono malcontento.

SOFRONIA   Tu ti contenterai un'altra volta

SCENA QUINTA

Cleandro.

CLEANDRO   Quando io credo essere navigato¹, e la fortuna mi ripigne nel mezzo al mare e tra piú turbide e tem-
pestose onde! Io combattevo prima con lo amore di mio
padre; ora combatto con la ambizione di mia madre. A
quello² io ebbi per aiuto lei; a questo sono solo, tanto
che io veggo meno lume³ in questo, che io non vedevo
in quello. Duolmi della mia malasorte, poiché io nac-
qui per non avere mai bene. E posso dire, da che questa fanciulla ci venne in casa, non avere cognosciuti altri diletti che di pensare a lei; dove sono sí radi stati e
piaceri, che i giorni di quegli si annoverrebbono⁴ facilmente. – Ma chi veggo io venire verso me? è egli Damone? E' gli è esso ed è tutto allegro. Che ci è, Damone? che novelle portate? donde viene tanta allegrezza?

5 rimanere restare intesi   6 ricoprire celare agli occhi altrui

v.   1 essere navigato aver finito di navigare   2 A quello Contro quello   3
veggo meno lume. vedo meno chiaramente come uscirne.   4 si annoverrebbo-
no si potrebbero contare

SCENA SESTA

Damone, Cleandro.

DAMONE Né migliori novelle, né piú felice, né che io portassi piú volentieri, potevo sentire!
CLEANDRO Che cosa è?
DAMONE Il padre di Clizia vostra è venuto in questa ter-
ra, e chiamasi Ramondo ed è gentiluomo napolitano,
ed è ricchissimo ed è solamente venuto[1] per ritrovare
questa sua figliuola
CLEANDRO Che ne sai?
DAMONE Sòllo[2], ch'io gl' ho parlato ed ho inteso il tutto
e non c'è dubbio alcuno.
CLEANDRO Come sta la cosa? Io impazzo[3] per la alle-
grezza.
DAMONE Io voglio che voi la intendiate da lui. Chiama
fuora Nicomaco e Sofronia tua madre
CLEANDRO Sofronia! O Nicomaco! venite da basso a
Damone

SCENA SETTIMA

Nicomaco, Damone, Ramondo, Sofronia.

NICOMACO Eccoci! Che buone novelle?
DAMONE Dico che 'l padre di Clizia, chiamato Ramondo, gentiluomo napolitano, è in Firenze per ritrovare
quella; ed hogli parlato e già l'ho disposto di darla per
moglie a Cleandro, quando tu voglia

VI   1 *è solamente venuto* è venuto soltanto ed espressamente   2 *Sòllo* Lo
SO   3 *impazzo* impazzisco

NICOMACO   Quando e' fia cotesto[1] io sono contentissimo.
Ma dove è egli?

DAMONE   Alla Corona[2]; e gli ho detto che venga in qua.
Eccolo che viene. E' gli è quello che ha dirieto[3] quelli
servidori. Facciànceli incontro.

NICOMACO   Eccoci Dio vi salvi, uomo da bene

DAMONE   Ramondo, questo è Nicomaco e questa è la sua
donna, che hanno con tanto onore allevato la figliuola
tua, e questo è il loro figliuolo e sarà tuo genero, quando[4] ti piaccia.

RAMONDO   Voi siate tutti e ben trovati; e ringrazio Iddio
che mi ha fatto tanta grazia, che, avanti ch'io muoia[5],
rivegga la figliuola mia, e possa ristorare[6] questi gentiluomini, che l'hanno onorata. Quanto al parentado, a
me non può essere piú grato, acciò che questa amicizia
fra noi, per i meriti vostri cominciata, per il parentado[7]
si mantenga

DAMONE   Andiamo dentro, dove da Ramondo tutto il caso intenderete appunto, e queste felice nozze ordine-
rete.

SOFRONIA   Andiamo. E voi, spettatori, ve ne potrete andare a casa, perché senza uscir piú fuora si ordineranno le nuove nozze, – le quali fieno femmine, e non maschie – come quelle di Nicomaco.

Canzone

Voi, che sí intente e quete,
anime belle, essemplo onesto, umile,
mastro saggio e gentile[1]

VII   1 *Quando   cotesto* Se le cose stanno cosí   2 *Alla «Corona»* Alla lo-
canda della Corona   3 *dirieto* dietro   4 *quando* se e quando   5 *avanti
ch'io muoia* prima di morire   6. *ristorare* ricambiare i favori.   7. *per il parentado* attraverso il vincolo parentale

CANZONE   1 *Mastro saggio e gentile*. ammaestramento savio e nobile, eletto è
apposizione di *essemplo*

di nostra umana vita udito avete;
e per lui conoscete
qual cosa schifar dèsi² e qual seguire
per salir dritti al cielo,
e sotto rado velo³
piú altre assai, ch'or fora lungo a dire:
di lui preghiàn tal frutto appo voi sia,
qual merta tanta vostra cortesia.

2 *schifar dèsi* evitare debbasi   3 *sotto rado velo* sotto il velo trasparente della favola

Indice

Teatro

Andria

Mandragola

Clizia

Stampato per conto della Casa editrice Einaudi
presso Mondadori Printing S.p.A., Stabilimento N.S.M., Cles (Trento)
nel mese di marzo 2001

Edizione   C.L. 15839   Anno

1   2   3   4   5   6   7   8   2001   2002   2003   2004

Andria, *Mandragola*, *Clizia*: tre momenti di approccio al teatro
in tre diverse fasi della travagliata esistenza del segretario
fiorentino.

Anche se limitata a tre copioni, la produzione drammaturgica
di Machiavelli è di assoluto rilievo nel vasto e articolato orizzonte
teatrale del Cinquecento italiano. Allo stato attuale delle ricerche,
essa si articola in una traduzione-rifacimento dell'*Andria*
di Terenzio, animata vicenda di un amore contrastato fra due
giovani, poi felicemente approdati alle nozze; nel capolavoro
della *Mandragola*, dove un piccante adulterio si tramuta in una
dolente metafora sulla corruzione dei costumi nella Firenze
medicea; e, infine, nell'altrettanto suggestiva e malinconica
Clizia, storia, in questo caso, di un fallito tentativo di adulterio
da parte di un marito vecchio e intemperante.

Il testo curato da Guido Davico Bonino è filologicamente
aggiornato ed è arricchito da un dettagliato commento a piè
di pagina. L'ampio saggio introduttivo è seguito da una nota
biografica e da una bibliografia degli studi più recenti sul teatro
di Machiavelli.

Di Niccolò Machiavelli (1469-1527) Einaudi ha pubblicato
Il Principe, *Discorso o dialogo intorno alla nostra lingua*, *Discorsi
sopra la prima deca di Tito Livio* e il volume *Opere*.

Guido Davico Bonino, professore ordinario di Storia del teatro
all'Università di Torino, collabora con «La Stampa» e con la Rai.
Dirige con Roberto Alonge la *Storia del teatro moderno
e contemporaneo* nelle Grandi Opere Einaudi.

In copertina: Pittore fiorentino, decorazione di spalliera nota come *Tavola prospettica
di Urbino*, seconda metà del secolo XV. Foto Archivi Alinari, Firenze.

ISBN 88-06-15839-2

Lire 20 000
€ 10,33

9 788806 158392

Lightning Source UK Ltd.
Milton Keynes UK
UKHW030812170321
380507UK00008B/592